選手

난 스스로를 NBA의 홍보대사라 생각하고 살아왔다.
물론, 누구도 내게 그런 걸 하라고 시키지 않았다.
그러나 '내가 아니라면 누가 할 것인가?'란 신조로 살아왔다.
난 앞으로도 플레이를 그만두는 날까지 그 일을 이어갈 것이다.

LEBRON JAMES

CLEVELAND CAVALIERS 2003-10
MIAMI HEAT 2010-14
CLEVELAND CAVALIERS 2014-18
LA LAKERS 2018-NOW

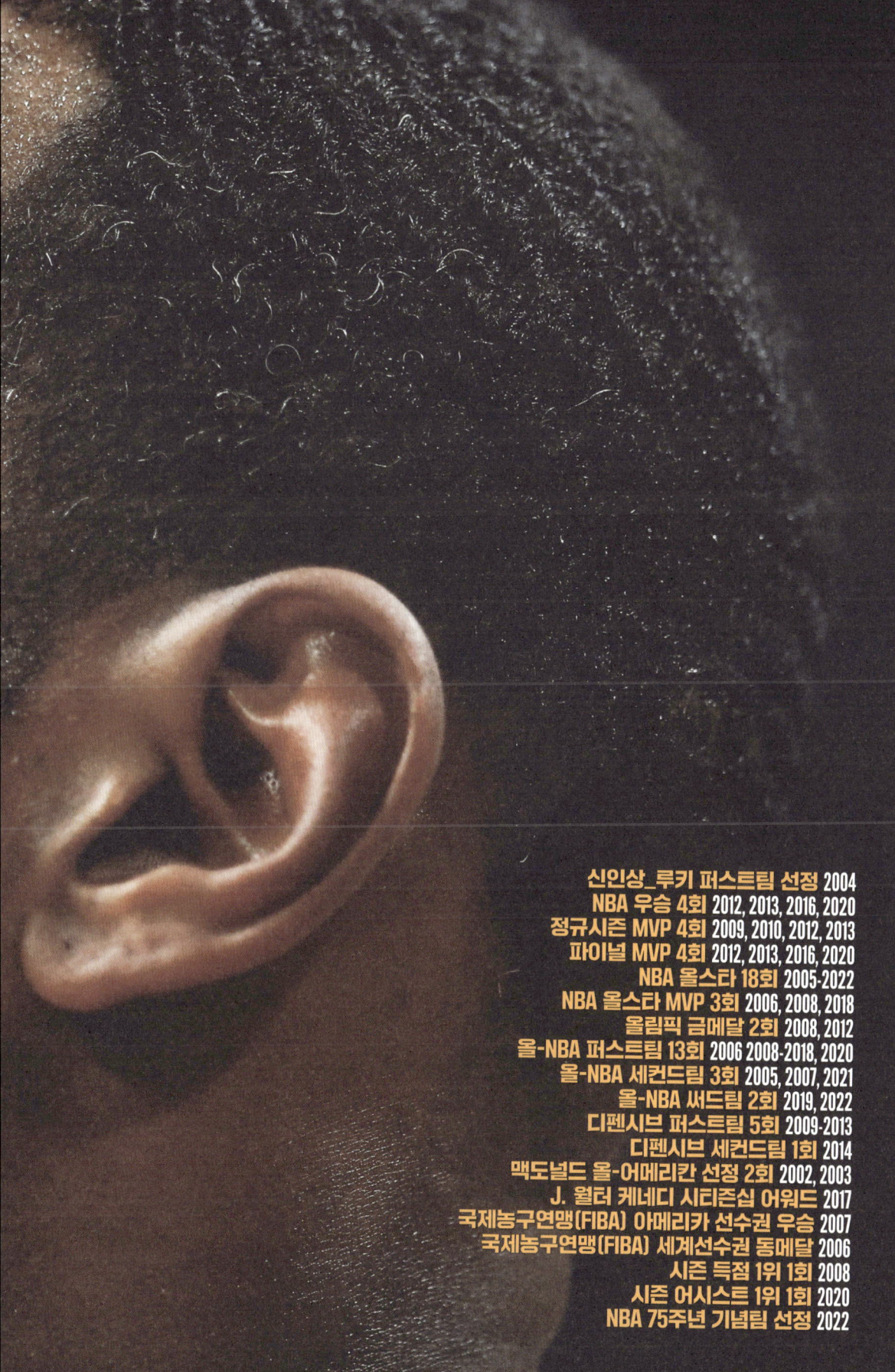

신인상_루키 퍼스트팀 선정 2004
NBA 우승 4회 2012, 2013, 2016, 2020
정규시즌 MVP 4회 2009, 2010, 2012, 2013
파이널 MVP 4회 2012, 2013, 2016, 2020
NBA 올스타 18회 2005-2022
NBA 올스타 MVP 3회 2006, 2008, 2018
올림픽 금메달 2회 2008, 2012
올-NBA 퍼스트팀 13회 2006 2008-2018, 2020
올-NBA 세컨드팀 3회 2005, 2007, 2021
올-NBA 써드팀 2회 2019, 2022
디펜시브 퍼스트팀 5회 2009-2013
디펜시브 세컨드팀 1회 2014
맥도널드 올-어메리칸 선정 2회 2002, 2003
J. 월터 케네디 시티즌십 어워드 2017
국제농구연맹(FIBA) 아메리카 선수권 우승 2007
국제농구연맹(FIBA) 세계선수권 동메달 2006
시즌 득점 1위 1회 2008
시즌 어시스트 1위 1회 2020
NBA 75주년 기념팀 선정 2022

CONTENTS

Early Years

10	01 I'M THE TREND ｜ 불세출 유망주의 등장
20	02 HYPE BOY ｜ 2003-2004시즌
27	KEYWORD: 르브론은 왜 덩크 컨테스트에 출전하지 않았을까?
28	03 NEXT LEVEL ｜ 2004-2010시즌

Big Three

52	01 DEAR DREAM ｜ 2010-2011시즌
62	WORST: 르브론 제임스의 밑상 연대기
64	02 FIRST ｜ 2011-2012시즌
74	03 THE WORLD IS MY OYSTER ｜ 2012-2014시즌
88	INFORMATION: 르브론의 ㄱ부터 ㅎ
90	COLUMN: 평생 파트너 나이키 그리고 르브론 시리즈

This Is For You

96	01 COMEBACK HOME ｜ 2014-2015시즌
106	NUMBER: NBA 플레이오프에서 떠올리게 될 르브론 제임스의 숫자들
108	02 ONE IN A MILLION ｜ 2015-2016시즌
120	03 ANTIFRAGILE ｜ 2016-2018시즌
136	STORY: 르브론&비즈니스

Gold&Purple

140	01 My Satisfaction ｜ 2018-2019시즌
150	02 Good, Bad, Ugly ｜ 2019-2020시즌
162	03 FOREVER ｜ 2020-2021시즌 이후

172	에필로그: KING JAMES, 20 years of LOVE & HATE

Early Years

성공이 보장된 유망주. 이 문장보다 스포츠 팬들을 기대하게 만드는 단어가 있을까? 고교 농구 경기를 황금 시간대에 중계하게 만든 주인공 르브론 제임스. 프로에 입문하기 전부터 그는 이미 스타였다.

> **"**
> 매직 존슨을 연상케 하는 선수다.
> 소수에 국한됐던 몇몇 특별한 선수들처럼,
> 그는 동료들의 기량을 살려주는 특별한 능력을 가진 선수다.
>
> 딕 바이텔

01

I'M THE TREND
불세출 유망주의 등장

"매직 존슨을 연상케 하는 선수다. 소수에 국한됐던 몇몇 특별한 선수들처럼, 그는 동료들의 기량을 살려주는 특별한 능력을 가진 선수다."
농구전문가 딕 바이텔(Dick Vitale)의 한마디는 유망주들을 위한 공인인증서와도 같다. 바이텔은 1979년 12월 마이크를 잡은 이래 NBA와 대학농구, 고교농구 등 다양한 무대에서 해설위원으로 활동해왔다. 듀크(Duke) 대 노스캐롤라이나(North Carolina)와 같이 전국 시청자들의 관심이 쏠리는 빅매치에는 늘 바이텔이 배정됐을 정도로 신망이 두터웠다. 그런 바이텔이 중계한 2002년 12월의 고교 농구경기가 화제가 됐다. 미국이 아무리 농구 인기가 뜨거운 나라라곤 해도 고등학생들의 경기를 황금 시간대에 방영하는 경우는 거의 없다. 이 경기는 〈ESPN〉 2채널을 통해 전국에 방송된 최초의 고교 경기였다. ESPN은 물론이고 전국의 농구 매체들이 집중했던. 그리고 각 급 스카우트들이 몰린 이 경기의 주인공은 바로 세인트 빈센트세인트 메리스(St.Vincent-St.Mary's : SVSM) 대 오크힐 아카데미(Oak Hill Academy)였다. 오크힐 아카데미는 카멜로 앤써니(Carmelo Anthony)를 비롯한 수많은 명선수를 배출한 당대 고교 강호였다. 이 경기가 열릴 시기에도 전국 랭킹 1위였다.
그럴지만 〈ESPN〉이 황금 시간대에 이 경기를 편성한 건 오크힐 아카데미 때문이 아니었다. SVSM의 에이스이자 '불세출의 유망주'로 손꼽히던 르브론 제임스 때문이었다. 바이텔이 무려 매직 존슨과 비교한 소년. 방송사 〈타임 워너

(Time Warner)》는 SVSM과 10차례 홈경기 중계 계약을 체결했다. 방송으로 입소문을 타다보니 홈경기 관중도 급증했다. 시즌 티켓도 날개 돋힌 듯 팔려 2,500석을 돌파했다. 고작 고등학생 1명을 위해 돈을 쓴 것이다. 하지만 전문가들은 르브론을 '고작 고등학생'으로 보지 않았다. 아직 NBA가 고졸 선수들의 프로 진출을 제한하기 전이었던 그 시기, 르브론은 대학이 아닌 프로 직행이 유력하던 선수였다. 이전에도 케빈 가넷(Kevin Garnett)과 코비 브라이언트(Kobe Bryant)를 시작으로 2002년까지 수많은 고졸 선수들이 프로에 도전했다. 그 중에는 바이텔의 평가 이상으로 찬사를 받은 이들도 있었지만 소리소문 없이 사라진 이들이 더 많았다. 코비와 가넷은 그야말로 드문 케이스였다. 르브론도 그 유망주들과 같은 시험대에 올랐는데, 기대와 관심은 그간 등장했던 고졸 유망주를 훨씬 능가했다. 심지어 이 경기를 함께 중계한 레전드 빌 월튼(Bill Walton)은 해설을 자청했을 정도였다. 1977년 포틀랜드 트레일 블레이저스를 우승으로 이끈 빌 월튼은 전 NBA 감독 루크 월튼의 부친이자 명예의 전당에 헌액된 레전드. 동시에 해설 중 날리는 독설로도 유명했는데 그런 '독설가'가 "좀 더 가까이서 보고 싶다"며 해설을 자청했다니 어느 정도인지 실감이 가는가. 르브론은 이 경기에서 31득점을 기록하며 이변(65-45)을 주도했다. 초반에는 조금 긴장한 듯했지만, 이내 동년배들을 아이들처럼 만들어버린 원맨쇼를 펼쳤다. 중계진은 "르브론이 마침내 전국에 자신을 알립니다"라며 스타 유망주에 환영 인사를 전했다.

사실, 딕 바이텔은 이날 경기를 《ESPN》이 '빅 게임'으로 포장하는 걸 원치 않았다. 고졸 선수들이 NBA에서 받은 수많은 유혹과 질투, 그리고 기대에 못 미쳤을 때 따라오는 조롱과 비난 등을 잘 알기 때문이었다. 이 부분에 대해서는 필자도 같은 생각을 했다. 르브론은 NBA 입성 당시부터 '부(rich)'를 말했다. 금세 에이전시를 교체하고 주변인들을 비즈니스에 끌어들이는 등 기존의 1~2년차 선수들보다 빠른 사업적 행보를 보였다. 현지에서도 그랬지만, 르브론이 농구 그 자체보다 잿밥에 더 관심이 있는 것이 아닐까 하는 우려도 있었다. 물론, 20년 가까이 지난 지금 그 모든 것은 어른들의 불필요한 기우였음이 판명됐다. 르브론은 대중이 생각했던 것보다 훨씬 더 영리하고 성숙했으며 프로다웠다. 'LOVE'와 'HATE'가 번갈아 쏟아지는 전쟁터에서 자신의 길을 개척했다.

르브론이 학교를 설립한 이유

2018년 7월 31일. 오하이오주 애크런에 새로운 학교가 문을 열었다. 학교명은 I Promise School(아이 프라미스 스쿨). 학교 설립을 추진한 인물은 르브론이었다. 수많은 NBA 관계자 및 스타들이 트윗을 통해 축하와 존경의 메시지를 전한 가운데, 르브론은 의미있는 한 마디를 남겼다. "어른이 된 입장에서, 우리는 아이들이 무너지지 않도록

도울 책임이 있다. 이 아이들이 우리의 미래이기 때문이다."
르브론이 학교를 통해 내놓은 정책은 파격적이었다. 무상 교육, 무상 급식(아침, 점심, 간식), 자전거와 헬멧 등 이동 수단과 노트북, 교복 등을 무상으로 지원해주겠다고 약속한 것이다. 더 나아가 가족들을 위한 일자리 알선과 법률 상담까지 보장했다. 무사히 학교를 마치고 대학에 진학할 경우에는 등록금도 지원했다. 〈뉴욕 타임스(New York Times)〉 보도에 따르면 4년 가까이 지난 지금, 이 학교의 학업 성취율은 기대 이상인 것으로 알려졌다. 르브론은 자신의 재단을 통해 설립과 지원을 위한 기금 마련에 앞장섰다. 이유가 있었다. 이 학교 재학생 중 60%가 흑인이었고, 전체 70%가 정부의 도움 없이는 생계가 막막한 저소득층 자녀들이었다. 르브론은 아이들이 자신처럼 힘든 시절을 겪는 것을 원치 않았다.
프로 선수가 될 무렵부터 르브론은 '부자'가 되고 싶다고 말해왔는데, 어쩌면 이 역시 어린 시절과 연관이 있었을 것이다. 모친 글로리아(Gloria)가 그를 낳았을 당시 나이는 겨우 16살이었다. 한동안은 부모님이 돌봐줬지만 갑작스레 세상을 떠난 뒤에는 떠돌이 신세가 됐다. 가진 것이라고는 짐가방과 백팩 하나가 전부. 4학년 때는 6번이나 이사했다.

학교를 제대로 나갈 여건조차 되지 않았다. 〈뉴욕 타임스〉는 이 시기 르브론이 결석한 수업 일수는 84일이었다고 보도했다. 어린 시절 르브론은 풋볼 선수 제안을 몇 차례 받은 것으로 알려졌다. 그러나 모친 입장에서는 장비는커녕 훈련장까지 가는 이동비조차 사치였다. 딱한 사정을 들은 한 코치는 직접 장비를 지원해주고, 르브론의 이동까지 도왔지만 계속된 이사로 픽업이 불규칙해지자 이마저도 중단됐다. 이때 르브론의 인생을 바꾼 인물이 나타난다. 1993년 가을, 프랭크 워커(Frank Walker)라는 아마추어 풋볼팀 코치가 르브론의 양육을 돕기로 한 것이다. 글로리아가 재정적으로 안정을 찾을 때까지 르브론을 따로 맡아 키우겠다며 말이다. 프랭크 워커는 르브론을 물심양면으로 지원했다. 아침마다 학교에 보냈고, 이발을 돕는 등 자신의 세 자녀처럼 헌신적으로 대했다. 대신 르브론은 주말마다 욕실을 청소하고 학교 숙제를 마쳤다. 프랭크 워커가 르브론에게 전한 것 중 가장 큰 것은 바로 '농구'였다. 소질을 알아본 것이다. 드리블, 슛 등을 하나하나 알려줬는데 재능이 남달랐다. 지역내 최고 학생들만 이름을 올릴 수 있다는 AAU팀에 르브론 제임스의 이름이 등록된 것은 그로부터 오래 지나지 않아서였다.

> 배우는 속도가 빠른 선수였다.
> 내가 가르친 대학생들의 90%보다
> 고등학교 1학년 르브론이 농구를
> 더 잘 이해하고 있었다.
>
> 키스 댐브로트 Keith Dambrot

10대 슈퍼스타

오하이오 슈팅 스타스는 르브론이 이름을 알린 첫 번째 팀이었다. 동네 친구 시안 코튼(Sian Cotton), 드류 조이스 III(Dru Joyce III), 윌리 맥기(Willie McGee) 등과 함께한 이 팀은 11세, 12세부에서 단연 돋보이는 팀이었다. 'FAB Four'라고 불린 이들 넷은 훗날 같은 학교에 가자고 약속할 정도로 우정이 돈독했다. 미국 전역에서 열리는 각 대회에 출전하면서 어울리는 시간이 많아졌고, 덕분에 허물없는 사이로 발전했다. 때로는 웃고 떠들다가 해 뜨는 것을 보고 잠들 정도였다. 우정의 힘, 여기에 르브론의 재능은 슈팅 스타스를 10대 사이에서 단연 돋보이는 팀으로 만들었다. 슈팅 스타스는 올랜도에서 열린 U12(12세 이하) 대회에서 샬럿을 65-47로 꺾고 우승했다. 결승에서 르브론은 13득점을 올리며 MVP가 됐다. 이들은 이어 열린 U13 대회에서도 뉴올리언스를 53-36으로 제압했다. 르브론은 이 경기에서도 21점을 기록했다.

시안 코튼, 드류 조이스, 윌리 맥기는 르브론과의 약속대로 같은 학교에 진학했다. 그 학교가 바로 앞에 소개된 세인트 빈센트세인트 메리 고교였다(함께 시작한 넷 중 르브론 외에 농구선수의 길을 걸은 인물은 드류 조이스 뿐이었다. 부친이 농구 코치이기도 했던 드류 조이스는 독일 리그에서 어시스트 역대 1위에 이름을 올리고 2019년 은퇴했다). 이들 4인방에 선배 매버릭 카터(Maverick Carter), 전학생 로메오 트레비스(Romeo Travis)가 가세하면서 전력은 막강해진다. 입학 첫 해, SVSM은 27전 전승을 달리면서 디비전 III 우승을 거머쥐었다. 입학 당시 당시 키가 6피트 4인치(193cm)로 일찌감치 다른 신입생들보다 하드웨어가 우월했던 르브론은 평균 21득점 6리바운드로 코트를 휘저었다. 그를 지도했던 키스 댐브로트(Keith Dambrot) 감독은 "그 아이를 처음 본 지역 코치들 모두 혀를 내둘렀다. 매직 존슨을 보는 것 같았다"고 회고했다. 2020년에 환갑을 넘긴 댐브로트는 여전히 르브론과 연락을 주고받는 사이다. 우승을 할 때든, 부상을 당했을 때든 어김없이 연락해 축하와 격려를 건네고 있다고. 댐브로트는 〈FOX 스포츠(Fox Sports)〉와의 인터뷰에서 "배우는 속도가 빠른 선수였다. 내가 가르친 대학생들의 90%보다 고등학교 1학년 르브론이 더 농구를 잘 이해하고 있었다"라고 말했다. SNS도 없던 시대였지만, 입소문은 정말 빨랐다. 출중한 기량 덕분에 팬들은 물론이고 NBA 스카우트들도 그를 보러 오기 시작했다. 오하이오 주립대 캠퍼스에 있는 밸류 시티 아레나(Value City Arena)에서 열린 SVSM과 그린스뷰(Greensview) 고교의 경기는 무려 13,061명이 입장했다. 관중들의 시선은 단 한 명, 르브론에게만 집중됐고 그는 이날 25득점을 기록하며 명성을 쌓아갔다. 10대 슈퍼스타의 탄생을 알리는 경기였다.

첫 공식전 패배

르브론이 공식 경기에서 당한 첫 패배는 고교 2학년 때였다. 상대는 바로 미국 최강 오크힐 아카데미(Oak Hill Academy). 오크힐 아카데미는 나이키가 따로 초청해 오픈 경기를 치를 정도로 미국에서도 수준 높은 농구를 하는 학교였다. 로드 스트릭랜드(Rod Strickland), 제리 스택하우스(Jerry Stackhouse), 조쉬 스미스(Josh Smith), 론 머서(Ron Mercer) 등이 이 학교 출신이다. 그리고 르브론에게 1패를 안길 당시 이 팀의 에이스는 바로 서가나 좁(DeSagana Diop)이었다. 세네갈 다카르 출신의 좁은 신장 213cm에 체중 127kg의 위력적인 하드웨어를 자랑하는 빅맨이었다. 그는 고교 졸업 후 NBA에 직행해 1라운드 8순위로 지명됐지만, 12년의 커리어에 비해 남긴 기록은 변변치 못했다. 다만 고교 시절만큼은 압도적이었는데, 르브론과 맞붙던 그 시즌 성적은 14.6득점 13.2리바운드 8.1블록이었다. 르브론은 훗날 인터뷰에서 "이 경기는 못 이길 것 같았다. 상대가 정말 강했다"라고 고백했다. 실제로 SVSM은 3쿼터까지 52-42로 앞섰으나 4쿼터에 무너지고 말았다. 설상가상으로 긴장한 탓인지, 과부하가 온 탓인지 르브론은 4쿼터에 다리에 쥐까지 나면서 승부처에 힘을 쓰지 못했다. 이 경기를 글로 옮긴 데이비드 리 모건 JR.(David Lee Morgan JR) 클리블랜드 지역지 기자는 "경기 내내 르브론이 더블팀, 트리플팀 견제를 받았다"며 "비록 이 패배로 36연승 행진이 끝났지만 이미 2시즌 만에 SVSM은 전국적인 팀이 됐다"라고 적었다.

전국구가 된 계기

데이비드 리 기자는 자신의 취재를 바탕으로 《스타의 등장 (The Rise of A Star)》이라는 책을 펴냈다. 르브론 제임스의 학창 시절부터 드래프트 직후까지의 이야기를 담은 책이다. 그는 르브론이 전국의 관심을 받는 스타가 된 것은 3학년 때인 2002년이었다고 했다. 저명 스포츠 주간지 〈스포츠 일러스트레이티드(SI)〉의 표지가 된 직후였다. 표지 헤드라인은 The Chosen One. 르브론을 인터뷰한 그랜트 월(Grant Wahl)기자는 "지금 NBA에 나와도 로터리에 지명될 것"이라고 전망했다. SNS가 미디어를 점령하는 오늘날에는 상상이 안 갈 지도 모르나, 2000년대 초반만 해도 〈ESPN〉, 〈SI〉 등의 매체가 가진 파워는 어마어마했다.

어지간한 이슈로는 표지 모델은 꿈도 못 꾸던 시절. 아직 고등학교를 졸업하려면 1년도 더 남은 고교생이 표지를 장식했으니 눈길이 안 갈 수 없었을 것이다. 궁금하면 24시간. 어디서든 유튜브를 찾아볼 수 있는 지금과 달리, 르브론의 가능성을 보려면 직접 현장을 찾는 수밖에 없었다. 스카우트, 감독, 코치, 팬들까지 몰리기 시작한 배경이었다. 때문에 SVSM의 체육관에는 늘 사람이 붐볐고, 훈련조차 제대로 되지 않을 정도로 어수선했다.

'농구 유망주'에게 쏟아지는 스포트라이트와 별개로, 르브론은 풋볼도 즐겼다. 르브론은 3학년까지 학교 풋볼 대표선수로도 뛰었다. 모친 글로리아는 부상을 우려해 르브론이 풋볼을 그만두길 바랐지만, 그는 "학창 시절을 즐기고 싶다"며 풋볼팀 훈련과 경기도 꼬박꼬박 참여했다. 그냥 참가한 것이 아니다. 올스테이트(All-State) 퍼스트 팀에도 이름을 올릴 정도였으니 풋볼 실력도 상당했음을 유추할 수 있다. 포지션이 와이드 리시버였던 그가 풋볼 선수를 택했어도 디비전 I 명문대학으로부터 장학금을 받았을 것이라 보는 이들도 있었다. 르브론도 풋볼을 더 잘 하고 싶어서 웨이트 트레이닝을 게을리하지 않았다고

EARLY YEARS

하는데, 드래프트에 도전할 무렵 관계자들이 '준비된 NBA 바디(NBA Body)'라고 평가한 것도 이 덕분이 아닐까 싶다.

마침내 꺾은 라이벌

다시 앞서 소개했던 오크힐 아카데미와의 '전국 중계' 이야기로 돌아가자. 르브론에게 오크힐 아카데미 전 승리는 큰 의미가 있었다. 전국 생중계 경기이고, 레전드들이 찬사를 아끼지 않은 것과 별개로, 르브론에게는 반드시 이겨야 하는 상대였다. 2학년, 3학년 때도 패배를 당했던 팀이기 때문이다.

르브론이 3학년이었던 2002년 초, 두 팀의 맞대결은 필라델피아에서 개최됐다. 비슷한 시기 필라델피아의 웰스 파고 센터(Wells Fargo Center)에서 NBA 올스타전이 열린 덕분에 사람들은 두 명문 고등학교의 대결을 '올스타 주말 행사'의 특별 부록처럼 여기기도 했다. 그 이유는 당대 최고 기대주였던 르브론과 카멜로 앤써니가 처음으로 마주한 경기였기 때문이다. 사실, 이 경기에 대한 르브론의 회상은 그리 길지 않다. 앤써니가 2021년 펴낸 자서전에

이날의 이야기가 짧게 담겨 있다. "르브론은 그때 이미 NBA 바디(body)를 갖고 있었다. 가까운 지역에서 올스타가 열린 덕분에 빈스 카터, 코비 브라이언트 등도 볼 수 있었다. 코비는 당시 아디다스 모델이었는데, 르브론과 인근 호텔에서 만나 그에게 아디다스 농구화를 선물하기도 했다." 앤써니는 르브론이 36점을 올렸고, 자신은 2점 적은 34점이었지만 경기는 72-66으로 오크힐 아카데미가 이겼다고 깨알 자랑도 잊지 않았다. 이것이 그가 오크힐 아카데미에 당한 2번째 패배였다.

그러나 결과를 떠나 르브론은 이미 NBA 스타들도 만나서 조언을 건넬 정도의 슈퍼 유망주였다. LA, 뉴욕, 필라델피아 등 보다 큰 시장의 프로모터들도 '경기를 해달라'고 SVSM을 초청했다(그러나 아마추어 취지에 맞지 않는다는 이유로 오하이오주 체육위원회는 대부분의 일정을 반대했다). 타임 워너 방송사는 SVSM의 매 경기를 7.95달러에 판매하는 페이퍼뷰 전략을 세웠다. '데이비드 레터맨 쇼', '굿모닝 아메리카', '제이 레노' 등 미국에서 내로라하는 토크쇼에서도 초대가 들어왔고, 종종 라스베이거스 도박사들에게 베팅 대상 경기가 되기도 했다. 주변에서는 10대 농구선수가 감당하기 힘들 정도의 관심을 받게 됐다며 르브론을 걱정하는 목소리도 커져만 갔다. 전국에 생중계된 오크힐 아카데미와의 경기에서 마침내 승리를 거두었을 때 (이 경기의 공식 시청자는 167만 명이 넘는 것으로 집계됐다). 딕 바이텔 해설위원은 르브론에게 이런 조언을 전했다. "얘야. 너는 앞으로 정말 많은 사람들이 바라보는 대상이 될 거야. 거머리도 많아지겠지. 그러니 영리하게 잘 처신해야 한다. 좋은 결정을 내릴 수 있도록 주변에 좋은 사람들을 많이 두는 것도 중요해."

걱정은 현실로

딕 바이텔의 예언은 현실이 됐다. 일거수일투족이 관찰(?)의 대상이 됐다. 그러다보니 작은 행동 하나하나 도마에 올랐다. 그런데 실제로는 논란이 될 만한 행동도 많았다. 2002년 5월 28일, 클리블랜드 캐벌리어스 (Cleveland Cavaliers)는 NBA로부터 징계 공문을 받는다. NBA 유망주 규정을 어겼다는 내용이었다. 정확히 들여다보자. 구단이 자체적으로 주최한 연습경기에 르브론이 뛴 것이 문제였다. 이날 연습경기에는 서가나 좁, 크리스 밈(Chris Mihm), 주메인 존스(Jumaine Jones),

빔보 코울스(Bimbo Coles) 등 현역 선수들이 뛰었고, 사이드라인에는 당시 감독이던 존 루카스(John Lucas)가 있었다. 누가 봐도 '기량 테스트'였다. NBA는 드래프트 참가 자격을 얻지 못한 선수를 승인 없이 초대하거나 만나는 행위를 금지하고 있다. 이에 따라 클리블랜드는 15만 달러 벌금을 물게 됐고, 사이드라인에 있던 루카스 감독은 차기 시즌 2경기 출전 정지 처분을 받아야 했다. 논란에 휩싸이긴 했지만 르브론은 별 징계없이 넘어갔다. 그는 고교시절 알고 지내던 서가나 좁으로부터 '놀러오라'는 초대를 받아서 간 것뿐이고 규정을 몰랐다고 주장했다.

어머니로부터 받은 허머(Hummer) 자동차도 논란의 대상이 됐다. 어머니가 18번째 생일을 맞아 선물해준 이 자동차는 당시 직업도 변변치 않던 르브론 가정이 감당할 만한 수준을 넘어선 고가였다. 종목을 막론하고, 아마추어 선수와 그 가족들은 함부로 돈이나 물품을 받을 수 없게 되어 있다. 그렇기에 주변에서는 '스타가 될 재목임을 알아보고 주변에서 공짜로 준 것 아니겠느냐'는 의심의 눈초리를 보냈다. 몇몇 매체는 "사실일 경우 아마추어 자격이 박탈될 수도 있다"는 비관론도 내놓았다. 후에 이 문제는 로스엔젤레스 지역의 한 대리점에서 르브론의 '미래'를 보고 어머니의 고액 대출을 도와준 것으로 밝혀져 무사히(?) 넘어갔다. 이 대리점은 스포츠 스타들의 차 구입을 전문적으로 돕는 곳으로, 정말로 말 그대로 르브론의 미래만 보고 대출 승인을 도운 것이었다(르브론이 NBA스타가 된 뒤에도 이 업체를 이용했는지는 밝혀지지 않았지만). 선물 받은 유니폼도 이슈가 됐다. 누군가 NBA 레전드 웨스 언셀드(Wes Unseld)의 클래식 저지를 르브론에게 선물한 것이다. 대가가 없었다고 해도 이 역시 징계 대상이었고, 심의가 이뤄지는 동안 그는 한 경기를 결장해야 했다. 갑론을박 끝에 르브론은 무사히 선수로 복귀했는데, 이 과정에서도 '르브론은 죄가 없다'라는 피켓을 들고 나온 학생들이 있는가 하면 그를 철저히 조사해야 한다는 주장을 한 이들도 있었다. 심지어 '도대체 저 집안은 돈이 어디 있어서 변호사까지 고용한 것인가'라는 의문이 제기되었으니, 모든 행동 하나하나가 관심의 대상이 되었던 것은 분명하다. 그토록 관심이 집중되는 가운데서도 컨디션을 유지하고, 고득점을 올리며 동료들을 챙기는 모습은 지금과 크게 다르지 않았다. 그런 르브론과의 여정에 대해 댐브로트 감독은 "우리는 마치 엘튼 존(Elton John, 영국의 팝스타)과 여행하는 기분이었다"라고 회고했다. 그러나 엘튼 존과의 여행은 톨게이트를 지난 것이나 다름없었다. 미국 고교농구 역사상 가장 유명했던 농구선수, 르브론의 아주 긴, 도전은 이제 막 시작됐다.

41

1975년 대릴 도킨스*Darryl Dawkins*, 빌 윌로비*Bill Willoughby*를 비롯해 1995년의 케빈 가넷, 그리고 2005년 56순위 아미르 존슨*Amir Johnson*에 이르기까지 총 41명의 선수가 고등학교 졸업 후 바로 프로에 진출해 NBA 드래프트에 지명되었다. 존슨은 역대 고졸 드래프티 중 가장 낮은 56순위에 디트로이트 피스톤스에 뽑혔고 17년간 프로선수 생활을 했다.

1

1순위에 지명된 선수도 3명이다. 최초의 1순위는 2001년 드래프트의 콰미 브라운*Kwame Brown*이다. 당시 워싱턴 위저즈의 마이클 조던이 직접 선발한 선수로 기대를 한 몸에 받았으나 큰 족적을 남기진 못했다. 2003년 1순위 르브론 제임스와 2004년 1순위 드와이트 하워드는 훗날 명예의 전당 입성이 유력시되는 선수들이다. 둘은 2008년 베이징올림픽 금메달을 함께 했고, 2020년 LA 레이커스에서 한솥밥을 먹으며 우승했다.

2

신인상 수상자는 의외로 적다. 고등학교만 졸업하고 프로에 왔기에 기량이 농익을 기회가 적었던 탓이다. 2002-2003시즌의 아마레 스타더마이어는 고졸 선수로는 최초로 신인상을 품었다. 르브론도 2003-2004시즌에 그 뒤를 이었다. 고졸 선수들은 천천히 기량이 쌓아 기회를 얻은 케이스가 많다. 기량발전상*MIP*도 2명 있었다. 저메인 오닐(2002년) 맥그레이디(2001년)가 그 주인공들이다.

4

1997년 코비 브라이언트를 시작으로 총 4명의 선수가 올스타 덩크슛 대회에서 우승했다. 2005년 조쉬 스미스, 2007년 제럴드 그린, 2008년 드와이트 하워드도 우승 트로피를 들었다. 르브론 제임스의 덩크슛 대회 참가 여부는 그의 경력 초창기 핫 이슈 중 하나였지만, 끝내 불참했다. '몸상태가 완벽하고, 멋진 덩크를 창조할 자신이 있을 때'가 그의 조건이었지만, 끝내 마음이 놓이지 않았던 모양이다.

NBA HIGH SCHOOL DRAFTEES

숫자로 보는 고졸 드래프티

3 명예의 전당에 헌액된 선수는 모두 셋으로 케빈 가넷, 고(故) 코비 브라이언트, 트레이시 맥그레이디가 있다. 맥그레이디는 2002-2003시즌, 2003-2004시즌 득점왕이었고, 코비는 2005-2006시즌, 2006-2007시즌에 리그 득점 1위를 차지했다. 2021-2022시즌, NBA가 리그 창설 75주년을 기념해 발표한 75인 명단에도 3명의 고졸선수가 있었다. 가넷, 코비, 그리고 르브론이었다. 3년 연속 '올해의 수비수'상을 수상한 드와이트 하워드가 빠져 논란이 되었다.

5 고졸 선수 중 가장 많은 우승을 거머쥔 선수는 코비 브라이언트다. 1996년 13순위 지명선수였던 그는 LA 레이커스에서 5번(2000, 2001, 2002, 2009, 2010) 우승했다. 르브론은 그 뒤를 이어 4번 우승했다. 두 선수를 포함, 우승을 맛본 고졸 선수는 모두 11명이다.

고졸 출신 우승 선수

	드래프트 순위	횟수	우승년도	우승팀
케빈 가넷	1995 / 5	1	2008	셀틱스
코비 브라이언트	1996 / 13	5	2000~2002, 2009, 2010	레이커스
라샤드 루이스	1998 / 32	1	2013	히트
타이슨 챈들러	2001 / 2	1	2011	매버릭스
르브론 제임스	2003 / 1	4	2012, 2013, 2016, 2020	히트, 캐벌리어스, 레이커스
켄드릭 퍼킨스	2003 / 27	1	2008	셀틱스
드와이트 하워드	2004 / 1	1	2020	레이커스
숀 리빙스턴	2004 / 4	3	2015, 2017, 2018	워리어스
J.R 스미스	2004 / 18	2	2016, 2020	캐벌리어스, 레이커스
도렐 라이트	2004 / 19	1	2006	히트
앤드류 바이넘	2005 / 10	2	2009, 2010	레이커스

9 올-NBA팀에 최소 1번 이상 선정된 선수는 모두 9명. 케빈 가넷, 코비 브라이언트, 저메인 오닐*Jermaine O'Neal*, 트레이시 맥그레이디, 타이슨 챈들러, 아마레 스타더마이어*Amar'e Stoudemire*, 르브론 제임스, 드와이트 하워드, 앤드류 바이넘*Andrew Bynum* 등이다.

10 르브론과 한 팀을 이루었던 선수는 모두 10명이다. 코비는 2008년 베이징올림픽과 2012년 런던올림픽에서 한 팀이었고, 드와이트 하워드는 국가대표팀 동료이자 NBA 동료였다. 가장 오랫동안 함께 뛴 선수는 J.R 스미스다. 2004년 18순위인 스미스는 2015-2016시즌부터 3시즌간 캐벌리어스에서 같이 뛰었고, 2019-2020시즌 LA 레이커스 우승도 함께 했다.

르브론 제임스의 팀메이트였던 고졸신인들

	드래프트 순위	시즌	소속팀
라샤드 루이스	1998 / 32	2012~2014	히트
대리우스 마일스	2000 / 3	2003~2004	캐벌리어스
타이슨 챈들러	2001 / 2	2018~2019	레이커스
에디 커리	2001 / 4	2011~2012	히트
서가나 좁	2001 / 8	2003~2005	캐벌리어스
켄드릭 퍼킨스	2003 / 27	2015	캐벌리어스
드와이트 하워드	2004 / 1	2018 / 2019~2020 / 2021~2022	레이커스 / 레이커스 / 레이커스
세바스찬 텔페어	2004 / 13	2010	캐벌리어스
J.R 스미스	2004 / 18	2015~2018	캐벌리어스

2005

2005년 드래프트는 고졸 선수들의 프로 진출이 허용된 마지막 해였다. 잦은 부작용과 기량 미달 사례로 NBA는 더이상 10대들의 프로 데뷔를 허용하지 않기로 했다. 그 뒤 신인들은 대학에서 최소 1년을 보낸 뒤에야 프로에 나설 수 있었고, 이로 인해 '원앤던*one and done*'이란 용어가 생겨났다. 최근에는 고졸 선수들이 대학에 가지 않고 G리그, 해외리그를 거쳤다가 NBA에 도전하는 사례도 늘고 있다. G리그는 최근 연령제한을 낮춰 고졸 선수들에 기회를 제공 중이다. 2021년 드래프트 2순위 제일런 그린*Jalen Green*이 대표적이다. 2020-2021시즌을 G리그 이그나이트*Ignite*에서 보냈다.

02

HYPE BOY
2003-2004시즌

2003년 4월 25일. 르브론은 SVSM에서 NBA 드래프트 진출을 발표했다. 대학에 가지 않고 바로 NBA에 도전하겠다고 발표한 것이다. 발표 시점에서 1순위가 가장 유력한 팀은 클리블랜드 캐벌리어스와 덴버 너게츠(Denver Nuggets)였다. 두 팀 모두 17승 65패로 나란히 최하위로 2002-2003시즌을 마쳤다. 그는 어디가 1순위가 되면 좋겠냐는 질문에 "어느 팀이든 상관없다. 리더가 되어 매 시즌 더 나은 팀으로 발전시키는 것을 꿈꾸고 있다"고 답했다. 2003년은 르브론 제임스와 카멜로 앤써니 외에도 크리스 보시(Chris Bosh), 드웨인 웨이드(Dwyane Wade) 같은 유능한 인재가 쏟아져 나온 해였다. 실제로 이들은 올스타는 물론이고, 국가대표까지 되면서 2000년대 NBA를 주도했다. 관심이 연일 뜨거워지자 NBA 주관방송사인 〈ABC〉는 순위 추첨을 생중계하기로 결정했다.

1순위 지명권은 여러분이 알고 있는 그대로다. 캐벌리어스는 1971년, 1986년에 이어 구단 역대 세 번째 1순위 지명권을 획득했다. 1971년 당시 캐벌리어스는 노터데임(Notre Dame) 출신의 오스틴 카(Austin Carr)를 지명했다. 현역 시절 별명이 'Mr. 캐벌리어'일 정도로 프랜차이즈 팬들에게 많은 사랑을 받았던 오스틴 카는 통산 1만 득점을 돌파하고 등번호 34번이 영구결번 되는 등 활약이 좋았지만, 플레이오프는 세 번 밖에 가지 못했다. 노스캐롤라이나(North Carolina) 대학 출신 빅맨 브래드 도허티(Brad Daugherty)는 213cm의 스마트한 빅맨이었다. 1990년대, 그는 당대 최고 포인트가드 마크 프라이스(Mark Price)와 캐벌리어스의 전성기를 이끌었다. 올스타도 5번이나 선정됐다. 그렇지만 치명적인 등부상으로 커리어가 오래가지 못했다. 마지막 시즌(1993-1994시즌)을 마쳤을 때, 도허티는 겨우 28살이었다. 르브론은 오스틴 카보다 더 현란하고, 도허티보다 단단한 선수가 될 것으로 기대를 모았다.

이미 1순위가 누가 될 지는 예견되어 있었지만, 드래프트 당일 캐벌리어스의 당시 홈구장인 건드 아레나(Gund Arena)에는 10,107명이 모였다. 르브론이 지명되는 순간을 다같이 보고 즐기는 워치 파티(watch party)를 위해서였다. 캐벌리어스의 2002-2003시즌 마지막 홈경기 관중보다도 많았다. 가장 시끌벅적한 고교생 드래프트 지명선수(the most talked-about high school draft pick). 솔트레이크 시티 지역매체인 〈데저트 뉴스(Desert News)〉는 르브론을 이렇게 표현했다. 지명 당일에 입은 흰색 수트부터 서머리그 준비 과정, 거대 계약들 등 많은 것들이 시선을 끌었다. 가끔은 지나치게 호들갑을 떠는 것 같아 과연 이 이슈를 다루는 것이 맞는가 싶을 정도였다.

거물 신인, 코트에 서다

플로리다주 올랜도에서 열린 서머리그도 마찬가지였다. 서머리그는 프로에서 자리를 얻길 원하는 기대주들이 주를 이루는 쇼 케이스 중 하나다. 이 대회에는 구단이 키우고자 하는 1~2년차 선수들도 나선다. 르브론도 캐벌리어스의 일원으로 서머리그에 출전했다. 그의 처음이자 마지막 서머리그였다. 첫 상대는 올랜도 매직. 거물의 데뷔전을 보려고 15,123명이 운집했다. 직전 시즌 캐벌리어스의 홈경기 평균관중(11,496명, 리그 30위)보다도 많은 숫자였다. 르브론은 23분간 14득점 7리바운드 6어시스트로 활약하며 팀 승리(107-80)를 주도했다. 3점슛은 모두 놓쳤지만, 2003년 3월, 고등학교에서 마지막 경기를 치르고 오랜만에 정식 경기를 치렀다는 점을 감안하면 나쁘지 않았다. 원핸드 덩크, 노룩 패스 등 사람들이 기대했던 플레이도 간간이 선보였다. 지난 2019년, '거물 신인' 자이언 윌리엄슨(Zion Williamson)이 NBA 서머리그에 데뷔하면서 라스베이거스 토마스 & 맥 센터(Thomas & Mack Center) 일대에 교통 대란이 일어나는 등 혼잡했는데 이날도 마찬가지였다. 5달러짜리 티켓이 80달러 암표로 둔갑한 것만 봐도 그 관심을 유추할 수 있다. 그 기대감은 고스란히 시즌으로 이어졌다. 〈ESPN〉은 2003년 10월 30일 보도에서 "추수감사절까지 르브론의 저지는 42만 5,000벌 이상이 팔려나갔다"라고 전했다. 그 기대감은 취재진도 마찬가지였다.

프리시즌부터 취재진이 몰렸다. 이쯤에서 자이언의 NBA 데뷔 당시 우리가 보았던 기사 제목들을 떠올려보자. '과연 그가 NBA에 통할 것인가?'라는 기초적인 질문에서 출발해 인성, 자기관리, 수비 등 여러 부가적인 질문들이 따라붙었다. 그 수많은 질문들을 보며 필자는 기자들이 종종 자이언 윌리엄슨이 겨우 20대를 갓 넘긴 청년이라는 것을 잊고 있는 것 같다는 생각이 들었다. 모든 면에서 완벽을 요구하는 그 시선들. 어쩌면 'NEXT'라는 수식어의 주인들이 이겨내야 하는 숙명이었을 지도 모른다. 르브론도 그랬다. 처음 따라온 질문은 바로 '슛'이었다. 데뷔 후 르브론을 따라다닌 여러 네거티브한 농구적 이슈가 있었다. 외곽슛, 왼쪽 돌파, 포스트업, 클러치 타임 패스 처리, 수비 등 매 시즌 약점이 지적됐다. 이미 신인 때부터 보통의 NBA 선수 이상의 실력을 과시했지만 별명이 '선택받은 자', 'KING JAMES'였고, 데뷔 전부터 수천만 달러를 품은 선수였기에 사람들은 '더, 더, 더'를 원했다. 심지어 약점에 관한 이슈는 2013년까지도 계속됐다. 2013년 2월, 마이클 조던은 〈ESPN〉 인터뷰에서 "나라면 그를 왼쪽으로 공격하게끔 유도한 후 점프슛을 던지게 만들겠다"라고 말했다. 르브론의 돌파가 오른쪽보다는 왼쪽이 덜 위력적이라는 분석이었다. 나중에 다시 언급하겠지만, 르브론은 보란 듯 왼쪽 돌파로 수차례 경기를 승리로 이끈 바 있다. 2013년 인디애나 페이서스(Indiana Pacers) 전이 대표적으로, 동부 컨퍼런스 결승 1차전에서 왼쪽 돌파로 위닝샷을 마무리한 바 있다.

5연패 끝에 얻은 첫 승

다시 2003년으로 돌아가자. 매체들은 '신인' 르브론이 슛 연습을 충분히 하지 않는 것 같다고 지적했다. 경기 전 슛 어라운드에도 모습을 드러내지 않자 그 지적은 더 거세졌다. 사실 르브론은 코트에 일찍 나오는 편이 아니다. 현 소속팀 LA 레이커스에서도 그는 동료들이 나오고도 한참 뒤에 코트에 나서고 있는데, 라커룸에서 충분히 스트레칭을 한 뒤에 등장한다. 〈ESPN〉도 이 부분을 지적했다. 그러자 르브론은 "고교시절부터 열심히 슛을 연습했다", "프로에 와서도 아무리 오래 걸리더라도 100개씩 성공시키는 연습을 하고 있다"라고 항변했는데, 〈ESPN〉은 "고등학교 3점슛 라인은 NBA보다 짧지 않나"라고 기사로 반문했다. 당시 캐벌리어스 감독은 폴 사일러스(Paul Silas)였다. 사일러스는 적극적으로 르브론을 감쌌다. "어린 선수에 대한 기대치가 지나치게 높다"라고 우려하며 말이다. 그는 "저 아이는 정말 위대한 선수가 될 것이다. 그렇지만 시간이 필요하다. 코비 브라이언트도, 마이클 조던도 NBA에 데뷔했을 때 슛이 좋지 않았다"라며 어린 제자를 두둔했다. 르브론이 상대해야 하는 건 언론의 관심만이 아니었다. NBA의 내로라하는 선배들과도 경쟁해야 했다. '얼마나 잘 하나 보자'라는 마음으로 신예를 상대했다. 테이션 프린스(Tayshaun Prince, 당시 디트로이트 피스톤스), 데븐 조지(Devean George, 당시 LA 레이커스) 등 수비 잘하고 피지컬한 플레이를 즐기던 선수들이 르브론을 막아섰다. 그 와중에 르브론의 성적은 그리 나쁘지 않았다. 2003년 10월 29일, 새크라멘토 킹스와의 공식 데뷔전에서는 25득점을 기록했다. 프로에 직행한 그간의

고졸선수 중 역대 최다 득점이었다. 팀은 92-106으로 졌지만 사일러스 감독은 르브론에게 'B-'를 주었다. 고등학교를 졸업하자마자 주전 자리를 맡은 10대임을 감안하면, 또 당시 캐벌리어스가 NBA에서 차지하던 위상을 생각하면 결코 나쁘지 않은 성적이었다.

그러나 첫 승을 맛보기까지는 시간이 꽤 걸렸다. 하필 캐벌리어스는 원정 3연전으로 시즌을 시작했다. 첫 5경기 중 4경기가 원정. 홈 개막전이던 덴버 너게츠전에서 르브론은 단 7점에 묶였다. 야투 11개 중 8개를 미스하는 등 경기 내용이 썩 좋지 않았다. 5연패를 당한 뒤에야 첫 승을 거두었다. 워싱턴 위저즈(Washington Wizards) 전에서 비로소 NBA에서의 1승을 거둔 것이다. 2022년 12월 3일, 르브론은 밀워키 벅스(Milwaukee Bucks)를 133-129로 이기고 통산 900승 고지에 올랐다. 70년이 넘는 NBA 역사에서 7명만이 달성한 대기록이었다. 그 위대한 시작이 바로 2003년 11월 8일의 경기였던 것이다.

이 위대한 여정을 감히 예상한 사람이 몇이나 있었을까. 2003-2004시즌, 르브론의 위상은 아직까지 '심상치 않은 신인' 정도에 불과했다. 2004년 2월 10일, 보스턴 셀틱스(Boston Celtics) 전에서 24득점을 기록, 49경기 만에 1,000득점을 돌파해 당시 기준으로 1,000점을 돌파한 가장 어린 선수(19세 41일)가 된다. 팀도 97-89로 이긴다. 캐벌리어스는 이 승리로 시즌 20승째를 거두었다. 문제는 바로 옆 칸에 새겨진 '32'라는 숫자였다. 이 시즌 동부는 50승 이상을 거둔 팀이 단 두 팀(인디애나, 디트로이트) 뿐이었다. 승률 50%가 안 되는 팀에게도 플레이오프 희망이 있었다. 하지만 승률 38.5%는 빅 스테이지를 기대하기에 아슬아슬한 숫자였다. 그랬던 캐벌리어스는 언제 그랬냐는 듯, 연승을 달리며 분위기 반전을 꾀한다. 2004년 3월이었다. 캐벌리어스는 동부 선두 인디애나를 잡는 등 7연승을 달리며 플레이오프 팀들과의 간격을 좁혀갔다. 저메인 오닐(Jermaine O'Neal)과 메타 월드피스(Metta World Peace/당시 론 아테스트)가 선전하던 리그 최고 수비팀을 상대로 르브론은 44분간 26득점을 기록하며 이변을 이끌었다. 3월 28일 뉴저지 네츠(New Jersey Nets/현 브루클린 네츠)전도 빼놓을 수 없다. 이 경기에서 캐벌리어스는 107-104로 역전승을 거두었는데, 팀이 올린 마지막 10점을 르브론 혼자 기록했다. 그것도 종료 1분 30여초 전까지 99-104로 지던 상황에서 혼자 득점을 몰아치며 게임을 뒤집은 것이다. 이 경기에서 르브론이 올린 점수는 무려 41점. NBA 데뷔 후 올린 첫 40+득점 경기였다. 이처럼 시간이 지날수록 르브론은 리그에 적응, 폭발적인 득점력과 올어라운드한 플레이로 자신의 명성을 입증했다. 플레이오프까지 올라갔다면 그 명성을 드높였겠지만, 아쉽게도 그런 일은 일어나지 않았다. 네츠전에서의 극적인 승리 이후 캐벌리어스는 다시 7연패의 깊은 늪에 빠지고 말았다. 3월 말 텍사스 원정이 치명적이었다. 뒤늦게 3연승을 달리긴 했지만 동부 8위 셀틱스와의 경쟁에 밀리고 말았다. 셀틱스가 36승, 캐벌리어스가 35승이었음을 감안하면 그야말로 '한 끗' 차이였다.

비록 플레이오프에서 탈락했지만 캐벌리어스는 실망하지 않았다. 전 시즌, 17승에 그치며 '완벽한 약체' 신세를 면치 못했던 그들은 두 배 넘는 35승으로 시즌을 끝냈다. 또한 르브론 제임스라는 확실한 핵심을 중심으로 미래를 설계할 수 있게 됐다. 2003-2004시즌은 그가 '진짜'라는 것을 확인한 시즌이었다. 캐벌리어스가 시즌을 마치던 날, 반대편 뉴욕 닉스(New York Knicks)에는 페니 하더웨이(Penny Hardaway)가 있었다. 딱 10년 전인 1993-1994시즌에 데뷔해 마이클 조던을 위협할 차세대 스타로 각광받던 주인공이었다. 부상이 없었더라면, 처신만 잘 했더라면 더 대단한 선수로 성장했을 올어라운드 플레이어였다. 하더웨이는 르브론에 대해 이런 평가를 했다. "르브론은 미래가 아니다. 이미 현재다." 이미 리그를 지배하는 대열에 올라섰다는 것이다. 앞서 르브론에게 41점이나 허용했던 네츠의 로렌스 프랭크(Lawrence Frank) 감독도 "나이를 떠나 이미 리그에서 한 자리를 차지하고 있는 것 같다"며 혀를 내둘렀다.

첫 트로피는 신인상 트로피

예상대로 르브론은 친구 카멜로 앤써니를 제치고 에디 고트리브(Eddie Gottlieb) 트로피를 품에 안았다. 신인상 수상자에게 수여되는 트로피다. 시즌 내내 동부 컨퍼런스 '이달의 신인'상을 독식했고, 13경기에서 30+득점을 올렸다. 팀 성적도 플레이오프급으로 끌어올렸고, 관중도 전 시즌 11,497명에서 18,288명으로 대폭 늘어 16번이나 매진됐다. 시즌 성적은 20.9득점 5.9어시스트 5.5리바운드. 신인 선수가 평균 20-5-5를 기록한 건 오스카 로벌슨(Oscar Robertson)과 조던에 이어 역대 3번째였다.
나이키는 그의 20-5-5를 기념하는 농구화를 출시했다. 10대
선수의 첫 시즌은 그렇게 시끌벅적하게 지나갔다. 친구 앤써니와
드웨인 웨이드가 각각 너게츠와 히트를 플레이오프에 올려놓은
것과 달리 르브론은 봄의 축제에 초대받진 못했다. 그렇지만
한 팀의 메인 볼 핸들러 역할을 맡아 매 경기 북적이는 취재진
앞에서 자신을 검증해야 했다는 점을 감안하면 충분히 훌륭했다.
경기적인 면에서는 숙제가 있었다. LA 레이커스와의 첫 대결은
그의 장단점이 잘 드러났던 경기였다. 이 경기는 애초 명예의
전당급 슈퍼스타들, 그 중에서도 코비 브라이언트와의
첫 대면으로 기대를 모았으나, 샤킬 오닐(Shaquille O'Neal),
칼 말론(Karl Malone)이 결장하면서 다소 김이 빠진 상태였다.
그럼에도 코비의 득점 페이스가 좋기에 둘의 맞대결이라는
점만으로도 중계가 될 가치는 충분했다. 그렇지만 코비마저
1쿼터 종료 직전, 어깨를 다쳐 후반을 뛰지 않았다. 우승후보의
핵심 자원이 모두 빠진 상황이었기에 승리는 캐벌리어스가
수월하게 가져갈 것처럼 보였다. 르브론도 경기 초반에는 다소
긴장한 듯 실책을 범하고 무리한 슈팅을 날렸지만, 그 와중에도
특유의 불도저 같은 돌파 능력을 선보였다. 능숙한 볼 핸들링에
빠른 첫 스텝, 두꺼운 상체에서 나오는 힘, 그리고 스프링을
단 듯한 체공능력과 신체 밸런스는 어지간한 수비를 다 튕겨냈다.
덕분에 1쿼터에는 코비를 상대로 백다운 후 점퍼를 꽂았고,
이내 'Z맨' 지드루너스 일거스커스(Zydrunas Ilgauskas)와
카를로스 부저(Carlos Boozer)의 스크린을 이용해 2대2
플레이를 비롯한 다양한 플레이도 완성시켰다.
속공 상황에서 동료들을 발견하고 찔러주는 패스 역시
시즌 내내 보인 것처럼 발군이었다. 그러나 〈ESPN〉이 앞서
지적한 것처럼, 슈팅은 완성도가 떨어졌다. 이 시즌 3점슛은
20%대로 커리어를 통틀어 가장 낮았고, 롱2와 미드레인지
역시 던질 때부터 불안정했다. 상대의 함정에 빠지거나,
바싹 컨테스트 당하는 상태에서 터프샷을 던지니 가뜩이나
안 맞는 영점이 제대로 맞을 리 만무했다. 4쿼터에 그는 5개의
슛을 모두 미스했고, 캐벌리어스도 4쿼터에 14점에 머물며
79-89로 패했다.
팀 로스터 자체가 두껍지 못하다는 단점이 있긴 했지만,
르브론 역시 신체능력에 의존한 단조로운 방식을 발전시켜야
한다는 숙제를 받았다. 그렇지만 사일러스 감독의 말처럼,
그는 이제 막 첫 시즌을 마친 10대에 불과했다. 눈앞에 밝은
미래가 기다리고 있다는 사실은 이견이 없었다.

르브론은 왜 덩크 컨테스트에 출전하지 않았을까?

첫 출전

르브론의 올스타전 첫 출전은 신인 시즌이 아닌 2번째 시즌이었다. 2004-2005시즌에 선발됐으며, 캐벌리어스 선수 중에서는 숀 캠프 이래 역대 2번째로 주전으로 나섰다. 첫 출전이지만 무려 31분을 뛰며 13득점 8리바운드 6어시스트로 활약했다. 팬투표 첫 1위는 파이널에 처음 올랐던 2007년으로, 251만표를 받았다. 2005년 야오밍(255만표)에 이어 당시 기준 역대 2위였다. 참고로 2022년에는 912만표를 획득했는데, 애플리케이션을 통한 투표로 투표 지역이 광범위해졌고, 1회 투표에 2표 적립 등 다양한 이벤트가 반영된 결과였다.

최다 선정과 최다 출전

르브론 제임스는 2021-2022시즌까지 총 18번 올스타전에 출전했다. 역대 '최다 선정'은 19회로 카림 압둘자바가 1위에 올라있으나, 1973년 올스타전은 뽑히고도 경기를 뛰지 않아 '출전 기록'은 18회로 남아있다. 그래서 르브론과 '최다 출전' 부문 역대 공동 1위다. 만일 르브론이 2023년 올스타에 선정되어 경기를 뛸 경우, '최다 선정'은 공동 1위가 되고, '최다 출전'은 19회로 역대 1위가 된다. 2022-2023시즌 올스타 팬투표는 2022년 12월 20일에 개시됐고, 2023년 1월 6일 발표된 1차 집계에서도 르브론이 전체 1위를 달리고 있었다. 이대로라면 카림 압둘자바가 갖고 있는 기록은 충분히 바꿀 수 있을 것이다.

최다 득표

마이클 조던은 1998년 시카고 불스 유니폼을 벗을 때까지 9번이나 올스타 팬투표 1위였다. 르브론이 그 뒤를 이어 2022년까지 총 9번 팬투표를 리드했다. 2022-2023시즌에도 1위가 된다면 총 10번으로 역대 1위가 된다. 이미 2017년부터 6년 연속 1위인데, 2023년을 포함하면 7번이 되어 역시나 조던의 연속 6년 기록(1988~1993)을 추월해 단독 1위가 된다.

팀 르브론 5-0

NBA는 2018년부터 최다 득표 1,2위 선수에게 자신의 이름이 들어간 팀을 꾸려 선수들을 뽑는 시스템으로 바꾸었다. 새 제도가 도입된 이래 '팀 르브론'은 올스타전에서 빠진 적이 없었고, 진 적도 없었다. 2022년 올스타전에서는 위닝샷을 터트리며 163-160 승리를 이끌었다. 잭 라빈을 상대로 기가 막힌 페이더웨이 점퍼를 성공했다.

누적 득점 1위

모든 올스타전 경기를 주전으로 나선 르브론은 누적 출전시간(509분), 누적득점(413점) 1위에 올라있다. 2011년 올스타전에서는 29득점 12리바운드 10어시스트로 올스타전 사상 2번째 트리플더블을 기록했다. 올스타전에서 최초로 트리플더블을 기록한 선수는 마이클 조던(1997년)이었고, 그 뒤 드웨인 웨이드(2012년), 케빈 듀란트(2017년)가 뒤를 이었다. 르브론은 2006년, 2008년, 2018년에 올스타 MVP가 됐다.

슬램덩크 컨테스트

르브론의 슬램덩크 컨테스트 참가는 많은 팬들이 기다렸던 이벤트였다. 르브론은 2003년, 고교 농구의 올스타전이라 할 수 있는 맥도널드 올-어메리칸 게임(McDonald's All-American Game)에서 엄청난 힘과 탄력이 가미된 슬램덩크를 선보이며 우승을 차지한 바 있다. 그러나 정작 프로가 된 이후에는 대회 참가 설득에도 불구, 참가하지 않았다. 그러나 신인이었던 2004년에는 발목 부상으로 장고 끝에 나가지 않기로 했고, 그 뒤로도 출전 의사를 전하지 않았다. 현지에서는 르브론이 파워 덩커이지만 창조적인 덩커는 아니기에, 대회 아이디어를 고민하느라 부가적인 스트레스를 받는 건 원치 않는다는 의견이 지배적이었다. 실제로 그는 "올스타전에서 얼마나 뛸지는 그때그때 다르다. 1년에 한 번 있는 행사이므로 열심히 뛰는 것은 맞지만, 그 강도를 얼마나 가져갈지는 그 시기의 컨디션에 따라 결정한다"라며 데뷔 10년차를 넘긴 뒤부터는 너무 높이(?), 그리고 많이 뛰는 부분은 신중히 결정하는 것으로 알려졌다.

03

NEXT LEVEL
2004-2010시즌

캐벌리어스는 2004년 여름에 르브론 중심의 팀을 위한 개편을 이어갔다. 이미 그가 팀의 미래라는 것은 개막 후 한 달 여만에 확인할 수 있었다. 단적인 예로 르브론의 루키 시즌이 시작된 지 얼마되지 않았던 2003년 12월 15일, 구단은 리키 데이비스(Ricky Davis)를 보스턴 셀틱스로 트레이드 했다. 데이비스가 엘리트 스코어러는 아니었지만, 전 시즌에 20.6득점 5.5어시스트로 커리어하이 기록을 세운 재능있는 선수였다. 플레이가 자기중심적이라는 지적이 있었지만 팬들에게 잘해서 인기도 제법 있었다. 르브론 역시 코트 밖에서는 특별한 불화가 없었다. 하지만 코트에서만큼은 좋은 파트너는 아니었다. 또한 사일러스 감독과도 호흡이 맞지 않아 종종 벤치 신세를 지기도 했다. 즉, 구단의 환경은 바뀌고 있는데 데이비스만 그 변화의 흐름을 타지 못했던 것이다. 결국 구단은 데이비스와 다른 선수 2명(크리스 밈, 마이클 스튜어트)을 보내고, 토니 버티(Tony Battie)와 에릭 윌리엄스(Eric Williams), 켄드릭 브라운(Kendrick Brown)을 영입했다(세 선수 모두 시즌이 끝나고 팀을 떠났다). 시즌 초반임을 감안하면 굉장히 규모가 있는 트레이드였다. 2004-2005시즌을 앞두고도 클리블랜드는 변화를 이어갔다. 우선 르브론의 부담을 덜기 위해 에릭 스노우(Eric Snow)를 트레이드로 영입했다. 르브론보다 11살 많은 1973년생인 스노우는 기록을 잘 내는 포인트가드는 아니었지만, 2000-2001시즌에 앨런 아이버슨과 함께 NBA 파이널에 오르는 등 경험이 많은 선수였다. 이타적 성향이 강하고 수비력도 있었다. 2004년 7월,

올랜도 매직과 진행한 트레이드는 주목할 만했다. 드루 구든(Drew Gooden)과 스티븐 헌터(Steven Hunter), 앤더슨 바레장(Anderson Varejao)을 영입한 것이다. 트레이드의 핵심은 구든가 바레장이었다. 사실, 캐벌리어스는 르브론의 미래 파트너로 부저를 생각하고 있었다. 이미 2년차 시즌에 평균 더블더블을 기록했을 정도로 강직한 선수였다. 2003-2004시즌 직후 자유계약선수가 된 그에게 계약기간 6년에 총 4,000만 달러의 계약을 제시했다. 2라운드에 지명된 탓에 연봉이 100만 달러도 안 됐던 부저 입장에서는 쾌재를 부를 만한 규모였다. 부저도 캐벌리어스의 제안에 동의했고, 모두들 부저의 잔류를 기정사실처럼 받아들였다. 그런데 문제가 생겼다. 같은 시기, 유타 재즈(Utah Jazz)가 부저에게 7,000만 달러의 계약을 제시한 것이다. 재계약을 굳게 믿고 있던 캐벌리어스는 부저의 변심에 낙담했다. 물론 '자유계약 시장'인 만큼 더 높은 금액을 주는 곳으로 팀을 옮기는 것은 자연스러운 일이다. 다만, 부저의 경우는 마음대로 팀을 옮길 수 없는 비제한적(Restricted) FA였다. 원 소속팀이 '너 떠나도 돼'라고 동의를 해줘야만 옮길 수 있다. 그런데 당시 부저의 에이전트가 구단에 이런 제안을 한다. 지금의 제한적 FA 신분을 풀어주면 캐벌리어스와 바로 그 금액에 재계약하겠다고 말이다. 순진한 캐벌리어스는 에이전트의 제안을 승락했다. 그리고 얼마 지나지 않아 부저는 재즈로 돌아섰다. 부저는 "그런 약속을 한 적이 없다"고 했지만, 당시 캐벌리어스 구단주 고든 건드(Gordon Gund)는 "신뢰를 거짓으로 갚았다"며 서운해했다.

마음의 상처와 전력 공백이라는 피해가 생긴 캐벌리어스 입장에서 드루 구든과 바레장 영입은 '전화위복'과도 같았다. 물론 두 선수가 부저만큼의 커리어를 보낸 것은 아니지만, 구든 역시 두 자리 득점에 10개에 가까운 리바운드, 여기에 부저보다는 제법 긴 슛거리를 갖고 있었다. 브라질 국적의 바레장은 섬세한 기술은 없었지만 팀의 분위기메이커이자 든든한 보디가드 역할을 해냈다. 캐벌리어스 합류 당시 그는 2004년 드래프트 30순위에 지명된 신인 신분이었는데, 이후 12년간 클리블랜드에 몸담으며 팬들로부터 많은 사랑을 받았다. 별명이 '야생마(wild thing)'이었다.

사실, 이런 영입만으로 캐벌리어스를 우승후보, 아니 플레이오프 후보로 보기는 어려웠다. 아무리 동부 컨퍼런스 팀들의 경쟁력이 서부에 비해 떨어졌다곤 해도, 슈터 보강을 비롯해 채워야 할 것들이 많았기 때문이다. 여전히 공격을 거들어줄 파트너가 부족했다. 캐벌리어스는 2003-

2004시즌 3점슛 성공 부문에서 25위(3.6개)에 그쳤고, 성공률도 32.7%로 하위권이었다. 이 시즌 NBA에서 3점슛을 가장 많이 넣은 팀이 셀틱스로 8.8개였으니 굉장히 적었음을 알 수 있다. 또한 2년차 시즌에도 외곽은 크게 개선되지 않았는데 외곽슛과 관련된 부문은 모두 최하위권이었다. 그렇지만 이런 약한 전력을 배가시켜줄 수 있는 게 바로 슈퍼스타의 존재다. 2004년 아테네올림픽에서 한차례 쓴맛을 봤던 르브론은 절치부심하여 더 업그레이드된 기량을 선보였다.

르브론은 여름 동안 슛거리를 늘리고 안정감을 잡는데 집중했다. 덕분에 3점슛 성공률은 29.0%에서 35.1%로 상승했다. 'Z맨' 일거스커스와의 호흡도 잘 맞았다. 르브론이 마이클 조던이 아닌 매직 존슨과 비견된 이유는 바로 패스와 시야 때문이었다. 패스를 잘한다는 것은 단순히 마인드가 '패스부터'라서가 아니다. 줘야 할 때와 직접 처리할 때를 구분할 줄 알고, 패스를 주더라도 받는 사람이 어디서 어떤 타이밍에 받아야 바로 공격을 이어갈 수 있을지를 잘 알기 때문이다. 르브론은 이 부분에서 탁월한 재능이 있었다. 워낙 신장도 좋고 늘 수비를 끌어 모으는 선수이기에 그 패스 능력은 더 빛날 수 있었다. 게다가 일반적인 10대 선수들과 다르게 그는 일찍부터 NBA 선수로서의 자기

직업에 프로페셔널하게 접근했다. '준비'에 충실했다는 의미다. Z맨과의 호흡이 좋을 수밖에 없었던 이유. 2년차 시즌에 둘은 각각 27.2득점, 16.9득점씩을 올리며 동부의 대표 듀오로 평가됐다.

두 번째 시즌의 하이라이트는 크게 세 가지를 뽑을 수 있다. 먼저 트리플더블이다. 2005년 1월 19일, 그는 포틀랜드 트레일 블레이저스를 상대로 27득점 11리바운드 10어시스트로 생애 첫 트리플더블을 기록했다. 불과 20세 20일의 나이에 올린 기록으로, NBA 역사상 최연소 기록을 새로 썼다. 이전 기록은 라마 오덤(Lamar Odom)이 1999년에 남긴 20세 54일이었다. 르브론은 이 기록을 올리고 겨우 3일 뒤인 골든스테이트 워리어스(Golden State Warriors) 전에서도 트리플더블을 기록하는 등 이 시즌에만 무려 4번을 기록했다. "기록을 세우려고 농구하는 것은 아니다. 그저 내 목표는 이기는 것이었다. 여기에 트리플 더블을 하게 되니, 이보다 더 좋을 수 있을까 싶다." 첫 트리플더블을 올린 뒤 남긴 소감이다. 이 기록은 어머니 글로리아가 사이드라인에서 지켜보는 앞에서 올린 것이기에 의미가 깊었다. 사일러스 감독은 "앞으로 이루게 될 수많은 것 중 하나일 것"이라며 예언(?)했는데, 이는 정확히 맞은 듯하다. 2023년 1월 12일 현재, 르브론은 통산 105회의 트리플더블을 기록 중이다. 어떤 선수는 생애 한 번 기록할까 말까한 이 기록을 그는 NBA 역사상 5번째로 많이 작성한 것이다.

두 번째 하이라이트는 바로 역대 최연소 50득점이다. 3월 20일, 토론토 랩터스(Toronto Raptors)전에서 56점을 기록했다. 이는 2004-2005시즌, 아이버슨(60점)에 이은 한 경기 최다득점 2위에 해당하는 기록이었다. 그러나 트리플더블을 기록했을 때처럼 활짝 웃진 못했다. 〈AP〉 기사의 헤드라인은 당시 분위기를 잘 보여준다. '르브론 제임스는 생애 최고의 활약을 보였다. 그렇지만 이기기에는 여전히 부족했다.'

그렇다. 팀은 98-105로 패했다. 르브론은 승부처에서 중요한 실책을 범했고 3점슛도 두 개 빗나갔다. 그는 "생애 가장 기억에 남을 경기를 했지만, 졌으니 아무 의미가 없다"라며 아쉬워했다. 마지막 하이라이트는 역시 올스타 선발이다. 신인이었던 2004년에는 많은 표를 얻지 못했다. 76만 표로 가드 중 4위. 1위였던 아이버슨과는 거의 100만 표 가까이 차이가 났다. 결국 루키 챌린지 출전에만 만족했지만, 2년차에는 166만 표를 얻으며 아이버슨을 추월, 가드 1위로 선정됐다(동부 1위는 샤킬 오닐이었고, 리그 전체 1위는 야오밍이었다). 경력이 오래된 만큼, 르브론은 올스타만으로도 이슈가 차고 넘친다. 올스타에 대해서는 27페이지에 따로 정리를 해두었기에, 여기서는 선발되었다는 사실만 다루고자 한다.

2년차의 눈부신 선전은 기록으로도 잘 나타난다. 르브론은 평균 27득점 7리바운드 7어시스트를 기록한 NBA 역대 5번째 선수가 됐다. 오스카 로벌슨(6회), 존 하블리첵(John Havlicek), 2회), 래리 버드(Larry Bird), 마이클 조던 이후 처음. 이들 모두 현역 시절 우승은 물론이고, 은퇴 후 명예의 전당에 간 전설들이었기에 그 기록은 여러 번 회자되었다. 특히 시즌 마지막 12경기에서는 32.3득점 9.8리바운드 7.1어시스트라는 놀라운 기록을 남겼고, 덕분에 캐벌리어스도 1997-1998시즌(47승 35패) 이후 가장 좋은 42승 40패로 시즌을 마쳤다. 홈에서도 29승을 챙겼는데 이 역시 1993-1994시즌(31승) 이후 최다승이었다. 그러나 캐벌리어스는 플레이오프 진출에 실패했다. 시즌 마지막 날까지 2연승을 달리며 희망의 끈을 이어갔지만, 뉴저지 네츠에 밀려 9위가 되고 만 것이다. 시즌 맞대결 전적에서 네츠에 밀렸던 캐벌리어스는 네츠가 한번이라도 더 지길 바랐지만, 하필 네츠 역시 4연승으로 시즌을 마치면서 결국 42승 40패 동률이 되고 만다. NBA의 타이브레이커(tie breaker) 룰에 의하면 첫 조건은 동률이 된 팀들간의 맞대결 전적을 먼저 본다. 캐벌리어스는 4번 맞대결에서 1승 3패에 그쳤다. 그 중 시즌 막판 치른 홈경기 대패(80-111)가 뼈아팠다. 이 경기는 르브론의 초창기 커리어에서 손꼽을 만한 홈대패였는데, 네츠 베테랑의 절박함이 캐벌리어스를 압도했던 경기이기도 했다. 이 경기 직후부터 캐벌리어스 구단 내에서는 단장을 비롯한 수뇌부에 대대적인 변동이 있을 것이라는 소문이 돌기 시작했다. 캐벌리어스가 42승보다는 더 좋은 성적을 냈어야 한다고 보는 시각이 많았기 때문이다. 이는 시즌 중 사일러스 감독이 경질된 이유였다. 올스타 휴식기에 접어들 때만 해도 캐벌리어스는 30승 21패로 플레이오프가 넉넉해 보였다. 그러나 휴식기 이후 3승 9패로 뚝 떨어졌고, 급기야 사일러스 감독이 짐을 싸는 사태까지 일어났다. 르브론이 56점을 넣어도 지는 팀. 경영진에서는 장기적으로 단장 이하 코칭스태프의 변화가 필요하다고 봤다. 지난 2022년 12월 12일 작고한 사일러스는 현역 시절부터 사람 좋은 리더로 훌륭한 평판을 갖고 있었다. 그러나 프로팀 감독으로 우승을 거머쥐기에는 부족하다는 지적도 있었는데, 아마도 한 번 더 스텝업 해야 할 시기를 어수선하게 보낸 것이 그의 경질에 가장 큰 영향을 주었을 것이다.

성과를 떠나 르브론에게 사일러스는 중요한 인물이었다. 20살도 안 된 신인에게 메인 볼 핸들러 역할을 맡기고 묵묵히 지원해주었다. 데이비스가 트레이드된 뒤 그를 방으로 불러 "이제는 네가 더 적극적으로 나서야해. 리더의 짐을 받아들여야 한단다"라고 격려해준 인물도 사일러스였다. 사일러스를 대신해 2004-2005시즌을 마무리한 인물은 브랜든 말론(Brendan Malone)으로, 어시스턴트 코치로 1980년대말 '배드 보이' 디트로이트 피스톤스(Detroit Pistons) 우승을 도운 인물이었다. 그의 지도아래 캐벌리어스는 감독 교체의 어수선함을 조금이나마 이겨낼 수 있었다. 물론, 앞서 언급했던 것처럼 플레이오프 탈락은 '간발의 차'로 인해 피하지 못했지만 말이다.

두 시즌을 치른 시점에서 르브론은 이미 글로벌 스타가 되어 있었다. 나이키는 르브론을 전폭적으로 지지했고, 농구 파트 글로벌 캠페인의 주인공도 르브론이 맡았다. 같은 시기, 코비 브라이언트의 이미지가 성폭행 혐의로 바닥까지 꺼진 상황이었다는 점도 나이키가 르브론에 집중할 수 있게

> 개인 포상은 아무 의미가 없다.
> 언제나 팀이 먼저다.
> 팀이 성공해야 내 만족감도,
> 성취감도 높아진다.

해준 배경이었다. 2004년 NBA 스토어의 저지 판매량에서도 그 관심도를 확인할 수 있다. 샤킬 오닐과 맥그레이디에 이어 가장 유니폼을 많이 판매했다. 또한 〈타임(Time)〉지가 선정한 세계에서 가장 영향력 있는 100인에도 이름을 올렸다. 미국 구기종목에서 르브론만이 선택되었다는 점을 감안하면 굉장히 상징적이었다.

생애 첫 플레이오프

2004-2005시즌이 끝나던 날, 스노우는 르브론과 동료들에게 "지금의 결과가 너희들의 여름에 미션을 주었길 바란다"라는 말을 남긴다. 이는 르브론에게도 마찬가지였다. 그는 플레이오프를 갈망했다. "개인 포상은 아무 의미가 없다. 언제나 팀이 먼저다. 팀이 성공해야 내 만족감도, 성취감도 높아진다." 르브론이 해온 말이다. 2005년은 프로에서 3번째 시즌을 준비하던 그에게 의미가 깊은 시기였다. 먼저 고교 졸업반이던 그를 쭉 돌봐줬던 에이전트 아론 굿윈(Aaron Goodwin)을 해고하고 그 자리를 측근들로 대체했다. 고교시절 동료였던 매버릭 카터는 매니지먼트 업무를 맡게 됐고, 랜디 밈스(Randy Mihms)는 로드 매니저 역할을 하게 됐다. 르브론의 재무는 리치 폴(Rich Paul)이 맡았다. 세 인물 모두 르브론이 고교시절부터 가까이했던 인물들로, 스스로를 '4기수(Four Horseman)'로 불러왔다. 이때만 해도 필자를 비롯한 현지 매체에서는 르브론의 선택을 우려하는 이들이 많았다. 젊은 백만장자가 업계 최고 전문가를 대신해 친구들로 채워 넣은 것이 아니냐고 말이다. 굿윈은 르브론 외에도 드와이트 하워드(Dwight Howard), 게리 페이튼(Gary Payton), 저말 크로포드(Jamal Crawford)

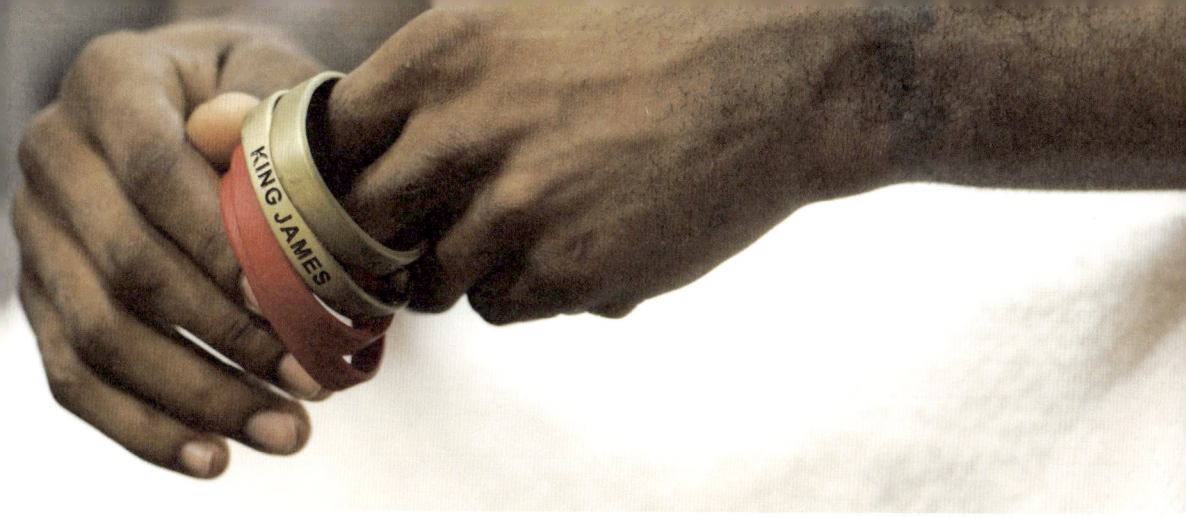

등 적지 않은 NBA 선수들을 고객으로 둔 스타 에이전트였고, 그 명성처럼 르브론에게 나이키, 어퍼덱, 코카콜라 등 글로벌 기업의 후원을 안겼다. 그렇기에 스스로 복을 걷어찬 것 같다는 느낌이 들었던 것이 사실이다. 이때만 해도 르브론이 왜 이런 선택을 했는지는 밝혀지지 않았으니 말이다. 그러나 훗날 르브론은 한 팟캐스트에 출연해 당시 선택에 대해 고백했다. "나는 농구뿐 아니라 비즈니스에서도 성공하고 싶었다. 당시 내 에이전트는 훌륭한 NBA 에이전트였지만, 그가 해주는 것만 의지하면 성장할 수 없을 것 같았다. 그래서 그와 결별하고 친구들과 나를 위한 회사를 설립한 것이었다. NBA에서는 전례가 없던 일이라 비판도 많이 받았다. '그 친구들은 아직 어려. 스포츠 계를 몰라. 비즈니스도 몰라. 이건 재앙이 될 거야'라는 말들 말이다. 내가 생각해도 위험한 선택이었다. 그러나 우리는 서로를 알아가며 성장할 수 있었다." 르브론의 이 선택은 훗날 그에게 막대한 부를 안겼다. 매버릭 카터는 훌륭한 사업 파트너로 성장했고, 리치 폴은 클러치 스포츠(Klutch Sports)라는 에이전시를 설립해 오늘날 NBA 최고의 거물 에이전트 중 하나가 됐다. 굿윈을 해고한 뒤, CAA사의 리온 로즈(Leon Rose)를 새로 고용해 7년간 NBA 에이전트 업무를 맡겼던 르브론은 2012년, 리치 폴을 따라 클러치 스포츠와 계약했다. 잭 라빈(Zach LaVine), 드레이먼드 그린(Draymond Green), 앤서니 데이비스(Anthony Davis), 벤 시몬스(Ben Simmons), 디애런 팍스(De'Aaron Fox), 트레이 영(Trae Young) 등 슈퍼스타들이 현재 르브론과 같이 클러치 스포츠를 소속으로 두고 있다. 비즈니스적인 접근 외에 농구적으로도 그는 더 발전된 기량으로 2005-2006시즌을 맞았다. 마침 클리블랜드는 도니엘 마샬(Donyell Marshall), 래리 휴즈(Larry Hughes), 데이먼 존스(Damon Jones) 등 르브론에게 꼭 필요한 자원들을 수급하며 전력 강화를 꾀하고 있었다. 마샬은 206cm에 외곽슛이 좋은 리바운더였고, 휴즈는 가로채기에 일가견이 있던 가드였다. 바로 직전 시즌 스틸 2.9개로 리그 1위였다. 애초 캐벌리어스는 마이클 레드(Michael Redd) 같이 외곽슛이 좋은 자원을 영입하고자 했지만, 여의치 않자 그 빈자리는 데이먼 존스로 대신했다.

새로운 자원들과 함께 캐벌리어스는 승승장구했다. 이 시즌 성적은 50승 32패. 홈에서 11연승을 달리는 등 예전과는 달라진 경기력을 보였다. 특히 뒷심 부족으로 눈물을 흘렸던 전 시즌과 달리, 2005-2006시즌에는 마지막 17경기를 14승 3패로 마치면서 플레이오프 진출을 확정지었다. 무엇보다 이 시즌 날라신 것은 두 가시였나. 첫 번째는 외곽슛. 성공률은 33.9%로 여전히 하위권(24위)이었지만, 경기당 6.1개씩을 넣으며 전체 12위에 랭크됐다. 두 번째는 수비. 평균 실점이 95.4점으로 리그에서 10번째로 수비가 좋았다. 신임감독 마이크 브라운(Mike Brown)의 영향이다. 비디오 분석가와 코치 경력이 상당했던 그는 감독 데뷔 당시 36살로, NBA에서 두 번째로 젊은 감독이었다. 그는 공격에서는 르브론에게 많은 권한을 주면서도 수비에서 만큼은 세밀함을 강조했다. 덕분에 캐벌리어스는 브라운이 재임한 다섯 시즌 동안 꾸준하게 실점을 낮출 수 있었다. 르브론은 브라운의 전폭적인 지지 속에 평균 31.4득점을 기록했다. 프리시즌 개막을 앞두고 늑막염 증세로 병원 신세를 져 간담을 서늘케 했지만, 시즌이 시작되자 언제 그랬냐는 듯 펄펄 날았다. 르브론의 주무기는 드라이브인이었다. 한번 첫 스텝을 밟고 시동을 걸면 알고도 당했다. 워낙 체격과 힘이 좋다보니 그대로 밀고 들어가면서 덩크를 꽂았다. 어지간한 빅맨과 충돌해도 밸런스를 잃지 않은 채

끝까지 림을 겨냥했다. 덕분에 그는 NBA에서 가장 많은 앤드원(79회)을 성공시킨 선수가 됐다. 또 마지막 2분간의 원 포제션 게임에서 야투성공률(66%)이 가장 높은 선수이기도 했다. 4월 10일 샬럿 호네츠전이 대표적으로, 결정적일 때 위닝샷을 꽂으며 103-101로 승리를 안기기도 했다. 생애 첫 플레이오프에서도 르브론은 빛났다. 기다렸다는 듯 시즌 중 가장 중요한 무대를 자신의 독무대로 만들었다. 4위로 올라간 캐벌리어스의 1라운드 상대는 42승 40패(5위)의 워싱턴 위저즈. '괴짜가드' 길버트 아레나스(Gilbert Arenas)와 앤트완 재미슨(Antawn Jamison), 캐런 버틀러(Caron Butler) 삼인방이 이끌던 유망주 팀이었다. 4승 2패로 캐벌리어스의 승리로 마무리된 이 시리즈는 전체 6경기 중 4경기가 5점차 이내로 결정되었을 정도로 치열했다. 3차전에서는 르브론이 5.7초를 남기고 결정타를 넣으며 97-96 승리를 주도했다. 상대팀 빅맨 마이클 러핀(Michael Ruffin)과의 정면충돌을 이겨내고 뱅크슛을 꽂은 것이다. 생애 첫 플레이오프 위닝샷이었다. 플레이오프만 되면 늘 마이클 조던의 불스에게 클러치 슛을 내주고 고개를 떨어뜨렸던 그 캐벌리어스가 이제는 새로운 스타의 활약으로 승부처에 웃은 것이다. 연장까지 가서 승부를 봤던 5차전도 마찬가지. 종료 0.9초를 남기고 중요한 레이업을 성공시키며 121-120으로 아주 짜릿한 승리를 선사했다. 르브론은 베이스라인의 아주 좁은 공간을 타고 들어가면서 슛을 올려놨는데, 슛 성공 이후 "만일 신발 사이즈가 조금만 더 컸더라면 슛을 못 넣었을 것이다"라고 소감을 전하기도 했다. 위저즈의 에디 조던(Eddie Jordan) 감독은 "훌륭한 선수들만이 해낼 수 있는 플레이였다. 대다수 보통 선수들이라면 놓치는 슛이었다"라며 혀를 내둘렀다. 3승 2패로 시리즈 주도권을 갖게 된 캐벌리어스는 6차전에서도 연장 끝에 위저즈를 제압, 대망의 2라운드에 진출했다. 자칭 '지구 최고의 슈터' 데이먼 존스의 위닝샷 덕분이었다. 그러나 2라운드에서 만난 피스톤스는 결코 만만치 않은 팀이었다. 2004년 우승, 2005년 준우승의 피스톤스는 한 팀에서 올스타만 4명(첸시 빌럽스, 리처드 해밀턴, 벤 월러스, 라쉬드 월러스)을 배출했을 정도로 스타가 많았고, 동시에 수비 조직력도 우수한 팀이었다. 피스톤스는 르브론을 철저히 압박하며 113-86으로 대파했다. 르브론은 전반에만 22점을 넣는 기염을 토했으나 때로는 트리플팀까지 시도하는 피스톤스 수비에 막혀 무기력하게 패배를 맛봐야 했다. 그 와중에

캐벌리어스는 시리즈를 3승 2패로 뒤집는 등, 7차전까지 몰고 가는 저력을 보였다. 원정서 치른 7차전에서는 다시 피스톤스 수비에 막혀 61-79로 패배, 아쉽게 시즌을 마쳤다. 〈AP〉가 보도한 7차전 스트레이트 기사의 헤드라인은 이랬다. '디트로이트 피스톤스는 르브론 제임스에게 플레이오프 수비의 모든 것을 가르쳐 주었다.' 헤드라인 그대로였다.

르브론은 후반에 9개의 슛을 던져 8개를 실패했고, 단 6점에 그쳤다. 어시스트도 없었다. 캐벌리어스는 플레이오프 후반전 역대 최소득점(23점)에 묶이며 패했다. 르브론은 시리즈 후 "살면서 겪을 모든 종류의 수비를 이번 시리즈에서 다 본 것 같다"며 패배를 인정했다. 비록 역전패를 당했지만 상대팀은 르브론의 잠재력을 인정하고, 또 찬사를 보냈다. 르브론의 주 매치업 상대였던 테이션 프린스는 "아무나 갖지 못한 능력의 소유자"라며 "그들이 여기까지 온 결정적인 원동력"이라고 평가하기도 했다. 하지만 이런 패배에도 불구하고, 캐벌리어스의 시즌을 '실패'로 보는 이들은 없었다. 겨우 3시즌 만에 캐벌리어스는 50승을 거두는 팀이 됐고, '에이스' 르브론은 올스타 MVP를 거머쥐었으며 리그 최강팀을 상대로 7차전까지 압박했다. 무엇보다 시즌 MVP 투표에선 스티브 내쉬(Steve Nash)에 이어 2위였다. 겨우 3년차에 21살의 유망주였다는 점을 생각해보면 대단한 성과였다.

서울에 오신 걸 환영합니다

코트 밖에서 르브론은 바쁜 2006년을 보냈다. 7월에는 캐벌리어스와의 계약을 마무리했다. 계약기간은 3년. 총 6,000만 달러 규모의 계약 연장이었다. 애초 캐벌리어스가 제시한 기간은 5년이었으나, 르브론은 2년 단축시킨 2010년까지로 마무리 지었다. 2010년이면 7년차 베테랑이 되면서 더 큰 규모의 계약을 노릴 수 있기 때문이다. 계약을 맺을 무렵, 그는 네바다주 라스베이거스에 있었다. 2006년 세계선수권대회(현 농구 월드컵) 출전을 위해서였다. 그에게는 2004년 아테네올림픽에 이어 2번째 국가대표 기회였다. 2004년 아테네올림픽의 실패를 거울삼아 미국농구협회는 대대적인 변화를 단행했다. 장기 플랜을 세우기 시작한 것이다. 그동안 미국은 대회가 임박해서야 급하게 선수단을 꾸려왔다. 그렇지만 더 이상 그런 방식으로는 우승을 장담할 수 없게 됐다. 세계와의 격차가 갈수록 줄었기 때문이다.

마이크 슈셉스키(Mike Krzyzewski) 당시 듀크대 감독이
지휘봉을 잡은 가운데, 르브론과 카멜로 앤써니, 드웨인
웨이드, 크리스 보쉬 등은 대표팀을 이끌 중요한 핵심으로
자리잡아가갔다. 웨이드는 2003년 드래프트 동기 중 가장
먼저 우승을 맛봤다. 2006년 NBA 파이널에서 소속팀
마이애미 히트를 우승시키고 파이널 MVP가 되었던 것.
이는 르브론에게도 좋은 자극제이자 동기부여가 되었다.
대표팀은 준비 과정에서 한국을 찾기도 했다. 서울에서
열리는 '월드바스켓볼 챌린지(World Basketball Challenge;
이하 WBC)' 출전을 위해서였다. WBC는 세계선수권의
전초전과도 같았다. 개최국인 한국과 함께 리투아니아,
이탈리아, 터키 등도 출전했다. 당연히 미국은 무대를
휩쓸었고, 그 중에서도 나이키의 얼굴이었던 르브론은
일거수일투족이 관심을 끌었다. 대회 기간 중 서울 삼성동의
코엑스몰을 들렀다가 우연히 르브론 일행과 마주칠 기회도
있었다. 르브론은 앤써니, 웨이드, 크리스 폴(Chris Paul) 등
무리를 이끌고 쇼핑 중이었는데, 그를 알아본 팬들이 그의
뒤를 따랐다. 대회 기간 동안 경기 기자회견과 별개로
두 차례 인터뷰도 있었다. 주된 질문은 먼저 르브론의
길을 걸었던 스타들과의 비교였다. 대회 오프닝
기자회견에서는 조던이 언급됐는데 "내가 조던과 닮은
하나가 있다면 바로 지기 싫어하는 승부욕"이라고 말했고,
코비와 비교해서는 "코비는 코트 어디에서든 득점을 올릴 수
있는 능력이 있다. 특히 코비와 나 모두 이기려는 의지가
강해 그와의 승부는 항상 재미있다"면서 "나는 선천적으로
리더십이 강하다. 그것이 코비와 비교해 내세울 수 있는
최대 강점"이라고 답해 눈길을 끌었다. 한국 농구팬들에게는
8월 15일 잠실실내체육관에서 열린 미국대표팀과 우리
대표팀의 맞대결이 가장 기억에 남을 것 같다. 경기는
116-63, 53점차 완승이었다. 마치 신인 시절, 루키
챌린지에서 그랬던 것처럼 여유롭게 코트를 휘저으며
덩크쇼를 과시했다. 3쿼터 웨이드와 맞춘 앨리웁 덩크는
이날의 백미와도 같았다. 그는 이 경기에서 덩크슛만 5개를
꽂는 등 23득점으로 에너지를 뿜었다. 그러나 모의고사와
본고사는 달랐다. 세계선수권대회는 그들이 생각한
것보다도 훨씬 더 거칠고 일정도 타이트했다. 당시만 해도
NBA는 지역방어와 친하지 않았다. 오늘날에는 감독들이
변화무쌍한 지역방어로 상대를 혼란에 빠트리곤 하지만,
NBA에서는 지역방어를 그리 적극적으로 사용하는 감독이
많지 않았다. 해본 적이 없으니, 뚫는 법도 어색해 보였다.

많은 팀들이 미국을 만났을 때 지역방어를 썼고, 육탄에
가까운 몸싸움으로 대응하다보니 고전을 면치 못했다. 결국
미국의 승리 행진은 4강에서 끝나고 만다. 여름을 고스란히
투자했던 르브론 역시 실망을 감추지 못했는데, 이는 훗날
펼쳐질 화려한 부활의 자양분 역할을 했다.

Jordan-esque

초창기 르브론을 대하는 미디어의 태도는 반으로 나뉘었다.
젊은 유망주의 왕위 등극을 기대하는 방향이 있었고, 다른
한쪽은 '어린 나이'에 높은 곳을 바라보는 20대 스타에 대한
불안감(때로는 못마땅함)이 느껴졌다. 르브론이 패한 경기
헤드라인을 보자. '디켐베 무톰보 벽에 가로 막히다', '샤킬
오닐, 르브론과의 대결에서 판정승', 'NBA 10년 선배 웨버,

EARLY YEARS

르브론 한수 지도' 등이다. 허점을 찾고자 하는, 단점을 지적하고자 하는 이들이 많았다. 특히 승부처에서 중요한 실수를 했을 때 이는 더 부각됐다. 2005-2006시즌 LA 레이커스, 블레이저스전을 돌아보자. 두 경기의 키워드는 '마지막 플레이'였다. 레이커스전은 98-99로 졌는데, 코비 브라이언트가 아픈 팔꿈에도 불구하고 마지막 90초를 제압한 반면 르브론은 중요한 자유투를 하나 놓치면서 패배를 막지 못했다. 포틀랜드전도 87-89로 졌다. 동점 상황에서 범한 공격자 파울 외에 이렇다 할 플레이가 없었다. 두 경기 헤드라인에서 르브론은 매치업 상대에 비해 상대적으로 부진했던 선수로 표현됐다. 하지만, 반대로 생각해보면 마냥 부정적인 프레이밍이라 여기기보다는 르브론이 그만큼 사람들의 클릭을 유도하게 만드는 중요한 인물이 됐다고도 볼 수 있다. 승패를 떠나 제목에 이름이 있으면 관심을 갖게 만드는 그런 선수 말이다.

2006-2007시즌에도 그 관심은 여전했고, 르브론은 그 관심에 걸맞게 상승세를 이어갔다. 드래프트 동기 웨이드에 이어 그 역시 NBA 파이널에 진출하며 세계적 관심을 끌게 된 것이다. 웨이드의 히트가 샤킬 오닐, 알론조 모닝 등 포지션별 전력 구성이 탄탄했다면, 캐벌리어스는 르브론을 제외하면 포지션별 무게감은 다소 떨어지는 편이었다. 그 와중에 르브론이 결장해도 승리를 챙기곤 했지만, 샌안토니오 스퍼스(San Antonio Spurs) 같은 강호를 넘기에는 다소 부족해 보였다. 그러나 파이널까지 가는 과정만 놓고 봤을 때 르브론은 '기대를 충족시켰다'라는 표현을 쓰기에 전혀 부족함이 없는 시즌을 보냈다.

올스타 팬투표에서는 야오밍을 따돌리고 251만 6,049표로 생애 첫 올스타 팬투표 1위를 차지했다. 득표수만 보면 1년 전 야오밍(255만 8,278표)에 이어 역대 2위였다. 미디어는 이런 르브론의 여정을 조던에 대입시키곤 했다. 마치 코비가 한참 자신의 위치를 상승시킬 때처럼 '제2의 조던' 수식어가 따라붙고, 황제와 비교하는 컨텐츠도 잊을 만하면 등장했다. 2006년 여름, 한국을 찾았을 때도 조던에 대해 묻는 질문이 빠지지 않았다. 마침 1년 전 자신을 탈락시킨 상대가 피스톤스였다. 조던이 1991년 왕위 등극 직전까지 그토록 괴롭혔던 팀도 막강한 수비를 앞세운 피스톤스였으니, 시나리오가 꽤 그럴 듯했다.

2007년 3월, 르브론은 연장 접전 끝에 피스톤스를 101-97로 꺾으며 한층 더 성장했음을 보여준다. 이 경기에서 르브론은 4쿼터 종료 5초전, 덩크슛을 꽂아 동점(93-93)을 만드는 등 41득점으로 코트를 휘저었다. 이런 활약으로 그는 2007년 4월, '3월의 선수'에 선정되기도 했다.

캐벌리어스의 시즌 성적은 50승 32패였다. 실점이 가장 눈에 띄었는데, 92.9점만을 내주며 30개 구단 중 5위에 랭크됐다. 연전연승하는 캐벌리어스를 보기 위해 홈구장 퀴큰 론스 아레나(Quicken Loans Arena)에는 83만 명이 찾았으며, 이 역시 NBA 30개 구단 중 3위였다. 명실상부한 인기구단의 자리에 오른 것이다.

2007년 플레이오프 1라운드는 워싱턴 위저즈와의 리턴 매치. 르브론은 1차전 3쿼터에 발목을 접질렸으나 경기 잔류를 선택, 기어이 팀을 승리(97-82)로 이끌었다. 동작이 자연스럽지 못한 부분은 다른 선수들이 한발 더 뛰며 메워줬다. 특히 수비가 기가 막혔다. 위저즈는 4쿼터에 극도의 부진을 겪으며 무너졌다. 1년 전만 해도 두 번의

37

2007
NBA PLAYOFF / GAME 5

"상대는 정말 훌륭한 수비 팀이었지만, 난 쳐들어가기로 결심했다."

르브론 제임스는 동부 결승 5차전 마지막 29점 중 25점을 혼자 넣었다. 덕분에 캐벌리어스는 2차 연장 끝에 109-107로 승리, 3승 2패로 리드를 잡았다. 생애 첫 파이널 진출에 다리를 놓아준 소중한 활약이었다. 이날 올린 48득점은 플레이오프 커리어 하이 기록이었다.

4th QUARTER

CLEVELAND	시간	내용	DETROIT
81	6:05	르브론 제임스 점프슛	78
81	5:28	리처드 해밀턴(DET) 자유투 2구	80
81	4:52	리처드 해밀턴(DET) 자유투 2구	82
81	4:13	라쉬드 월러스(DET) 자유투 2구	84
81	3:47	리처드 해밀턴(DET) 점프슛	86
81	3:15	리처드 해밀턴(DET) 자유투 2구	88
83	3:01	르브론 제임스 레이업	88
83	3:01	르브론 제임스 앤드원 자유투 실패	88
84	2:48	드류 구든(CLE) 자유투 1구	88
87	2:16	르브론 제임스 3점슛	88
89	31.4	르브론 제임스 덩크슛	88
89	22.9	천시 빌럽스(DET) 3점슛	91
91	9.5	르브론 제임스 덩크슛	91

1st OVER TIME

CLEVELAND	시간	내용	DETROIT
93	4:47	르브론 제임스 자유투 2구	91
93	4:31	라쉬드 월러스(DET) 자유투 2구	93
93	3:48	리처드 해밀턴(DET) 점프슛	95
95	3:31	르브론 제임스 덩크슛	95
95	3:14	라쉬드 월러스(DET) FT 1구 미스	96
96	2:54	르브론 제임스 자유투 2구 중 1구	96
98	1:16	르브론 제임스 자유투 2구	96
100	33.7	르브론 제임스 점프슛	96
100	30.0	라쉬드 월러스(DET) 자유투 2구	98
100	3.1	천시 빌럽스(DET) 자유투 2구	100

2nd OVER TIME

CLEVELAND	시간	내용	DETROIT
102	4:31	르브론 제임스 점프슛	100
102	3:38	크리스 웨버(DET) 팁인	102
102	2:54	리처드 해밀턴(DET) 점프슛	104
104	1:51	르브론 제임스 점프슛	104
104	1:28	크리스 웨버(DET) 점프슛	106
104		웨버 앤드원(DET) 앤드원 자유투 성공	107
107	1:14	르브론 제임스 3점슛	107
109	2.2	르브론 제임스 레이업	107

연장전을 주고받는 등 격전을 치렀던 두 팀이지만,
두 팀의 위상은 많이 달라져 있었다. 캐벌리어스는 큰
고비 없이 4경기를 내리 승리하며 2라운드에 진출했다.
걱정했던 르브론의 발목도 마치 새로 갈아 끼운 듯
큰 여파가 없어보였다.

2라운드 상대는 뉴저지 네츠. 불과 2년 전, 타이 브레이커
룰로 인해 플레이오프 탈락의 설움을 안긴 팀이었다. 당시
빈스 카터(Vince Carter)는 "플레이오프에서 탈락하기에는
우리 팀의 전력이 너무 좋았다"라고 말한 바 있다. 그러나
플레이오프에서 성사된 르브론과의 첫 대결을 이기기에는
역부족이었다. 캐벌리어스는 3차전과 5차전을 내줬으나,
4승 2패로 시리즈를 가져갔다. 정규시즌에 평균 97점을
넣던 네츠는 6차전에서 단 72점에 묶이며 탈락했다.

컨퍼런스 파이널 상대는 피스톤스. 만일 르브론의 스토리를
드라마로 엮는다면, 캐벌리어스에서 보낸 2003년부터
2010년까지를 '시즌1' 정도로 생각할 수 있다. 그리고
이 시리즈는 시즌1에서 가장 높은 시청률을 자랑한
구간으로 남았을 것이다. 전체 6경기 중 6차전을 제외한
모든 경기가 6점차 이내로 마무리됐을 정도로 접전이었고,
그 접전 속에서 르브론이 비로소 '영웅'이 될 자격이 있음을
증명했기 때문이다.

1~2차전을 내리 질 때만 해도 캐벌리어스와 르브론이
파이널에 가기에는 이르다는 평가가 지배적이었다. 1년 전과
똑같은 결과가 나올 것이라는 전망도 있었다. 극단적인
수비전 속에서 두 경기 모두 76점에 묶이며 패했다.
1차전에서 르브론은 단 10점에 묶이는 충격적인 성적표를
받았다. 반면 2004년 파이널 MVP 천시 빌럽스는
4쿼터에만 10점을 넣으며 승리를 주도했다. 2차전도
아쉬웠다. 종료 7.9초 전, 뒤집을 기회를 놓쳤다.

1~2차전에서 그는 34개의 슛을 시도해 12개만을 넣었다.
2차전에서는 실책도 6개였다. 사실 2차전은 르브론에게도
억울한 면이 있었다. 결정적인 그 슛을 시도할 무렵에
컨택이 발생했던 것이다. 르브론은 "약간의 컨택은 있었다.
하지만 이번 시리즈 내내 있어온 일이니 변명의 여지가
없다. 더 나아지는 수밖에 없다"라고 돌아봤다. 피스톤스의
수장 플립 손더스(Flip Saunders)도 "우리는 운이 따랐다고
생각하고 그들은 그렇지 않다고 느낄 것 같다"며
그 슛 미스와 심판의 콜이 한 끗 차이였음을 인정했다.

가까스로 3차전을 잡은 캐벌리어스는 래리 휴즈의 발바닥
부상이 생각보다 심각하다는 비보를 접한다. 휴즈는
4차전에서 출전을 강행했지만 20분을 채 뛰지 못했다.
다행히 대타로 나선 대니얼 깁슨(Daniel Gibson)이 데뷔 후
최다득점인 21점을 올리며 위기를 모면했다. 무엇보다
1~2차전 이후 절치부심한 르브론을 주목해야 한다.
더 이상 집중 견제에 고전하는 일이 없었다. 오히려 더
파워풀하게 치고 들어가 자유투를 뽑아냈다. 4차전
4쿼터에는 자신이 올린 25점 중 13점을 집중시켰다.
〈ESPN〉은 '1~2차전에서 4쿼터 침묵으로 비판받았던
르브론 제임스가 마지막 12분간 고도의 기량을 뽐냈다'
라고 헤드라인을 꾸몄다. 4차전에서 아직도 기억에 남는
장면이 하나 있는데, 바로 피스톤스 가드 리처드 해밀턴
(Richard Hamilton)의 행동이다. 경기 막판, 르브론이
자유투를 준비할 무렵, 해밀턴은 그에게 다가가 몇 마디
말을 건넸다. 심기를 건드릴 작정이었다. 그러나 르브론은
흔들리지 않고 자유투를 2개 모두 성공시켰다. 사실상의
쐐기 자유투였다. 해밀턴이 이렇게 다가간 이유가 있다.
르브론의 자유투 성공률 때문이다. 2006-2007시즌
르브론의 자유투 성공률은 69.8%로 유독 낮았다. 30대
들어서 평균 자유투가 70% 아래로 떨어진 적은 있었지만,
20대에는 이 시즌이 유일했다. 길버트 아레나스는
의도적으로 르브론을 도발해 성과(?)를 달성하기도 했다.
10여 년 전, 시카고 불스의 전설 스카티 피펜(Scottie
Pippen)이 NBA 파이널 무대에서 칼 말론(Karl Malone)을
도발해 자유투 실패를 끌어낸 것은 유명한 일화다. 그러나
한껏 물오른 르브론에게 이 작전은 더 통하지 않았다.
경기 후 르브론은 "나 때문에 생긴 작전 같다"며 여유를
부리면서도 "해밀턴이 나를 흔들 속셈이었겠지만,
난 집중하고 있었다"고 말했다.

3~4차전 퍼포먼스가 1~2차전에 대한 만회였다면, 5차전은
르브론의 위상을 몇 배 올려준 중요한 경기였다. 이 경기를
지켜본 스티브 커(Stever Kerr) 당시 TNT 해설위원은
"마이클 조던을 떠올리게 하는 활약이었다"라고까지 말했다.
필자 역시 스티브 커의 그 인터뷰를 보며 '나만 그렇게
생각한 것이 아니었군'이라는 생각이 들었다. 캐벌리어스는
109-107로 2차 연장 접전 끝에 피스톤스를 따돌렸다.
중요한 건 그 과정인데, 그는 캐벌리어스가 올린 마지막
25점을 혼자 기록했다. 〈ESPN〉은 '팀의 마지막 30점 중
29점을 르브론이 득점했다'라고 기록을 설명했다.
캐벌리어스는 이 승리로 3승 2패로 시리즈를 뒤집으며
파이널 진출까지 1승만을 남겨놓는다. 충격적인

퍼포먼스였다. 프린스의 타이트한 수비도, 벤 월러스(Ben Wallace)의 터프한 견제도, 피스톤스의 물 샐 틈 없다던 그 조직력도 르브론을 멈추지 못했다. 공만 잡으면 무섭게 돌진해 덩크를 꽂았고, 상대를 좌절시켰다. 이날 올린 점수는 48득점. 당시 기준으로 플레이오프 커리어하이였다. 피스톤스 선수들도 넋이 나간 듯했다. 손더스 감독은 "더블팀도 들어가보고, 공도 못 잡게 하려고 했지만, 결국에는 돌격해 들어갔다"며 혀를 내둘렀고, 빌럽스 역시 "할 수 있는 건 다 해봤는데 못 막았다"라며 패배를 인정했다. 르브론은 캐벌리어스 역사상 가장 위대한 승리 (적어도 이때까지는)를 쟁취한 뒤 포효했다. 어쩌면 그간의 비판에 대한 설움을 씻어내는 순간이었을 것이다. "나도 나의 팀을 승리로 이끌 수 있다. 정말 굉장한 승리였다. 캐벌리어스 프랜차이즈 역사상 최고의 승리 중 하나일 것이다. 남은 한 경기도 잡아서 목표를 향해갈 것이다." 그 공언처럼 캐벌리어스는 피스톤스를 98-82로 잡고 창단 후 첫 파이널에 오른다. 상대는 샌안토니오 스퍼스. 이미 1999년과 2003년, 2005년에 우승을 차지한 베테랑 팀이었다. 깊이 차이가 많이 났다. 감독인 그렉 포포비치(Gregg Popovich)는 마이크 브라운의 스승이자 직장 상사였던 인물이다. 속된 말로 '업어 키운' 제자가 바로 브라운이었다. 팀 던컨(Tim Duncan)은 NBA 최고의 빅맨이었고, 토니 파커(Tony Parker)의 스피드와 돌파는 누구도 따라잡지 못할 수준이었다. 마누 지노빌리(Manu Ginobili)는 붙박이 식스맨이었지만, 승부처에서는 가장 긴 시간을 뛰었던 선수였다. 2007년 플레이오프는 이들 트리오의 손발이 정확히 맞아가기 시작한 시기였다. 어디서든 픽앤롤로 상대 수비를 흔들 수 있었고, 어디서든 돌파를 했으며 아무 것도 안 될 때는 던컨이 직접 로우포스트에서 공을 잡아 골밑을 초토화시켰다. 이것이 2005년, 그들이 NBA 타이틀을 거머쥔 원동력이었다. 반면 캐벌리어스는 르브론 외에 내세울 살림 밑천이 부족했다. 이를 간파한 듯 스퍼스는 브루스 보웬(Bruce Bowen)이 르브론을 경기 내내 괴롭히게끔 했다. 행여 보웬이 타이밍을 뺏길 때면 다른 4명의 르브론의 동선을 틀어막았다. 특히 던컨의 스위치 수비가 르브론을 힘들게 했다.

한 가지 기억이 있다. 2007년 NBA 파이널은 한국 지상파 방송(SBS)에서 중계해준 마지막 NBA 시리즈였다. 이후 올림픽을 제외하면 정규경기 중계에서 르브론의 이름이 언급될 일이 없었다. 그 경기를 해설했던 필자가 가장 자주

했던 이야기 중 하나가 바로 르브론의 옵션이었다. 당시 르브론의 3점슛은 완벽하지 않았다. 포스트시즌 3점슛 성공률은 25.7%. 5.4개를 던져 1.4개만을 넣었다. 포스트업 옵션도 수월치 않았다. LA 레이커스, 댈러스 매버릭스, 새크라멘토 킹스 등 다양한 형태의 오펜스를 사용해온 강호들과 수년간 겨뤄온 스퍼스는 황태자의 공격을 어떻게 좌절시킬지 너무나 잘 알고 있었다. 설상가상으로 휴즈의 컨디션이 회복되지 않은 상황. 포스트업을 제대로 해볼 엄두조차 내지 못했다. 결국, 르브론은 생애 첫 NBA 파이널 경기를 14점으로 마쳤다. 스코어는 76-85. 전반에 그는 단 한 개의 슛도 넣지 못했고, 그가 주춤한 사이에 승부는 3쿼터 무렵에 일찌감치 갈리고 말았다. 경기 후 보웬은 "르브론이 점프슛을 던지게 만드는 것이 우리가 원했던 것"이라며 밝게 웃었다. 반면 르브론은 덤덤한 표정으로 기자회견에 임했다. "이건 단판제가 아닌 시리즈다. 1차전에서 그들이 수비를 정말

잘한 것은 맞다. 우리 공격이 굉장히 뻑뻑했다. 그들이 보통 때는 안 하던 패스 실수를 하게끔 유도했다. 그렇지만 2차전에서 우리는 달라질 것이다. 맞받아칠 수 있도록 연구할 것이다." 하지만 르브론은 끝내 답을 찾지 못했다. 2차전(92-103)은 3쿼터에 27점차까지 벌어지며 일찌감치 백기를 들었다. 클리블랜드 팬들에게 첫 파이널의 기쁨을 선사했던 3차전(72-75)도 상황은 비슷했다. 르브론은 4쿼터에 7점을 내리 올리면서 종료 1분 여 전, 접전을 만들었지만 토니 파커를 막지 못하면서 고개를 떨어뜨렸다. 4차전은 아마도 르브론에게 가장 아이러니한 날이었을 것이다. 4차전이 있던 6월 14일 새벽 12시 51분, 르브론에게 둘째 아디르 브라이스(Bryce)가 찾아왔다. 당시 여자 친구를 간호하기 위해 뜬눈으로 밤을 샜던 르브론은 자녀 출산의 기쁨을 뒤로 한 채 경기장으로 향했다. 하지만 끝내 승부사로서의 기쁨은 누리지 못했다. 고대했던 파이널에서의 첫 승을 미루고 만 것이다. 마지막까지 고군분투했지만 결국 캐벌리어스는 0승 4패로 파이널을 마쳤다.

"지금의 심경은 어떤가? 많이 실망스러울 거 같은데?" 현지 기자의 잔인한 (하지만 반드시 해야 하는) 질문에 르브론은 이렇게 답했다. "잘 모르겠다. 실망했을 거라 생각할 수도 있겠지만, 지난 2경기(3~4차전)만 보면 우리 경기력에 실망스럽지는 않았다. 난 우리가 잘 했다고 생각한다. 단지 우리보다 더 나은 팀을 만난 것뿐이다. 우리보다 더 잘하는 팀을 마주했다."

선수단 구성, 경험, 조직력, 코칭스태프 등 모든 면에서 캐벌리어스는 열세였다. 심지어 무서운 기세로 강호들을 집어삼켰던 르브론조차도 아직은 그 수비를 뛰어넘을 준비가 덜 되어있었다. 그러나 여전히 르브론은 22살 이었다. 고개를 숙이고 기자회견실로 향하던 르브론을 잡고 팀 던컨은 이렇게 위로했다. "리그는 곧 너의 것이 될 거야 (the league is going to be yours soon)."

그리고, 그 시간이 점점 다가오고 있었다.

아직은 때가 아니었다

캐벌리어스에서의 마지막 3시즌, 팬들은 던컨이 말했던 그 시간이 다가오기만을 기다렸다. 아마 그 시간 안에는 르브론이 MVP가 되고 득점왕을 차지하는 것에 그치는 것이 아니라 캐벌리어스가 파이널 정상에 우뚝 서서 시민들과 자축하는 순간도 포함되어있을 것이다. 이제는 다소 촌스럽게 들릴지 모르겠지만, 그간 프랜차이즈 스타들이 써내려왔던 그 서사처럼 말이다. 르브론도 훈련에 매진했다. 그의 훈련은 베이징올림픽 전과 후로 나뉜다.

경쟁자이자 멘토, 그리고 친구였던 코비 브라이언트로부터 강하게 영향을 받은 그는 훈련 강도를 더 끌어올렸고, 신체 능력과 퍼포먼스에 도움이 되는 훈련에 과감히 투자했다. 〈클리블랜드 닷컴〉은 이런 내용을 내기도 했다. '초창기에 르브론은 발목에 테이핑조차 하지 않았다. 가끔은 경기 전에 맥도날드 음식을 먹기도 했고, 얼음은 주로 먹는데 사용됐다.' 그러나 마일리지가 누적되고, 발목과 허리 등에 크고 작은 부상을 겪어가면서, 무엇보다 바로 옆에서 '맘바 멘탈리티'로 대변되는 코비의 독한 훈련을 목격하면서 르브론도 바뀌기 시작했다. 초창기에 주로 힘을 쏟은 부분은 요가였다. 홈에서든 원정에서든 오전 루틴에서 요가를 빼놓지 않았다. 심지어 원정에서도 호텔 야외 마당에서 요가하는 모습이 자주 목격됐다. 밸런스와 코어 근육 강화를 위해서였다. "강한 신체와 신체 능력은 타고난 것 같다. 그 소중한 선물을 더 잘 사용하기 위한 훈련에 집중했다." 언젠가 기자회견에서 밝힌 말이다.

하지만 이런 굳은 각오와 준비에도 불구, 2007-2008시즌은 썩 순탄치 않았다. 시즌을 5승 6패로 시작했다. 4연승으로 승률을 회복하는 듯했지만 이내 6연패 늪에 빠진다. 르브론(왼쪽 중지 부상), 래리 휴즈(왼쪽 다리 부상) 등의 부상 공백 탓이 컸다. 이 시즌 캐벌리어스는 짧은 연승과 연패를 반복한 끝에 45승 37패로 시즌을 마쳤다. 르브론이 51득점(2008년 1월 16일 vs 멤피스 그리즐리스)을 올리기도 하고, 트리플더블을 7번이나 기록하면서 활약했지만 더 치고 올라가기가 쉽지 않았다. 이 시즌에는 향후 NBA 선수 이적 시장에 중요한 영향을 준 사건이 발생했다. 우승을 노리던 셀틱스가 케빈 가넷, 레이 앨런(Ray Alleen), 폴 피어스(Paul Pierce)의 '빅3'를 구축한 것이다. 쟁쟁한 경력의 슈퍼스타들이 한 팀에 모이자 막을 자가 없었다. 결과부터 말하자면 셀틱스는 66승을 챙기며 이 시즌 우승을 차지했다. 승리에 굶주렸던 스타들의 만남, 이는 훗날

르브론에게 또 다른 영감을 주었다. 캐벌리어스는 셀틱스와 4번 만나 2승 2패를 기록했다. 르브론이 38점으로 펄펄 날던 첫 맞대결은 연장 접전 끝에 109-104로 이겼다. 연장에서만 11점을 집중시켰다. 이와 대조적으로 슛이 최고 장점이던 레이 앨런은 승부처에서 자유투 2개를 모두 놓쳐 자존심을 구겼다. "우리는 수식어가 필요 없다. '빅3'도 아니고, 아무 것도 아니다. 그저 우리는 우리의 농구를 할 뿐이다." 승리 후 르브론이 남긴 말이었다.

셀틱스와 별개로 휴스턴 로케츠가 야오밍, 맥그레이디 없이 22연승을 달리고, 카멜로 앤써니의 덴버 너게츠가 50승을 거두고도 서부 8위로 플레이오프에 턱걸이하는 등 이 시즌의 경쟁은 그 어느 때보다 치열했다. 캐벌리어스가 다시 파이널에 갈 수 있을까? 이 질문에 '그렇다'라고 확실히 답하기 선뜻 어려운 상황이었던 것이다. 설령

EARLY YEARS

경기는 어김없이 그 단점이 드러났다. 운명의 7차전. 플레이오프 들어 집밖만 나가면 연전연패를 하던 셀틱스가 홈에서 다음 스테이지 티켓을 따낼지, 아니면 캐벌리어스가 원정에서 뒤집을지 여부가 집중됐다. 이 경기는 셀틱스 레전드 'The Truth' 폴 피어스와 캐벌리어스의 득점왕 르브론의 대결로 압축됐다. 스코어부터 말하자면 피어스는 41점, 르브론은 45점을 올리며 진면목을 보였다. 사람들은 이 매치업을 1980년대 셀틱스 전설 래리 버드(Larry Bird)와 애틀랜타 호크스의 '휴먼 하이라이트 필름(Human Highlight Film)' 다미닉 윌킨스(Dominique Wilkins)의 대결을 떠올렸다. 당시 두 선수는 플레이오프만 되면 고득점을 주고받으며 보는 눈을 즐겁게 했다. 다만 결과는 늘 셀틱스의 승리였는데, 피어스와 르브론의 대결 결과도 다르지 않았다. 르브론의 맹공과 달리, 캐벌리어스는 득점 정체구간이 종종 발생했다. 초반 약 5분 여초 동안 득점 없이 밀렸고, 덕분에 셀틱스는 초반 기세를 잡을 수 있었다. 후반 들어 르브론이 득점뿐 아니라 사령관 역할까지 해내며 점수를 끌어냈지만 결국 수비와 리바운드에서 열세를 드러내며 무너졌다. 다 따라갔지만 흐름을 뒤집지 못한 것이 패인이었다. 1년 전, 가장 높은 자리에서 아깝게 물러나며 다음을 기약했던 캐벌리어스는 그렇게 한 번 더 차례를 기다려야 했다.

빛을 잃은 MVP 트로피

2007-2008시즌을 치르면서 르브론은 팀 전력에 대한 질문을 수도 없이 받아야 했다. 그때마다 르브론은 부러움보다는 지금 전력에 대한 자부심과 자신감부터 드러냈다. "우리(캐벌리어스)는 충분히 인정받지 못하고 있다. 그러나 그것을 구걸하진 않을 것이다. 계속 앞으로 나아가 포스트시즌에서 쟁취할 것이다"라는 말을 여러 번 했다. '축제 기간'인 올스타전에서조차 이 질문이 들어왔는데 그때도 르브론은 "힘든 도전이 되겠지만 중요한 건 준비된 마음가짐이라 생각한다. 잘 준비해서 좋은 게임을 할 것이다. 사람들이 무슨 말을 하든 우리 것이 제일 중요하다"라고 답했다.

그러나 평균 30득점으로 득점왕까지 차지했어도 스타 파워에 밀려 패배를 맛보자, '르브론이 이적할 수도 있을 것' 이란 소문이 모락모락 피어나기 시작했다. 그 시기가 바로 2008-2009시즌이다. 르브론이 자유계약선수가 되는 시점은 2010년이었지만 현지 언론에서는 이미 2008-

르브론이 건강하다고 해도 말이다. 가장 큰 이유는 르브론의 서포터에 있었다. 로스터가 빈약했다. 캐벌리어스는 2007-2008시즌 트레이드 마감일에 시카고 불스, 시애틀 슈퍼소닉스(Seattle Super Sonics)와 3각 트레이드를 단행해 벤 월러스, 월리 저비액(Wally Szczerbiak), 딜론테 웨스트(Delonte West) 등을 영입, 전력을 강화하는 듯했지만 플레이오프에서 '외로운 르브론'은 계속됐다. 2008년 NBA 플레이오프 1라운드에서 또다시 만난 위저즈를 4승 2패로 이겼지만, 2라운드에서는 '빅3'가 선전한 셀틱스와 접전 끝에 3승 4패로 물러났다. 이 시리즈는 서로의 홈에서만 승리를 챙긴 기이한 시리즈였다. 즉, 셀틱스는 홈에서 1,2,5차전을 가져갔고 캐벌리어스는 홈에서 3,4,6차전을 이겼다. 팀이 패한 날, 상대는 르브론의 1대1, 혹은 일거스커스와의 2대2 효과를 제한시키는데 집중했고, 캐벌리어스가 패한

2009시즌부터 행선지 추측에 여념이 없었다. 아마 그가 지금처럼 SNS가 활성화된 시기에 살았다면 지금 이상으로 많은 소문이 양산되었을 것이다. 마치 2022년 여름, 케빈 듀란트와 카이리 어빙 소문을 지칠 정도로 많이 들었던 것처럼 말이다. 실제로 뉴욕 닉스 홈구장 메디슨 스퀘어가든(Madison Square Garden)에서는 닉스 팬들이 르브론의 이름을 외치기도 했다. 자신들의 팀이 101-119로 완패했는데도 말이다.

그러나 이런 소문을 비웃기라도 하듯, 캐벌리어스는 최상의 조직력을 발휘했다. 홈 23연승으로 시즌의 문을 열었고, 시즌 중에는 9경기 연속 최소 12점차 승리를 챙기기도 했다. 당시 기준으로 NBA 신기록이었다. 시즌 최종 성적은 66승 16패. 승률 80.5%로 르브론 데뷔이래, 아니 캐벌리어스 창단 이래 가장 좋은 성적으로 시즌을 마쳤다. 동, 서부 통틀어 최고 성적이었다. 이 시즌, 캐벌리어스는 홈에서 단 2번 밖에 지지 않았다.

NBA 비디오 분석가로 오랜 경력을 쌓은 닐 마이어(Neal Meyer)는 필자와의 대화에서 그 시기 르브론을 이렇게 평가했다. "당연한 말이겠지만 막기가 정말 힘든 선수다. 코비나 르브론 같은 선수들은 모두가 노력해도 못 막을 때가 있다. 그럴 때 우리가 쓸 수 있는 방법은 두 가지다. 하나는 팀 디펜스를 활용해서 다른 선수들을 막거나, 아니면 50점 줄 것을 40점만 줄 수 있도록 리듬을 깨는 것. 그런데 이것도 답이 없다."

마이어의 평가대로 르브론의 기량은 매 시즌 눈에 띄게 성장했는데, 가장 인상적인 것은 풋워크와 미드레인지, 롱2 정확도였다. 운동능력에만 의존하는 것이 아니라 수비에 막혔을 때 풋워크를 더 유려하게 사용하기 시작한 것이다. 자신이 갖고 있는 타고난 상체 힘과 탄력까지 곁들인 덕분에 선택지는 더 늘어났다. 미드레인지와 롱2도 특히 플레이오프에서 그 정확도가 확연히 좋아졌다. 이러한 르브론의 활약은 좋은 파트너의 합류 덕분에 더 빛나기도 했다. 바로 포인트가드 모 윌리엄스(Mo Williams)다. 윌리엄스는 2라운드 47순위 지명선수이지만 NBA 올스타 위치까지 오른 선수다. 3각 트레이드를 통해 시즌을 앞두고 합류했던 그는 반대 코트에서 수비의 이목을 끌 수 있는 선수였다. 이미 캐벌리어스에 오기 전에도 2시즌 연속 평균 17득점을 올린 그는 특유의 돌파와 풀업 점퍼로 백코트에 힘을 실었다. 르브론이 돌파로 수비를 뒤집어 놓으면 어느새 코너로 이동해 오픈 3점슛을 노렸다. 이 시즌, 그의 3점슛

성공률은 43.6%로 데뷔 후 가장 좋았다. 어시스트가 많은 것은 아니었지만 받아먹기 쉽게 패스를 건넬 줄 아는 선수이기도 했다. 캐벌리어스 입장에서는 윌리엄스 덕분에 2대2 옵션이 하나 더 늘었다고 볼 수 있는데, 르브론이 오히려 반대쪽으로 커트인을 들어가 덩크슛 찬스를 노리는 장면도 자주 있었다. 여기에 웨스트, 일거스커스, 깁슨 등이 거들며 캐벌리어스는 에너지 레벨을 유지해갔다. 이 시즌의 백미는 바로 2009년 2월 4일에 있었던 뉴욕 원정이었다. 르브론은 이 경기에서 52득점 11어시스트 10리바운드로 50점 동반 트리플더블을 기록, 팀 승리(107-102)를 주도한다. 흥미롭게도 바로 이틀 전, 뉴욕에서는 코비 브라이언트가 61점을 쏟아내며 대기록을 썼다. 메디슨 스퀘어가든 역사상 최다득점을 올린 것. 르브론은 비록 60점 고지까지는 오르지 못했지만, 50점 동반 트리플더블을 작성하며 자신만의 방식으로 역사에 이름을 남겼다. 〈ESPN〉은 메디슨 스퀘어가든에서 50점을 두 번 이상 기록한 선수는 마이클 조던 이후 르브론이 처음이라며 대문짝만하게 헤드라인을 남겼고, NBA에서 콧대 높기로 유명한 닉스 구단 홍보팀도 이례적으로 르브론을 위해 기자회견을 마련했다. 50점 동반 트리플더블은 당시 기준으로 1975년 카림 압둘자바 이후 처음이었다(하지만 이 기록은 2일 뒤 정정된다. 기록을 리뷰한 결과 어시스트가 10개가 아닌 9개였다. 결국 트리플더블 횟수도 하나 줄었다.).

동부 1위로 만난 플레이오프 1라운드 첫 상대는 피스톤스. 그러나 커리어 초반, 무섭게 물고 늘어지던 그 피스톤스의 이빨과 발톱은 모두 빠진 상태였다. 리처드 해밀턴, 테이션 프린스, 라쉬드 월러스는 남아 있었지만 예년의 위력을 발휘하지 못했다. 캐벌리어스는 4전 전승으로 가뿐히 1라운드를 통과했고, 2라운드에서도 애틀랜타 호크스를 4-0으로 제압했다. 파이널 재도전을 위한 마지막 관문은 바로 올랜도 매직(59승 23패)이었다. 슈퍼센터 드와이트 하워드와 그를 중심으로 한 양궁 부대가 위력적이었다. 히도 터코글루(Hedo Turkoglu), 라샤드 루이스(Rashard Lewis), 자미어 넬슨(Jameer Nelson), J.J 레딕(J.J Reddick) 등 외곽슛이 뛰어난 선수들이 사방에 배치되어 인사이드에서 나오는 패스를 3점슛으로 연결시켰다. 2008-2009시즌 매직의 3점슛은 평균 10개가 들어가 이 부문 2위였다. 성공률도 38.1%로 무척 높았다. 인사이드의 하워드는 높이에 기동력, 점프력을 겸비한 엘리트 빅맨이었다. 그가

안에서 버텨준 덕분에 매직의 포워드들은 외곽에서도 기민하게 수비할 수 있었다. 시즌 중 상대에게 가장 적은 3점슛(5.4개)을 허용한 팀이었다. 상대 3점슛 성공률도 34.2%로 리그에서 2번째로 낮았다. 르브론은 '높이'의 매직을 상대로 고군분투했다. 시리즈 평균 득점은 38.5득점. 6경기 동안 40+득점만 3번이나 기록했다. 그런데 아이러니하게도 그가 40점만 넘기면 팀이 졌다. 반대로 생각하면 팀의 혈액순환이 원활치 못했다고 해석할 수 있다. 르브론이 나서도록 강제된, 그런 상황이었던 것이다. 1차전에서 루이스의 게임 위닝슛으로 107-106으로 이긴 매직은 그 자신감을 시리즈 내내 가져갔다. 1점차 열세를 뒤집고 이긴 것이라 의미가 더했다. 반면 캐벌리어스는 플레이오프 포함 단 2번만 졌던 홈경기에서 첫 판을 내주다보니 분위기가 떨어질 수밖에 없었다. 르브론은 이전 시리즈를 너무 빨리 끝내서 일주일 정도 쉰 게 감각에 영향을 준 것 같다며 애써 패배를 잊고자 했다. 그러면서도 수비에서의 부진은 반성을 촉구했다. 그러나 크게 달라지진 않았다. 정규시즌 중에도 하워드의 높이에 고전했던 캐벌리어스는 앞서 언급했듯, '르브론 원맨쇼→탈락'이라는 똑같은 공식을 되풀이하며 6차전(93-103 패)에서 문을 닫아야 했다. 당시 NBA에서는 사상 첫 '코비 대 르브론'의 파이널을 기대하는 분위기가 있었지만, 이는 하워드의 존재감에 의해 물거품이 되고 말았다.

〈AP〉는 '클리블랜드에는 최고의 선수가 있을 지 모르겠지만, 올랜도에는 더 나은 팀이 있었다'라며 대조적인 분위기를 설명했다. 데뷔 후 첫 정규시즌 MVP라는 최고의 영예를 누렸던 르브론이지만, 시리즈 탈락 후에는 실망스러운 자세도 보였다. 상대는 물론이고, 팀 동료들과도 인사조차 나누지 않고 경기장 밖을 나가버린 것이다. 기자회견도 불참했다. 기고만장한 태도를 비판하는 기사가 쏟아졌다. 하필 같은 시기 프랑스 오픈 테니스 대회에서 라파엘 나달이 16강 탈락에도 불구, 기자회견에서 상대를 칭찬하고 분전을 다짐했다. 〈LA 타임스(LA Times)〉는 두 선수의 대조적인 자세를 소개하며 르브론을 비판했다. 아무리 실망스러운 결과였다 하더라도 당시로서는 다소 기고만장하다는 평가를 들어도 할 말이 없었던 행동이었다. 일주일 뒤 NBA 사무국은 그런 르브론에게 '인터뷰의 의무'를 다하지 않은 것에 대해 25,000달러 벌금을 물렸다. MVP 트로피 역시 빛을 잃었다.

작별 전야

프로스포츠에서 슈퍼스타가 지역사회에 끼치는 영향은 실로 지대하다. 스타를 보기 위해 경기장을 찾는 것만으로도 지역사회는 크게 발전할 수 있다. 주변 상권은 관람객 및 취재진, 중계진 등으로 붐빌 것이며, 숙박 및 교통수단(택시, 항공, 대중교통)도 덩달아 혜택을 누린다. 체육관에서 패스트푸드를 판매하는 이들도 마찬가지다. 〈클리블랜드 닷컴〉은 2009년 당시 '르브론과 캐벌리어스가 매 경기마다 300만 달러 이상의 경제효과를 창출해낸다'고 보도하기도 했다. 지난 2020년 3월 세계의 모든 스포츠 활동이 코로나19로 멈췄을 때, NBA 구단주와 선수들이 앞다투어 이들에게 기부를 했던 것도 이러한 이유다. 선수가 뛰고 경기가 열려야 삶도 흘러가기 때문이다. 그렇기에 지역 상권 사람들은 구단의 프랜차이즈 스타를 열렬히 사랑하고 응원한다. 클리블랜드에서는 르브론이 그런 인물이었다. 캐벌리어스 구단은 르브론 데뷔 후 꾸준히 관중이 증가했다. 티켓 가격도 마찬가지로 상승세였다. 매 경기가 화제가 되니 더 이상 TV 중계 때문에 고민하지 않게 됐고, 광고도 '알아서' 판매됐다. 2008-2009시즌에는 경기장내 머천다이즈 상품들도 108%의 수익 증가를 누렸다. 캐벌리어스는 그런 '황금알을 낳는 거위'를 오랫동안 품고 싶었을 것이다.

그러나 대다수 전문가들은 르브론이 FA가 되면 떠날 가능성이 농후하다고 전망했다. '원맨쇼'의 한계를 봤기 때문이다. 르브론이 진정한 슈퍼스타로 인정을 받으려면 반드시 챔피언 반지를 얻어야 한다는 주장이 많았다. 동기 웨이드는 이미 우승을 했고, 경쟁자들은 서로 뭉쳐 슈퍼팀을 만들었다. 르브론은 계속해서 '우리 팀을 사랑한다'고 말했지만 미디어는 주기적으로 이적설을 보도했다. 마치 결별을 해야 할 이유를 찾는 사람들처럼.

반대로 캐벌리어스의 대니 페리(Danny Ferry) 단장은 계속해서 르브론을 지원할 방법을 찾았다. 2009년 6월 25일, 샤킬 오닐을 영입한 것도 그 중 하나였다. 사샤 파블로비치, 벤 월러스, 그리고 2라운드 지명권을 피닉스 선즈에 내주고, 오닐을 데려온 것이다. 오닐은 페니 하더웨이, 코비 브라이언트, 드웨인 웨이드와 함께 훌륭한 콤비를 이뤄왔고, 레이커스와 히트에서 도합 4차례 우승을 거머쥔 승리 보증수표였다. 선즈에서 보낸 직전 시즌에도 75경기 동안 17.8득점 8.4리바운드를 기록했다. 시대를 풍미한 거물, 오닐이라면 인사이드에서 더 무게감이 생기지

않겠냐는 의견이 지배적이었다. 무엇보다 드와이트 하워드 견제에 힘을 실어줄 것이라는 기대감도 있었다. 벤 월러스의 경우 피스톤스를 떠난 직후부터 거짓말처럼 영향력이 줄고 말았는데, 캐벌리어스에서는 플레이오프에서조차 평균 12.6분을 뛰는데 그쳤다. 원래 공격보다 수비에 특화된 선수였기에 공격에서 르브론을 거들어줄 부분도 없었다. 그렇다면 오닐은 어떨까. 사실, 오닐의 가세는 화제가 되기에 충분했지만 회의적인 시각도 많았다. 그의 나이가 이미 37살로 NBA 선수로는 황혼기에 접어들었기 때문이다. 실제로 이 시즌 오닐의 지배력은 시끌벅적했던 영입 분위기와 달리 판도를 바꿀 정도는 아니었다.

이런 오닐의 노쇠와는 별개로 캐벌리어스는 시즌을 15승

EARLY YEARS

5패로 출발하며 일찌감치 우승을 겨냥한 행보를 이어갔다. 이것이 가능했던 건 르브론의 초인적인 활약 덕분이었다. 2009-2010시즌 르브론은 첫 달부터 4개월 연속 '이 달의 선수(Player of the Month)'에 선정됐다. '이 주의 선수(Player of the Week)'에도 5번이나 뽑혔다. 이에 힘입어 캐벌리어스는 2010년 1월 17일부터 2월 12일까지 구단 최다 연승 타이기록인 13연승을 달렸다. 2월 12일은 올스타 휴식기 직전 마지막 경기였는데, 드와이트 하워드가 버티는 매직을 상대로 거둔 승리(115-106)였기에 연승만큼이나 의미가 깊었다(캐벌리어스는 올스타 휴식기 직후 가진 너게츠전에서 연승을 마쳤다. 절친 카멜로 앤쓰니의 위닝샷으로 인한 116-118, 2점차 패배였다).

캐벌리어스의 기세는 트레이드 마감기간 중 일어난 빅 딜로 더 거세진다. LA 클리퍼스, 위저즈가 함께 한 3각 트레이드로 앤트완 재미슨(Antawn Jamison)을 영입한 것이다. 재미슨은 위저즈에서 3시즌 연속 평균 20점을 바라보던 스코어러였다. 신인 시절, 골든스테이트 워리어스에서 2경기 연속 50점을 넣었고, 위저즈에서는 아레나스, 버틀러와 함께 기울어져 가던 팀을 동부에서 가장 화끈하고 이슈 많은 팀으로 바꿔 놓았다. 애초 캐벌리어스의 목표는 아마레 스타더마이어(Amare Stpudemire)였다. 대니 페리 단장은 스타더마이어 영입을 위해 팀의 상징과도 같던 일거스커스마저 매물로 내놓았다. 그러나 스타더마이어의 소속팀이었던 선즈가 2년차 포워드 J.J 힉슨(J.J Hickson)까지 요구하면서 이 딜은 결렬됐다. 재미슨은 스타더마이어만큼 파괴적이진 않았지만, 10년차 베테랑으로서 르브론의 득점 부담만큼은 덜어줄 것이라 기대했다. 큰 변화 이후 첫 3경기에서 캐벌리어스는 잠시 주춤했다. 새 식구들의 적응기였던 만큼, 충분히 일어날 수 있었던 부진이었다. 예상대로 분위기 수습 후 15경기에서 14승 1패를 달리며 가뿐히 50승을 돌파했다. 6연승 1회, 8연승 1회. 시즌 종료를 10일 앞두고 60승 고지에 오른 캐벌리어스는 다시 1번 시드로 플레이오프에 돌입했다. 플레이오프 1라운드는 수월했다. 떠오르는 스타 데릭 로즈(Derrick Rose)의 시카고 불스를 만나 5차전 만에 시리즈를 정리했다. 큰 무대가 되자 재미슨이 큰 힘이 됐다. 덕분에 르브론도 4쿼터에 수월하게 힘을 썼다. 5차전 승부처에 두 차례 앤드원 플레이를 만들면서 승기를 잡았다.

2라운드 상대는 셀틱스. 2년 만에 만난 '빅3'를 상대로 르브론은 전의를 불태웠다. 그런데 문제가 하나 있었다. 오른쪽 팔꿈치에 부상을 입은 것이다. 5차전 막판 르브론은 팔꿈치를 다친 후 오른팔로 슛을 던지지도 못할 정도로 통증이 심해 보였다. 언제나 그랬듯 르브론은 큰 문제가 없다고 일축했는데, 이와 달리 2라운드 시리즈에서의 슛 성공률은 전체적으로 좋지 못했다. 31.8득점을 기록했던 1라운드에서 그의 야투성공률은 56.7%였다. 3점슛도 54.2%로 놀라운 수준이었다. 그런데 2라운드에서는 성공률이 뚝 떨어졌다. 야투 성공률은 44.7%. 실책도 4.5개를 기록했다. 3점슛 성공률도 절반으로 내려갔는데, 4.3개를 던져 1.2개에 불과했다. 사실, 르브론의 부진이 전적으로 팔꿈치 탓이라고는 할 수 없다. 3차전에서는 그 영향이 전혀 느껴지지 않았기 때문이다. 팔꿈치 부상 논란에 지친 듯

MVP
BACK TO BACK

Wilt CHAMBERLAIN
윌트 채임벌린 — 1961 / 1962 / 1963

Bill RUSSELL
빌 러셀 — 1966 / 1967 / 1968

Kareem ABDUL JABBAR
카림 압둘자바 — 1971 / 1972 / 1976 / 1977

Moses MALONE
모지스 말론 — 1982 / 1983

Larry BIRD
래리 버드 — 1984 / 1985 / 1986

Magic JOHNSON
매직 존슨 — 1989 / 1990

Michael JORDAN
마이클 조던 — 1991 / 1992

Tim DUNCAN
팀 던컨 — 2002 / 2003

Steve NASH
스티브 내쉬 — 2005 / 2006

Lebron JAMES
르브론 제임스 — 2009 / 2010 / 2012 / 2013

Stephen CURRY
스테픈 커리 — 2015 / 2016

Giannis ANTETOKOUNMPO
야니스 아테토쿤보 — 2019 / 2020

Nikola JOKIC
니콜라 요키치 — 2021 / 2022

르브론은 1쿼터에만 21점을 몰아치는 등 38점을 기록, 팀의 124-95 대승을 주도했다. "팔꿈치 이야기 참 많이 들었다. 하지만 난 여기 농구를 하러 왔고 우리 팀을 이기게 하고 싶었다. 2차전 패배 후 오늘 경기의 중요성을 더 느끼게 되었다." 르브론의 말이다. 그러나 3차전은 시리즈에서 르브론이 지배한 마지막 경기가 됐다.

야유 속에서 끝난 MVP시즌

"우린 여기 다시 돌아오지 않을 거야." 클리블랜드에서의 5차전을 앞두고 케빈 가넷은 선수단에 이렇게 말했다. 2승 2패로 동률인 상황. 3승째를 먼저 챙기는 팀이 사실상 컨퍼런스 결승의 유리한 고지를 차지하는 셈이었다. 그리고 경기에서 드러난 의지는 셀틱스가 더 강했다. 이 경기의 히어로는 '빅3'였다. 레이 앨런이 3점슛 6개에 25득점, 가넷 18득점, 폴 피어스 21득점으로 골고루 폭발했다. 반대로 르브론은 침묵했다. 첫 야투가 3쿼터가 되어서야 성공됐다. 그간의 르브론을 생각해보면 정말로 보기 드문 부진이었다. 반대로 생각하면 그만큼 셀틱스의 수비가 강력했다. 이날 르브론은 14개의 슈팅 중 3개만을 넣었고, 선장의 침묵에 캐벌리어스도 고전했다. 5차전 최종 성적은 셀틱스의 32점차(120-88) 대승. 캐벌리어스는 후반에만 70점을 실점했다. "이게 우리의 7차전이었다. 오늘이 클리블랜드에서의 마지막 경기라 생각했다." 경기 후 가넷이 남긴 말이다. 5차전을 잡은 만큼, 6차전까지 이겨서 시리즈를 끝내겠다는 각오였던 셈이다. 기자들은 캐벌리어스의 부진에 집중했다. 현장은 구단 플레이오프 역사상 최다 점수차 패배의 책임이 전적으로 르브론에게 집중되는 분위기였다. 팬들조차 르브론에게 아쉬움이 담긴 야유를 보냈으니 말이다. 설상가상, 한 매체는 '오늘이 클리블랜드에서의 마지막 경기라는 말은 르브론에게 해당될지도 모른다'라고 적어 기름을 부었다. 곧 자유계약선수가 되는 르브론이 떠날 수도 있다는 것을 염두에 둔 기사였다. 지금 돌아보면 5차전은 셀틱스가 단순한 1승이 아닌 '기세'를 챙긴 경기였던 것 같다. 캐벌리어스는 6차전마저 85-94로 패했다. '빅3' 외에 라존 론도(Rajon Rondo)까지 터졌다. 2년 전, 셀틱스가 파이널에 오를 때만 해도 막내급이었던 론도였지만, 이 시리즈에서는 '셀틱스의 쿼터백'이라는 평가를 받을 정도로 상대를 휘저었다. 르브론은 27점 19리바운드 10어시스트로 트리플더블을 기록하며 선전했지만

기울어진 시리즈를 되돌리지 못했다. 보스턴 관중들은 르브론이 자유투를 던질 때마다 '뉴욕 닉스'를 외치기도 했다. 시리즈는 2승 4패로 끝이 났다. 가넷은 고개를 떨어뜨린 르브론을 안아주며 이렇게 말했다. "고개 숙일 필요 없어. 나도 거기 있어봤어. 너는 미래가 밝은 친구야. 계속 최선을 다하고, 너와 네 가족에게 옳은 결정을 내리면 좋겠어."

캐벌리어스가 마지막 경기를 치르고 정확히 10일 뒤, 구단은 마이크 브라운 감독을 해고했다. 5시즌 간 272승 138패. 승률 66.3%로 나쁘지 않았지만 궁극적인 목표인 우승에 도달하지 못한 것이 컸다. 한편 르브론은 2년 연속 정규시즌 MVP 트로피를 팬들에게 안겼다. 전체 121표 중 109표를 획득, NBA 역사상 10번째 백투백 MVP가 됐다. 그러나 사람들은 MVP 소감보다는 곧 열릴 자유계약선수 시장에서 어떤 선택을 내릴지 더 궁금해하고 있었다.

Big Three

소년 만화 같던 클리블랜드 캐벌리어스에서의 시간이 지나가고
우승을 갈망하는 르브론 제임스에게 선택의 시간이 왔다.
게임에서나 볼 법한 그의 이적은 누군가에겐 배신이었고,
누군가에게는 새로운 드림팀의 탄생이라는 기대감이었으며,
르브론 제임스에게는 우승을 향한 도전이었다.

> **""**
> 나는 매년 그렇게 생각하고 시즌을 준비한다.
> 동료들과 함께 최상의 레벨에서 뛸 수 있도록 나 자신을 준비시킨다.
> 나는 우승에 점차 가까워지고 있다고 생각한다.
> 2007년보다 2승이나 더 거두었다.
> 다음에 이 무대에 오를 때는 남은 2승도 더 챙길 것이다.
>
> **르브론 제임스** 2010-2011시즌 NBA 파이널에서 패배 이후

01

Dear Dream
2010-2011시즌

2010년 2월 14일 텍사스 알링턴. 2010년 NBA 올스타전은 NBA 역사상 가장 큰 규모로 치러진 올스타전이었다. 카우보이스 스타디움(Cowboys Stadium)에서 열린 이 경기에는 무려 10만 8,713명이 입장해 NBA 역사상 가장 많은 인원이 입장한 경기가 됐다. 경기 MVP는 드웨인 웨이드였다. MVP의 기자회견에서는 경기 소감 이상으로 흥미로운 이슈가 하나 나왔다.

1년에 한번 당신은 이곳(올스타전)에서 르브론과 함께 플레이한다.
1년에 딱 하루 함께 하는 소감이 어떤가.
우리는 서로를 찾으며 콤비 플레이를 펼치려고 한다. 지난 몇 년간 그래왔다. 올림픽에서도 그랬다. 르브론은 팀 동료들의 플레이를 편하게 해준다. 클리블랜드에서 그래왔던 것처럼 말이다. 딱 하루지만 나도 그의 팀 동료가 될 기회를 얻게 된다. 되도록 그 기회를 즐기려고 했는데 덕분에 이렇게 MVP도 된 것 같다. 항상 나를 찾아주고, 내 리듬을 만들어주는 선수다. 르브론과 함께 뛰는 건 늘 환상적이다. 앞으로도 그럴 것이다.

그렇다면 1년에 한번이 아니라 아예 함께 뛰는 것은 어떨까?
상상해본 적 있나?
오랫동안 생각해왔다. 상상은 해볼 수 있는 것 아닌가?

웨이드가 웃으며 남긴 떡밥(?)은 기자를 통해 르브론에게 전달됐다.
"드웨인이 언젠가 당신과 함께 뛰는 것을 상상해봤다고 하는데, 당신은 어떤가?"
르브론은 이에 대해 "웨이드는 아주 훌륭한 선수다. 왜 지구 최고의 선수인지 오늘 잘 보여준 것 같다. 좋은 선수들과 최고의 수준에서 함께 뛰며 챔피언십을 꿈꾸는 것은 모두의 꿈 아닌가"라고 답했다.
어쩌면 이들은 기자회견에서 이 답을 남길 때부터 교감을 나눴던 것은 아닐까. 모든 관계의 시작점은 2004년 아테네에서부터 함께 해온 국가대표팀이었으니 말이다. 그리고 '상상'에만 머물러있던 일은 실제가 된다.
자유계약선수가 된 르브론은 캐벌리어스와의 재계약 대신 이적을 택한다. 절친 웨이드가 있는 마이애미 히트에서 또 다른 친구 크리스 보쉬와 함께 뭉치기로 결정한 것이다.
최초 발표는 한국시간으로 2010년 7월 8일, 보쉬가 먼저 마이애미 이적을 발표했다. 그리고 바로 다음날인 7월 9일, 르브론이 이들과 함께 하겠다고 선언했다.
여기서 두 가지 큰 이슈가 발생한다. 첫째는 모두가 알고 있는 '디시전 쇼(Decision Show)'다. 그는 〈ESPN〉 생방송을 통해 셋이 뭉치게 됐음을 밝혔다. "나는 내 재능을 사우스 비치로 가져가려 한다(I'm taking my talents to South Beach)"는 성명과 함께. 마이애미 히트 팬들에게는 환영할 만한 이벤트였지만, 오랫동안 '홈타운 영웅'을 사랑해온 클리블랜드 시민들에게는 청천벽력 같은 일이었다. 배신감에 치를 떨며 유니폼을 불태우는 장면이 목격되었고, 구단주 댄 길버트 역시 분노했다. 뜬금없이 뉴욕 팬들도 흥분했는데, 아마도 뉴욕 이적설이 가장 신빙성 있게 들려왔기 때문일 것이다. 2022년 여름, 캐벌리어스로 트레이드 되어온 도노반 미첼(Donovan Mitchell)은 13살이었던 당시를 회상하며 "주변에 뉴욕 닉스 팬들이 많았는데 이적 소식에 분노했던 기억이 있다. 그들이 던진 병에 맞을 뻔했다. 한마디로 난리가 났었다"라고 말했다. 이 일이 일어나고 10년 뒤 〈ESPN〉은 당시 '디시전 쇼'의 전말을 밝혔다. 애초 이 쇼는 르브론이 아닌, 짐 그레이(Jim Gray) 기자의 아이디어였던 걸로 알고 있었으나, 〈ESPN〉은 2020년 7월 28일 기사를 통해 르브론 측이 아닌 디트로이트 피스톤스의 한 팬이 꺼낸 아이디어였다고 밝혔다. 2009년 11월 26일 발행된 〈ESPN〉 매거진에 보내온 사연이었던 것이다. 자신을 드루 와그너(Drew Wagner)라고 밝힌 이 팬은 "만일 르브론이 2010-2011시즌 소속팀을 〈ABC〉 같은 곳에서 '르브론의 선택'이란 제목을 달고 방송하면 어떨까? 시청률이 잘 나오지 않을까?"라고 독자엽서를 썼고, 칼럼니스트 빌 시몬스(Bill Simmons)는 이렇게 회신했다. "만일 르브론이 똑똑하다면, 그의 회사를 통해 이벤트를 기획할 것이다. 자신의 발표를 전달해줄 방송사를 찾고, 쇼를 통해 선택을 발표할 것이다. 어쩌면 페이퍼뷰로 방송할 지도 모른다."
흥미롭게도 시몬스 기자는 르브론의 사업을 돕던 리온 로즈와 매버릭 카터에게 실제로 이 이야기를 전달한 것으로 알려졌다. 그 장소도 바로 2010년 올스타전이었다.

그렇지만, 이때만 해도 시몬스 기자는 실제로 그 일이 일어날 것이라는 확신을 하지 못했다고 한다. 캐벌리어스의 성적이 워낙 좋았기 때문이다. 그렇지만 팀이 무기력하게 탈락한 뒤부터는 이적설이 설득력있게 들렸다고 하는데, 시몬스 기자는 2010년 파이널 현장에서 로즈와 카터를 만나 〈ESPN〉에 그의 쇼를 방영하는 것을 설득했다는 후문이다. 그러나 업계는 '디시전 쇼'를 '르브론에게 닥쳐온 재난'이었다고 평가했다. 물론, 충분히 화제가 됐고, 방송국은 돈을 벌었다. 생방송으로 1,000만 명이 넘게 봤고, 이를 통해 기부한 금액만 200만 달러가 넘었다. 대신 르브론은 그동안 쌓아온 도전자의 이미지를 잃게 됐다. 차라리 다른 선수들처럼 평범하게 이적이 발표됐다면 파장이 덜 했을 것이다. 이로 인해 르브론은 클리블랜드 지역사회에 많은 기부와 공헌을 해왔음에도 불구 '변절자'라는 말을 듣게 됐다. 르브론은 이적 발표 직전, 당시 총재였던 데이비드 스턴(David Stern)과도 면담을 가진 것으로 알려졌다. 조언을 구하기 위해서였다. 스턴은 르브론의 '디시전 쇼' 자체가 위험한 기획이라 봤다. 만약 이적을 생방송으로 발표할 것이라면, 클리블랜드 구단 측에 미리 언질을 주는 게 좋겠다고도 했다. 그러나 르브론은 두 가지 모두 따르지 않았다. 두 번째 논란은 슈퍼스타들의 반응이었다. 사람들은 영웅의 서사를 기대했다. 몇 번의 시련이 닥쳐와도 결국에는 스스로의 힘으로 우승하길 바랐던 것이다. 래리 버드와 매직 존슨, 마이클 조던, 하킴 올라주원처럼 말이다. 그러나 르브론은 우승 기회를 얻기 위해 최고

주가를 올리던 친구들과 뭉쳤고, 심지어 첫 2시즌의 연봉은 캐벌리어스 시절보다도 적게 받는 일명 '페이 컷(pay cut)'을 택했다. 편한 길을 택한 것에 대한 비난은 어찌 보면 당연했다. 마이클 조던은 〈NBC〉와의 인터뷰에서 "나라면 매직이나 버드에게 같은 팀에서 뛰지 않겠냐는 전화를 하진 않을 것이다. 나는 그들을 이기고 싶었으니까"라고 말하며 르브론의 선택에 우회적으로 아쉬움을 드러냈다. 1990년대 조던의 경쟁자였던 찰스 바클리(Charles Barkley) 역시 애리조나 지역 언론과의 인터뷰에서 "두 번이나 MVP가 된 선수는 다른 팀으로 이적하지 않는다"라고 솔직한 견해를 밝혔다. 그러나 이런 선배들의 우려와는 상관없이 히트는 순식간에 최강팀이 됐다. 슈터 마이크 밀러(Mike Miller), 빅맨 주완 하워드(Juwan Howard), 센터 일거스커스 등도 추가로 영입하면서 전력을 보강했다. 전문가들은 이들을 우승 0순위로 올려놨다. 국가대표에서조차 핵심을 이뤘던 3인방이 최전성기에 뭉쳤으니, 우승후보에서 제외시키는 것이 더 이상해 보였다. 르브론의 이적 당시 〈ESPN〉의 간판 칼럼니스트였던 크리스 쉐리던(Chris Sheridan)은 "우승 후보인 것은 맞지만, 세 선수가 얼마나 팀플레이를 잘 할 지가 관건이다. 보스턴 셀틱스, LA 레이커스 같은 팀들을 넘어 우승할 수 있다고는 아직 말하기 힘들다"라며 '조직력'을 단서로 달았다. 폴 피어스와 케빈 가넷, 레이 앨런이 뭉치면서 '슈퍼팀'의 무서움을 리그에 보여주긴 했지만, 1997년 찰스 바클리-하킴 올라주원-클라이드 드렉슬러나 2003년 샤킬 오닐-

코비 브라이언트-칼 말론-게리 페이튼의 사례처럼
명성만으로는 타이틀을 따내기 쉽지 않다는 사례도 있었기
때문이다. 그러나, 르브론이 결성한 '빅3'가 이들과 차이점이
있다면 세 선수가 모두 전성기에 접어들 나이라는 점,
뭉치기 전부터도 코트 안팎에서 함께 어울리는 시간이
길었다는 점, 마지막으로 서로의 장점을 알고 존중해준다는
점이었다. 크리스 보쉬는 자신의 자서전에서 두 에이스의
능력이 워낙 뛰어났기에 자신이 기꺼이 뒤로 빠질 수
있었다고 고백하기도 했다.

그렇다면 르브론의 입장은 어땠을까? 아마도 히트로의 이적
결정에는 여러 조건이 뒤따랐을 것이다. 마이애미의 날씨
(날씨는 의외로 NBA 선수들의 이적 결정에 많은 영향을
준다), 세금, 구단 환경, 또 르브론 개인의 사업 환경 등….
그러나 무엇보다 르브론이 우선적으로 쫓은 것은 우승
가능성이었다. 혼자 발버둥 쳤지만 끝내 손에 넣지 못했던
우승 트로피 말이다. 캐벌리어스는 꿈과 작별했지만,
르브론은 이 이적으로 우승에 다가갔다. "오로지 챔피언십만
바라본다"며 자신의 새로운 꿈에 인사를 건넸다.
그렇게 긍정과 부정의 시선이 온통 르브론에게 쏠린 가운데,
마침내 2010-20211시즌이 시작됐다.

로마는 하루아침에 완성되지 않았다

〈ASAP 스포츠〉는 스포츠 유명인사의 인터뷰 및 기자회견을
다루는 매체다. 농구는 물론이고 복싱, 테니스, 육상 등의
메가 이벤트에는 어김없이 〈ASAP 스포츠〉가 제공한 인터뷰
스크립트가 따라온다. NBA 올스타전과 드래프트도
마찬가지인데 인터뷰 대상자가 몇 명이든 행사가 끝나기가
무섭게 타이핑되어 기자실과 미디어 사이트에 전달된다.
전 경기에 가지는 않는다. 리그가 요청한 메가 이벤트,
주요 경기에 한하여 제공된다. 그런데 2010년 10월 26일
보스턴에 〈ASAP 스포츠〉 속기사들이 등장했다. 바로 2010-
2011 정규시즌 개막전이었던 마이애미 히트와 보스턴
셀틱스의 경기 때문이다. 정규시즌 경기는 어지간해서
스크립트가 제공되지 않기에 그만큼 중요성을 알 수 있었다.
이 경기는 '빅3'의 신구 대결이었다.
〈AP〉는 셀틱스의 가넷-피어스-앨런 트리오를 '올드 빅3
(old big three)'로, 히트의 르브론-웨이드-보쉬 트리오를
'뉴 빅3(new big three)'로 표기했는데, 국가대표이자 리그
최고 슈퍼스타들이 서로 마주하게 된 만큼 전국, 아니

전세계적인 관심이 집중됐다. 이 가운데, 시작은 '올드 빅3'
가 웃었다. 88-80으로 승리한 것이다. 이 경기는
TD가든에서 열렸는데 보스턴 팬들은 NBA에서 둘째가라면
서러울 정도로 목소리가 큰 편이다. 그들은 틈날 때마다
히트 선수들을 향해 '과대평가됐다(overrated)!'라며 야유를
보냈다. 히트는 그럴 야유를 받아도 이상하지 않을 정도로
출발이 좋지 않았다. 손발이 잘 맞지 않았던 탓이다.
세 선수는 15개의 실책을 범했는데, 르브론이 8개, 웨이드가
6개였다. 1쿼터에 히트가 올린 점수는 단 9점. 경기를
보면서도 믿기지 않을 정도로 난조에 시달렸다. 그러나
르브론과 웨이드는 흔들리지 않았다. 덤덤했다. 웨이드는
"82경기 중 하나일 뿐이다. 82경기를 모두 이길 거라
생각하지 않았다. 그런 일은 일어나지 않는다"라며 시작임을
강조했고, 르브론 역시 "로마 제국은 하루아침에 이뤄지지
않았다. 시간이 걸릴 것이다. 매일매일 과정이라 생각하고
더 나아지는 것에만 집중할 생각이다"라고 말했다.
서로가 생각한 우승 전략이 되는 데는 서로의 헌신과 희생,
그리고 엄청난 각오가 필요했다. 사실 이 경기에서 가장
당황했던 선수는 르브론이나 웨이드가 아닌 보쉬였다.
토론토 랩터스에서 이적해온 보쉬 역시 리그에서 손꼽히는
득점원이었다. 이적 직전까지 5시즌 연속 평균 20득점을
기록했다. 볼 점유를 의미하는 지표인 USG%(Usage Rate)도
당연히 보쉬가 랩터스내 1위였다. 그런데 히트에 와보니
볼을 가질 시간이 확 줄었다. 요구하는 역할도 달랐다.
보쉬는 "세계 최고의 선수와 함께 뛸 수 있기에 배울 것도
많았지만, 스스로에게도 변화를 주는 것이 힘들었다.
궂은일에 열중해야 했고, 공간을 만드는데 집중했다.
이런 플레이는 자연스럽게 스포트라이트에서 멀어지는
일이었지만, 서로가 적응해야 했다"라고 돌아봤다.
웨이드도 마찬가지였다. 셋 중에서는 볼 없는 움직임이 가장
좋긴 했지만, 르브론과 함께 뛰는 이상 포기해야 할 부분이
생겼다. 머리는 이해하지만 몸이 적응해야 할 부분도 있었다.
이는 NBA 2K 게임이 아닌 실전이었기 때문이다. 그렇게
서로 조심하다보니 서로 양보하고 미루는 듯한 장면도
몇 차례 나왔다. "미국국가대표팀 훈련 중에 코치K가
우리에게 지적했던 것이 떠올랐다. 우리가 너무 양보한다는
것이다. 옵션이 많다보니 서로 미루고, 서로 챙기다보니
나오는 과정이었다. 우리 팀에도 옵션이 많다. 앞으로는
이런 부분에서 서로 적응해가는 시간이 될 것이다."
첫 경기 패배 후 르브론이 했던 말이다.

BIG THREE

로마 제국은 하루아침에 이뤄지지 않았다.

시간이 걸릴 것이다.

매일매일 과정이라 생각하고

더 나아지는 것에만 집중할 생각이다.

그런데 이들이 감수해야 했던 건 또 있었다. 바로 비난이다. '빅3' 결성에 대한 비난 여론은 생각보다 오래 갔다. 정확히 말하면 '디시전 쇼'에 대한 반감이 오래 갔다고도 볼 수 있다. 한동안 히트가 '빌런'처럼 여겨졌으니 말이다. 보쉬도 자신의 자서전에서 "비난을 받아들이고 적응하는데 시간이 걸렸고, 어수선함도 있었다"라며 생각 이상의 반감에 놀랐음을 고백했다.

히트는 빠르게 정비됐다. 바로 다음날 열린 필라델피아 세븐티식서스전에서 시즌 첫 승을 거두었고, 이후 4연승을 달렸다. 연패도 있었지만, 한번 주춤한 뒤로는 다시 연승을 쌓아가며 빠르게 기대치에 어울리는 전력을 갖춰갔다. 12월 25일 크리스마스 매치를 앞둔 히트의 성적은 22승 9패. 12월 1일부터 24일까지 12승 1패였다. LA 레이커스와의 크리스마스 매치는 '빅3'의 위력이 드러났다. 르브론이 3점슛 5개와 함께 트리플더블(27점 11리바운드 10어시스트)로 선전한 가운데 히트는 96-80으로 대승을 거두었다. 보쉬는 24득점, 웨이드는 18득점을 기록했다. 이 무렵 에릭 스포엘스트라 감독은 팀의 진짜 위력은 공격보다는 수비가 완성되는 과정에 있다고 말한다. 실제로 레이커스는 1쿼터에 겨우 14점을 올리는데 그쳤고, 스포트라이트 중심에 있던 코비 브라이언트는 실망감을 감추지 못했다. 이 시즌 히트의 약점은 빅맨이 부족하다는 점이었다. 그러나 이를 극복하고도 남을 슈퍼스타들이 있었다. 르브론은 마음만 먹는다면 가드부터 센터까지 소화할 수 있었고, 보쉬와 함께 기동력을 앞세워 상대 빅맨들을 괴롭힐 수 있었다. 가로채기가 많은 팀은 아니었지만 기습적인 더블팀 수비와 강한 압박으로 실책을 유도했다. 2010-2011시즌 히트를 상대한 팀들의 야투성공률은 겨우 43.4%였는데, 이는 NBA 30개 구단 중 2번째로 낮은 수치였다. 30개 구단 중 2번째로 적은 리바운드를 내주기도 했다. 또한, 블록을 가장 안 당한 팀이기도 했다. 크리스마스 매치를 포함, 9연승을 달린 히트는 41승 15패로 전반기를 마쳤다.

전반기 승리 중에는 르브론의 친정 클리블랜드 복귀전도 있었다. 환영보다는 저주가 더 많았던 경기였다. 웨이드는 훗날 보쉬의 토론토 복귀전에서 들린 야유를 두고, "클리블랜드에 비하면 이건 아무 것도 아니다. 더 뭉쳐야 한다"라고 말했는데 그만큼 클리블랜드에 울려 퍼진 야유와 악담의 강도는 어마어마했다. 르브론과 관련해 유일하게 환호가 들렸을 때는 그가 슛을 실패했을 때뿐이었다.

르브론의 안전을 염려해 평소 이상의 시큐리티들이 동원됐고, 선수들의 퇴장 통로에는 폴리스 라인이 설치됐다. 그러나 경기 자체는 싱겁기 짝이 없었는데, 히트는 118-90으로 캐벌리어스를 가볍게 제압했다. 야속하게도 르브론은 38득점을 기록했는데, 당시 기준으로 시즌 최다 득점이었다. 캐벌리어스가 3쿼터에 25점을 넣는 동안 르브론은 3쿼터에만 24점을 기록하며 경기를 터트렸다.

르브론과 웨이드, 보쉬가 나란히 올스타에 선발되는 등 훌륭한 올스타 주말을 보낸 히트였지만, 남은 2010-2011 시즌도 결코 순탄치는 않았다. 히트가 맞은 최대 위기는 후반기에 찾아왔다. 이 시즌 히트는 유독 시카고 불스에 약한 면을 보였다. 첫 만남에서는 르브론이 발목 부상으로 빠진 탓에 패배(96-99)했다지만, 이후 당한 맞대결 2패는 분위기가 달랐다. 떠오르는 영스타, 데릭 로즈 한 명에게 당한 경기였기 때문이다. 먼저 2월 25일 원정경기부터 살펴보자. 이날 로즈는 루올 뎅(Luol Deng)과 함께 공격을 휘저었다. 수비에서는 마찬가지로 떠오르는 블루칼라워커 조아킴 노아(Joakim Noah)가 보쉬를 괴롭혔다. 결국 히트는 93-89로 패했다. 3월 8일 대결도 크게 다르지 않았다. 2월과 마찬가지로 접전 상황으로 흘러간 가운데, 이번에도 로즈와 뎅이 큰 역할을 하며 1점차의 짜릿한 승리(87-86)를 가져갔다. 종료 6초 전, 히트는 경기를 뒤집을 기회가 있었으나 르브론이 중요한 슛을 놓치고 말았다. 히트는 이 패배로 4연패에 빠지고 말았고, 〈ESPN〉은 '르브론 제임스는 4연패 기간 동안 동점, 혹은 역전으로 만들 수 있는 슛을 4번이나 놓쳤다'라고 보도했다. 보쉬는 이 기간을 '물어뜯길 만큼 뜯기던 시기'라고 표현했다. 특히나 순위 경쟁 중이던 불스에게 두 번이나 졌기에 분위기가 싸늘해질 수밖에 없었다. 패배 여파는 다음 경기였던 포틀랜드 트레일 블레이저스전으로 이어졌다. 웨이드의 38득점, 르브론의 31득점에도 불구하고 5연패에 빠졌다. 스포엘스트라 감독이 르브론(46분), 웨이드(43분), 보쉬(40분)를 모두 40분 이상 출전시키는 초강수를 두었음에도 불구하고 96-105로 졌으니 분위기가 좋을 리 없었다. 이쯤 되자 히트의 우승 가능성에 대한 회의론이 고개를 들기 시작했다. '빅3'에 비해 벤치 전력이 허약해 단기전에서는 통할 수 없을 것이라 말이다. 게다가 보쉬의 생산이 눈에 띄게 줄었다.

그러나 이후 히트는 귀신같이 반응했다. 남은 시즌을 15승 3패로 마친 것이다. 3연승, 5연승, 3연승, 4연승. 승부처 집중력이 좋아졌다. 5연패 직후 훈련에서 르브론과

웨이드는 한마디도 하지 않은 채 훈련에 집중했다. 평소 이상의 에너지를 쏟았다. 보쉬와 마이크 밀러는 "선수들이 자연스럽게 그 열기에 녹아들어 더 열심히 했다"라고 돌아봤다.

58승 24패로 동부에서 2번째로 높은 승률을 기록한 히트는 플레이오프에서 난적 보스턴 셀틱스를 4승 1패로 제압하며 컨퍼런스 파이널에 진출, 자신들을 저점으로 끌어내렸던 불스와 재회한다. 1차전만 해도 이대로 불스가 시리즈를 집어삼킬 것처럼 보였다. 정규시즌 중 그랬던 것처럼 말이다. 불스는 103-82로 이겼는데 세컨찬스 득점에서 31점이나 헌납했다. 예상대로 경기 직후 기자들의 질문 세례가 이어졌다. "부담은 없나", "대책은 있나", "정신적으로 지쳤을 것 같은데?", "희망이 보이는가?" 질문의 논조자체가 '더 이상 히트는 안 돼'라는 분위기가 묻어 있었다. 시카고 팬들도 '과대평가됐네!'라고 외쳤다. 개막전에서 셀틱스가

BIG THREE

히트를 제압했을 때처럼 말이다. 그러나 이는 불스 팬들이 웃을 수 있었던 마지막 경기였다.
히트는 무서운 기세로 4연승을 달렸다. 4차전을 제외한 모든 경기에서 불스는 90점 아래에 묶이며 완패를 당했다. 로즈의 동선을 철저히 틀어막고, 리바운드 싸움에서도 완승을 거두었다. 로즈도 수비에 막혀 실책을 쏟아냈다. 4승 1패로 시리즈에 쐐기를 박은 5차전(83-80), 르브론은 28득점으로 분위기를 주도했다. 히트가 18점을 넣을 동안 불스는 3점에 묶였다. 시즌 내내 '빅3'를 골탕 먹였던 로즈도 승부처에서는 실책, 파울, 자유투 미스 등 실수투성이었다.
이에 대해 '수비와 조직력의 힘'을 강조했던 르브론은 2007년 이후 처음으로 파이널 무대에 서게 됐다. 오랫동안 갈망했던, 그래서 온갖 비난을 감수하며 팀을 옮기기까지 했던 이유, 바로 파이널 무대였다. 아니나 다를까. 소감을 묻는 자리에서 '디시전 쇼' 질문이 또 나왔다. 그러자

르브론은 덤덤히 답했다. "많은 반발이 있었던 걸 잘 알고 있다. 하지만 그때 난 (이적이) 최선이었다. 나와 내 가족, 그리고 프로선수로서 최선의 결정이었다."
하지만 르브론은 섣부르게 우승을 자신하지 않았다. 아직 해야 할 일이 남았다며 말이다. "모두가 승리를 기다려왔다. 그래서 스스로를 더 채찍질하며 최선을 다했다. 그렇지만 아직 해야 할 일이 남았다. 여기서 멈춰선 안 된다. 지금은 포스트시즌이다. 마음을 놓을 때가 아니다."

세상에서 가장 잔인한 질문

"대답하긴 힘들겠지만… 언젠가는 당신도 NBA에서 우승을 할 수 있을 것이라 생각하는가?"
2011년 6월 12일. 스포츠 기자를 대상으로 세상에서 가장 잔혹한 질문 대회가 열렸다면 상위권에 올랐을 질문들이 쏟아졌다. 마치 '답변하면서 괴로워해봐'라는 느낌이 들 정도로, 대답하기 야속한 질문들이었다. 이날은 르브론이 '생애 2번째' 파이널 준우승이 결정된 날이었다. 파이널을 앞두고 '마음을 놓을 때가 아니다'라고 다짐했던 르브론이지만 그것만으로는 부족했다. 덕 노비츠키(Dirk Nowitzki)가 선전한 댈러스 매버릭스(Dallas Mavericks)는 1차전 패배 후 4경기를 승리하며 프랜차이즈 첫 타이틀을 획득한다. 이는 2006년 파이널에서 웨이드에게 당했던 패배에 대한 설욕이기도 했다.
히트가 1차전을 102-84로 승리할 때만 해도 예상할 수 없었던 결과였다. 이 시리즈는 유독 매버릭스의 뒷심이 돋보였다. 2차전에서는 15점차를 뒤집고 승리했다. 노비츠키는 1차전 도중 보쉬의 공을 스틸하려다 왼손 중지 인대를 다치는 부상을 입었다. 그럼에도 불구 결정적인 레이업을 성공시키며 히트를 좌절시켰다. 그것도 왼손으로 말이다. 매버릭스가 몰아칠 동안 히트는 뭔가에 홀린 듯 엉뚱한 공격을 남발했고, 결국 다잡은 승리를 놓쳤다.
4차전도 비슷한 양상이었다. 마지막 10여분 동안 매버릭스가 21점을 몰아칠 동안 히트는 단 9점에 묶이며 침묵했다. 제이슨 키드(Jason Kidd)를 중심으로 차분히 공을 돌리다 강펀치를 날릴 동안, 히트 선수들은 마치 '시간아 빨리 흘러'만 되뇌이다 급하게 슛을 날리는 형국이 이어졌다. 제일 무서운 건 노비츠키였는데, 자신의 21점 중 10점을 4쿼터에 몰아쳤다. 위닝샷 또한 그의 몫이었다. 시리즈 내내 컨디션이 안 좋았다던 노비츠키지만, 승부처가 되면 귀신

같이 살아났다. 독감 증세 때문에 지친 기색이 역력했지만
공만 잡으면 막을 자가 없어 보였다. "보통 사람은 38도의
고열이라면 침대에서 일어나기조차 힘들 것이다. 그런데 이
선수는 그 몸 상태로 세계 최고의 농구선수들을 상대했다."
매버릭스의 타이슨 챈들러(Tyson Chandler)의 말이다.
대조적인 건 르브론이었다. 이 경기에서 르브론은 야투
3개만을 성공시켰다. 특히 4쿼터에는 단 1점도 올리지
못했다. 이로 인해 정규시즌과 플레이오프 합산 433경기
연속 두 자리 득점 행진도 중단됐다. 8점은 플레이오프
통산 개인 최저 득점이었다. 물론 상대팀의 숀 메리언
(Shawn Marion)을 비롯해 수비 좀 한다는 선수들이 모두
르브론을 견제했다곤 하지만, 그것이 '침묵'의 이유가
될 수는 없었다. 르브론이 위치했던 자리, 팬과 선수들이
르브론에게 기대했던 자리가 바로 그런 자리였기 때문이다.
1승 2패로 시리즈를 밀리던 매버릭스는 4차전에 이어
5차전까지 잡으며 전세를 역전시켰다. 이때만 해도 NBA
파이널은 2-3-2 시스템으로 진행됐다. 즉, 1~2차전은
상위 시드팀의 홈에서, 3~5차전은 하위 시드팀의 홈에서
열렸다. 매버릭스는 홈에서의 2연승으로 기세를 드높였다.
그리고 찾아온 6차전. 매버릭스는 히트가 추격할 때마다
계속 찬물을 끼얹었다. 작은 실수도 놓치지 않았다.
노비츠키가 주춤할 때면 또다른 베테랑 제이슨 테리(Jason

Terry)가 나섰다. 동료 선수들이 집중력을 잃을 때면
노비츠키가 그들을 붙잡고 강조했다. "2006년을 잊지마!"
앞서 언급했던 2006년 파이널 준우승을 떠올리며 방심하지
말라는 의미였다. 〈ESPN〉을 비롯한 여러 스포츠
전문지들은 매버릭스를 더 완성된 팀으로 표현했다. 반면
히트는 그에 못 미쳤다. 화살은 르브론에게 돌아갔다.
6차전마저 마지막 19분 여 동안 2점을 더하는데 그쳤기
때문이다. 매버릭스 선수들이 샴페인 파티를 벌일 동안,
르브론은 웨이드와 함께 곤혹스러운 기자회견을 갖고
있었다. 팬인과 심경, 앞으로의 각오 등…. 이 가운데 답하기
애매하고도 까다로운 질문도 쏟아졌다. 앞서 언급한 질문도
그 중 하나였다.

이 무렵 르브론은 엄청난 빌런이 되어 있었다. 아마도 '디시전 쇼'부터 시작된 몇 번의 밉상 행동 때문일 것이다. 캐벌리어스 팬들은 'LET'S GO MAVS'라는 티셔츠를 제작해 입고 다녔다. 그만큼 르브론이 지기를 바란다는 의미였을 것이다. 그러나 굳이 캐벌리어스 팬들이 아니더라도 르브론은 여기저기서 질타를 받았다. 감기 걸린 노비츠키를 흉내낼 무렵의 여론이 정점을 찍었다. 대기실로 가는 통로에서 르브론과 웨이드가 기침하는 흉내를 냈다. 누가봐도 고열 투혼을 보인 노비츠키를 따라한 것이었다. 노비츠키는 〈야후(Yahoo)〉와의 인터뷰에서 "무시를 당한다는 느낌이 들었다. 그렇지만 굳이 그걸 동기부여로 삼지는 않았다. 그때 난 이미 12년간 리그에서 쫓아온 꿈을 이루기 직전에 와있었으니까"라며 불필요한 에너지 소모를 피하려는 뉘앙스를 보였다. 그리고 굳이 노비츠키가 나서지 않아도 르브론은 '실패'에 대한 조롱과 비판을 피할 수 없었다.

그렇다면 르브론은 어떤 다짐을 했을까.

"나는 매년 그렇게 생각하고 시즌을 준비한다. 동료들과 함께 최상의 레벨에서 뛸 수 있도록 나 자신을 준비시킨다. 나는 우승에 점차 가까워지고 있다고 생각한다. 2007년보다 2승이나 더 거두었다. 다음에 이 무대에 오를 때는 남은 2승도 더 챙길 것이다."

르브론의 '실패'를 즐거워했던 사람들의 기대와 다르게, 그가 말한 '다음'은 생각보다 빨리 찾아왔다.

"내 실패에 위안을 삼던 사람들도 결국 자고 일어나면 아침에 일어났을 때와 별반 다를 바 없는 똑같은 삶을 살고 있을 것이다. 오늘 겪었던 똑같은 개인사들을 안고 살아갈 것이다. 나도 내가 원하는 대로, 나와 내 가족에 필요한 것들을 해나가며 행복하게 살아갈 것이다. 그들은 나와 마이애미 히트가 목표를 이루지 못한 것에 대해 며칠, 혹은 몇 개월간 즐거워할 수 있겠지만 어느 순간에는 현실 세계로 돌아가야 할 것이다." 2011년 파이널 직후 2011년 NBA 파이널에서 르브론은 준우승에 그쳤다. '빅3'를 구축해 야심차게 도전했지만 덕 노비츠키(댈러스 매버릭스)의 아성을 넘지 못했다. 2007년 파이널 이후 2번째 도전이었지만 이번에도 준우승. 패배에 낙담한 그에게 그날 프레스 컨퍼런스는 악몽 그 자체였다. 결국 해서는 안 될 말실수를 하고 말았는데, 오늘날까지도 르브론 제임스의 팬들조차도 아쉬워하는 멘트로 남아있다.

2013년 8월, 그는 자신의 SNS에 평온하게 도로를 역주행하는 장면을 포스팅 했다. "그들(경찰)이 잘 대해줬다! They treat us so well 교통체증이 너무 심했던 만큼 필요한 조치였다 Needed it cause traffic was nuts"라는 글과 함께. 당시 〈ESPN〉은 경찰이 신호등을 멈추고 차선을 막아 르브론을 호위했다고 보도했다. 그런데 그 이유가 기가 막혔다. 제이지(JAY-Z)와 저스틴 팀버레이크(Justin Timberlake)의 콘서트를 보기 위함이었던 것이다. 공적인 업무 수행도 아니고, 응급환자가 있는 상황도 아니었기에 유명인이라는 지위를 이용해 도로교통법을 초월한 특혜였던 셈이다. 일주일 뒤 〈ESPN〉은 르브론에게 호화 서비스를 제공한 그 경찰 담당자는 징계를 받았다고 전했다.

2010년 7월, 자유계약선수가 된 르브론은 마이애미 히트로 이적하는 과정에서 일명 '디시전 쇼'를 기획해 어마어마한 비난에 휩싸였다. 당시 방송에서 "나의 재능을 사우스비치로 가져가겠다 I'm going to take my talents to South Beach"라고 말했는데, 이후 클리블랜드 지역에서는 일대 난리가 일어났다. 이적 자체는 선수의 권리이니 나쁜 행동이 아니었다. 그러나 굳이 생방송에서 이를 이야기하면서 그를 지지하고 응원했던 고향 팬들의 가슴에 대못을 박았기에 비난을 피할 수 없었다. 훗날 고향에 돌아와 팀을 우승시키면서 만회했지만 말이다.

2020년 파이널 3차전. 당시 르브론의 소속팀 LA 레이커스는 마이애미 히트에 104-115로 패했다. 2연승 뒤 맞은 첫 패배였는데 유독 경기가 풀리지 않았다. 그런데 르브론이 경기 종료 10초 전, 돌연 코트를 이탈했다. 경기가 끝나기도 전에 라커룸 쪽으로 몸을 돌린 것이다. 그러더니 아무런 인사 없이 통로를 통해 퇴장했다. 승패를 떠나 경기 후 상대 선수들과 인사를 나누는 것은 에티켓처럼 여겨졌으나, 그는 그러지 않았다. 경기 후 한 기자는 "10초가 남았는데 코트 밖으로 나갔다. 실망감의 표현인가, 아니면 경기가 끝났다고 생각해서인가?"라고 물었는데, 르브론은 "둘 다 both"라고만 짧게 대답했다. 사실 르브론의 이런 행동은 처음이 아니었다. 2009년 동부 컨퍼런스 결승 6차전에서도 르브론은 시리즈 탈락이 확정되자 인사도 나누지 않고 그대로 경기장을 빠져나갔다. 그는 아예 인터뷰조차 참석하지 않은 채 경호를 받으며 귀가했다.

2020-2021시즌 필라델피아 세븐티 식서스와의 경기에서 르브론은 아쉬운 플레이로 비난을 받았다. 덩크를 시도하던 조엘 엠비드를 그대로 밀어 넘어뜨린 것이다. 굉장히 위험한 플레이였다. 심판은 르브론에게 플레이그런트 파울1을 선언했는데, 공중에 있던 선수를 밀어 넘어뜨렸다는 점에서 플레이그런트 파울2가 불렸어도 무방하다는 지적이 많았다. 이 경우에는 르브론이 즉각 퇴장 당했어야 했다. 세븐티 식서스는 경기를 107-106으로 이겼지만 경기 후 엠비드를 비롯한 닥 리버스 감독은 위험했던 상황에 대해 NBA에 항의했다. 2021-2022시즌에는 디트로이트 피스톤스와의 경기 3쿼터 도중, 아이재아 스튜어트와 몸싸움을 하다가 팔꿈치로 그의 얼굴을 가격했다. 스튜어트는 눈 부위에 출혈이 발생했고, 흥분한 나머지 르브론에게 달려들었다. 이런 폭력적인 사태가 발생하면 대개 징계가 이어진다. 그런데 NBA 사무국은 솜방망이 징계를 내렸다. 발단을 제공한 르브론에게는 1경기 출장정지 징계만을 내린 것이다. 반대로 '맞은' 스튜어트에게는 2경기 출장정지 징계를 내린 것이다. 공격적인 위협 행동을 반복했다는 이유였다.

2007년, 캐벌리어스 선수였던 아이라 뉴블 Ira Newble은 동료들로부터 서명을 받고 있었다. 성명서에 들어갈 서명이었는데, 중국 정부가 수단 다르푸르 대학살 사태에 간접적으로 책임이 있다는 내용이었다. 중국이 수단 석유를 사주는 바람에 수단이 그 석유 판매 대금으로 무기를 구입, 학살을 저지른다는 주장이었다. 당시 르브론은 "정보가 부족하다"라며 서명에 동참하지 않았고, 이로 인해 그는 많은 사회단체로부터 비난을 받았다. 나이키를 의식한 자세가 아니냐는 말도 있었다. 이미 2년차 때, '이소룡'을 컨셉 삼아 광고를 찍었는데 중국 문화를 무시했다는 이유로 호되게 당한 일이 있었으니 그런 추측도 가능했다. 사실, 이 이슈는 2008년 올림픽 당시에도 많은 기업과 선수들을 난감하게 했다. 올림픽이 중국 베이징에서 열렸기 때문이다. 이 때문에 스포츠 선수들이 다르푸르에 관한 질문이 나올 때 어떤 태도를 취할 것인가를 두고 갑론을박이 있었다. '뉴블 서명 사태' 이후 1년 뒤인 2008년, 르브론은 〈ESPN〉을 비롯한 여러 매체에 이렇게 말했다. "그때 난 서명을 하지 않았다. 그런데 누구도 내 이야기를 듣지 않았다. 그저 '르브론이 서명하지 않았대. 걔는 거기에 신경을 쓰지 않는거야'라고만 보도됐다. 난 서명 요청을 받았을 때, 다르푸르에 대해 전혀 모르고 있었다." 그는 그 뒤 그 상황에 대해 공부했고, 자신의 목소리가 얼마나 힘이 있는지 확인할 수 있었다고 고백했다. "결국 우리가 말하고자 하는 것은 인권이다. 계약이나 돈이 아니라 절망 속에서 인권을 잃은 채 살아가는 사람들에 대한 이야기다." 이 일은 그로 하여금 흑인 인권과 평등에 대해 더 이야기하게 만드는 계기가 됐다. 다만 그럼에도 불구, 2019년 홍콩 시위에 관한 르브론의 트윗과 인터뷰는 상반된 반응을 끌어냈다. 르브론은 홍콩 시위에 관한 말을 최대한 자제하는 쪽이었는데, 역시나 이때도 중국 시장을 의식한 것 같다는 비판을 받았다. 훗날 그는 "아시겠지만 나는 뭔가에 대해 말할 때 충분한 정보를 얻은 뒤에 하려고 한다. 이런 특정한 사안에 대해서는 더더욱 그렇다. 난 상황이 어떻게 돌아가는지 정확히 알고 싶었다. 이에 대해 이야기하려면 나쁜 아니라 팀 동료와 우리 조직(레이커스) 일원 모두가 충분히 알고서 말해야 한다고 생각한다"라고 말했다. 자신의 영향력이 얼마나 큰지 알기에 신중하게 말해야 한다고 해석할 수도 있는 멘트였지만, 그 대처가 빠르지 않

최악의
멘트

최악의
SNS

최악의
방송

최악의
행동

최악의
반칙

최악의
타이밍

르브론 제임스
밉상 연대기

오랜 커리어를 통해 코트 안팎에서 존경받을 만한 성과를 냈던 르브론이지만, 늘 박수만 받은 것은 아니다. 20대를 거치면서 그 역시 적지 않은 실수를 저질렀고, 아직까지도 꽤나 많은 헤이터를 두고 있다.

02

FIRST
2011-2012시즌

〈시카고 트리뷴(Chicago Tribune)〉의 대 기자였던 샘 스미스(Sam Smith)는 1980년대부터 불스의 전담기자로 오랫동안 활동했다. 마이클 조던과 필 잭슨을 누구보다 가까이서 봤고, 역사가 만들어지는 과정도 목격했다. 2001년, 필자는 그와 몇 차례 이메일을 주고받으며 '황제' 전담기자의 생활을 물은 적이 있다. 스미스에게 스포츠 기자로서 가장 힘들 때가 언제인지 물었을 때 그는 "대상을 막론하고 방금 패배를 마주한 사람에게 '패인'을 물어야 할 때가 가장 난감하다"라고 답했다.

씁쓸해하는 표정을 보면 외면하고 싶지만, 어떻게든 신문에 실어야 하기 때문에 마음이 무겁다는 것이다. 특히 조던이나 스카티 피펜처럼 자기애가 강하고, 승부욕이 뜨거운 선수들일수록 더 그렇다. 그러나 조던, 피펜이 아니더라도 NBA에서 파이널 무대까지 팀을 이끌었다는 것은 평범한 정신력으로는 어려운 일이기에 누구이든 그 질문은 쉽게 떼지 못할 것이다. 그렇다면 2011년 패배팀들을 위한 기자회견실 분위기는 어땠을까.

"많은 사람들이 당신이 실패하는 걸 보고 행복해하는데, 불편한가?"
2011년 파이널 6차전 직후 기자회견에서 나온 질문이다.
NBA 올스타전이나 파이널 무대는 100명이 넘는 기자들이 현장에서 취재를 하기에 정말 잘 알려진 기자가 아니라면 누가 누군지 분간이 쉽지 않다. 나는 그 질문을 한 기자가 누구인지 모른다. 그렇기에 그 질문에 조롱이 담겼는지, 도발의 의지가 담겼는지도 확인할 수 없다. 그러나 의도를 떠나 듣는 이의 속마음을 후벼파서 차가운 답변을 끌어낼 생각이었다면 성공이었을 것이다. 짓궂은 질문에 대한 르브론의 답도 충분히 불편했다. 아마도 그 기자에게 10년짜리 안주거리가 됐을 것이다.

"사실 그렇지 않다. 내 실패에 위안을 삼던 사람들도 결국 자고 일어나면 아침에 일어났을 때와 별반 다를 바 없는 똑같은 삶을 살고 있을 것이기 때문이다. 오늘 겪었던 똑같은 개인사들을 안고 살아갈 것이다. 나도 내가 원하는 대로, 나와 내 가족에 필요한 것들을 하며 행복해 살아갈 것이다.

그들은 나와 마이애미 히트가 목표를 이루지 못한 것에 대해 며칠, 혹은 몇 개월간 즐거워할 수 있겠지만 어느 순간에는 현실 세계로 돌아가야 할 것이다."
10년이 지난 지금까지도 르브론의 '말실수' 리스트에서 빠지지 않는 '일명' 리얼월드 발언이다. 누군가는 악플러에 대한 일침이라 두둔하지만, 르브론에게 부와 명성을 가져다준 그 기본 토대는 결국 팬들의 관심과 사랑이다. 그들이 티켓과 유니폼, 굿즈, 시그니처 농구화를 위해 지출하는 돈이 없다면, 그들이 경기를 시청하기 위해 들이는 시간과 비용이 없다면 NBA도 존재할 이유가 전혀 없다. 때때로 그들에게 스포츠는 살아가는 이유이자 한숨 돌릴 존재였다. 물론, 그렇다고 해서 선수들에게 아무 말이나 해도 될 권리가 있다는 것은 아니다. 다만 오하이오뿐 아니라 미국 전역, 아니 세계에서 '농구 우상'으로 올라서던 르브론이었기에 굉장히 경솔했던 발언이었다고 본다. 사실 1990년대 NBA의 대표 악역, 찰스 바클리도 비슷한 말을 한 적이 있다. "당신은 마이클 조던처럼 될 수 없을 것이다. 아마도 나중에 자라면 당신의 아버지, 어머니처럼 살고 있겠지. 그게 현실이야." 다만 바클리는 늘 독설가였고, 사고뭉치였고 다루기 힘든, 스스로 롤모델임을 거부하는 이미지가 있던 반면 르브론은 그렇지 않았다. 이미지를 이용해 돈을 벌고 있었고, 스타가 되길 원했으며 부자가 되고 싶어했다. 기자의 질문에 넘어가 내뱉은 그 발언이 아쉬운 이유다.

르브론이 이런 비난 여론에 담담해 보였지만 꼭 그런 것만은 아니었다. 매버릭 카터의 인터뷰에 따르면 2011년 패배 직후 그는 대중매체와 거리를 두었다고 한다. 뉴스를 아예 보지 않은 채 카터가 가져다준 책과 영화만으로 시간을 보내며 패배를 곱씹기도 했다. 어느 정도 패배의 상처가 아물자 선행도 잊지 않았다. 2011년 8월 13일, 그는 애크런시에 유망주들을 위한 스포츠 센터를 건립했다. 24만 달러의 기부금과 함께. 이는 훗날 추진할 'I PROMISE SCHOOL'의 시작과도 같았다.

MVP 시즌

2011년은 직장폐쇄로 어수선했다. 수익 배분을 비롯한 여러 안건에서 구단주와 선수협회의 협의가 이뤄지지 않자 리그가 멈췄다. 프리시즌에 이어 11월 일정이 먼저 취소됐다. 몇몇 선수들은 생계를 위해 유럽행을 택하기도

했다. 가까스로 협의가 이뤄진 건 12월 7일이었다. 12월 25일 개막이 결정된 가운데, '빅3'는 기필코 타이틀을 거머쥐겠다며 의욕을 불태웠다. 시즌 출발이 좋았다. 디펜딩 챔피언과의 재회에서 105-94로 크게 이겼다. 르브론은 37득점을 기록하며 챔피언 반지 수여식을 망쳤다. 기세가 굉장했다. 8승 1패로 출발해 46승 20패로 66경기 단축시즌을 동부 2위로 마쳤다(1위는 시카고 불스). 웨이드의 부상 결장 이슈가 있었지만 우승 항해에는 큰 무리가 되지 않았다.
정규시즌만 놓고 봤을 때 히트는 전 시즌의 4쿼터 침묵 현상을 극복한 모양새였다. 필자는 2010-2011시즌이 끝난 뒤 이런 통계 자료를 온라인 기사에 사용한 적이 있다. '르브론이 히트에 합류한 2010-2011시즌 이후, 4쿼터 마지막 24초. 동점 혹은 역전을 노릴 수 있는 기회에서 그의 슈팅은 9개 중 1개밖에 들어가지 않았다. 웨이드도 마찬가지였다. 마지막 24초 동안 역전, 혹은 동점골을 던질 기회가 7번 있었는데, 7개 중 4개가 들어가지 않았다. 이쯤 되면 차라리 패스하는 게 나을 지도 모른다.'

그러나 2011-2012시즌은 달랐다. 르브론과 웨이드, 두 선수가 번갈아 4쿼터 해결사로 나섰다. 스포엘스트라 감독은 르브론의 인사이드 비중을 더 높였다. 매치업에 따라 보쉬를 센터로 두고, 르브론을 파워포워드로 기용하면서 안쪽 공략, 혹은 그 파생효과를 누렸다. 르브론의 포스트업은 히트 이적 무렵부터 비약적으로 발전했다. 르브론의 기술이 투박함을 조금씩 벗어던진 건 친구 크리스 폴이 소개시켜준 이단 라빈(Idan Ravin)의 공이 컸다. 라빈은 선수 출신도 아니고, 지도자 자격증이 있는 사람도 아니었지만 선수의 단점을 캐치해 개선책을 전달, 혹독하게 훈련시키는 것으로 유명했다. 직선적인 발언으로도 유명했는데, 라빈은 "르브론이 묵묵히, 겸손하게 받아들여줬다"고 회고했다. 그래서인지 라빈은 르브론의 코치 역사상 가장 직설적인 코치로 평가된다. 그가 르브론에 대해 짚어준 건 고급 기술이 아니었다. 시선 처리, 양손 드리블 칠 때의 자세 등이었다. 〈스포츠 일러스트레이티드〉의 크리스 발라드 기자는 전문가들의 말을 빌려 르브론이 칼 말론, 데이비드 로빈슨, 코리 머게티 같은 '궁극의 전사 (ultimate soldier)' 같은 신체를 가졌음에도 빠르게 달리고 높게 날 수 있었던 원동력으로 자세와 밸런스를 꼽았는데, 요가와 함께 병행한 라빈과의 훈련이 도움이 되었다고도 볼 수 있다.

르브론도 "어떤 기술이든 끊임없는 반복이 제일 중요하다"라고 돌아봤다. 르브론의 포스트 배치는 많은 팀들을 곤혹스럽게 했다. 워낙 몸이 크고 힘이 좋다보니 매치업에서 늘 어려움이 따랐다. 힘이 좋은 선수는 르브론의 운동능력과 풋워크에, 작은 선수들은 르브론의 밀고 들어가는 힘에 당했다. 그대로 엉덩이로 밀고 들어가 골밑 득점을 올리는가 하면, 반대로 돌아 턴어라운드 페이더웨이, 안쪽으로 치고 들어가 베이비 훅슛, 혹은 속임 동작과 풋워크를 이용해 덩크를 꽂았다. 여기서 빼놓을 수 없는 게 바로 드리블과 어시스트였다. 보통의 빅맨들은 애써 몸싸움을 하며 포스트업을 시작하기에 적합한 자리를 선점, 패스를 받고 공격을 시작했지만 르브론은 혼자 공을 몰고 들어와 갑작스럽게 백다운 공격으로 전환할 때도 많았다. 더블팀이 들어오면 재빨리 빈 자리를 찾아 패스를 건넸다.

르브론제임스
국제무대도전사

2004 아테네 올림픽 / 동메달
8경기 11.5분 5.4득점 1.6어시스트

르브론이 2003년 드래프트 동기들과 래리 브라운 감독의 올림픽팀에 발탁되었을 때 그는 미국나이로 20살이 지나지 않은 시기였다. 브라운 감독은 팀 던컨, 앨런 아이버슨 등 베테랑 위주로 경기를 풀어갔고, 그의 역할도 극히 제한적이었다. 국제무대가 익숙치 않은 르브론 역시 큰 영향력을 발휘할 기회가 없었다. 미국도 5승 3패로 부진하며 동메달에 그쳤다. NBA선수들이 출전한 이래 최악의 올림픽이었다.

2006 세계선수권대회 / 3위
9경기 24.2분 13.9득점 4.8리바운드 4.1어시스트

미국 선수 중 유일하게 9경기를 모두 뛰며 팀내 득점 3위, 어시스트 2위를 기록했다. 마이크 슈셉스키가 지휘봉을 잡은 첫 대회로 젊은 선수들 위주로 재편된 미국팀이었으나, 토너먼트 4강에서 그리스에 95-101로 덜미를 잡혔다. 여느 때보다 긴장감을 갖고 준비도 충실했지만 전체적으로 FIBA 농구에 적응하지 못했다. 3~4위전에서 아르헨티나를 이기고 체면치레를 했다.

2007 FIBA 아메리카 챔피언십 / 우승
10경기 22.2분 18.1득점 3.6리바운드 4.7어시스트

FIBA 아메리카 챔피언십은 올림픽 예선전이었다. 르브론은 팀내 가장 많은 22.2분을 소화하며 팀의 우승을 주도했다. 이 대회에서 그가 기록한 3점슛은 무려 62.2%(37개 시도, 23개 성공)였다. 미국은 10전 전승을 거두며 올림픽 출전권을 따냈다.

2008 베이징올림픽 / 금메달
8경기 24.8분 15.5득점 5.3리바운드 3.8어시스트

올림픽에서 구겨진 자존심을 되찾고자 했던 미국은 코비 브라이언트, 제이슨 키드 등 베테랑들을 합류시키며 전력을 강화했다. 그래서 붙은 이 팀의 명칭은 '리딤팀(Redeem Team)'이었다. 활약을 떠나 르브론은 이 대회를 통해 '블랙맘바' 코비와의 친분을 두터이 했고, 그의 워크 애씩을 통해 영감을 받는 등 코트 밖에서도 많은 성과를 얻을 수 있었다.

2012 런던올림픽 / 금메달
8경기 24.9분 13.3득점 5.6리바운드 5.6어시스트

코비 브라이언트, 케빈 듀란트, 크리스 폴, 카멜로 앤써니 등 여전히 막강한 전력이 출동한 미국은 2008년보다 더 수월하게 금메달을 획득했다. 르브론은 호주와의 8강전에서 11득점 14리바운드 12어시스트로 미국 남자농구 올림픽 역사상 최초로 트리플더블을 기록했다. 이에 앞서 리투아니아 전은 미국이 가장 고전했던 경기였는데, 르브론이 막판 4분간 9점을 몰아치며 99-94 승리를 주도했다.

히트에서 뛰는 네 시즌 동안 그는 7.5, 7.9, 8.0, 6.9개의 어시스트를 기록했다. 크리스 보쉬는 링커 역할을 훌륭히 했다. 직접적으로 공이 전달이 안 될 때면 하이포스트에서 공을 건네는가 하면, 르브론으로부터 나오는 볼을 받아 장기인 롱2로 마무리했다. 이렇게 자리를 잡아준 덕분에 웨이드도 안팎을 오가며 자기 플레이를 펼칠 수 있었다. 이 가운데 르브론은 3월 1일 포틀랜드 블레이저스, 3월 2일 유타 재즈전에서는 2경기 연속으로 35득점 10리바운드 6어시스트 0스틸을 기록한 최초의 선수가 됐다. 웨이드는 여러 차례 클러치 타임을 지배하며 주인공이 됐다. 한번은 기자회견실 중에 웨이드에게 "슛 던질 기회가 예전처럼 적어서 서운하지 않나"라는 질문이 간 적이 있다. 19~23개 정도의 야투를 시도하고 긴 시간 볼을 소유하던 시절이 그립지 않냐며 말이다. 그때 웨이드는 "지금도 그렇게 할 수 있다. 하지만 우리는 '팀'과 '승리'에 집중할 것이다"라며 기자의 유도에 넘어가지 않았다. 2012년 NBA 올스타전에서 트리플더블을 기록하며 펄펄 날았던 웨이드는 자신이 볼 소유를 줄이면서도 스포트라이트를 받을 방법을 잘 알고 있었다. 바로 승리였다. 한 가지 목표에 전념하다보니 '이겨야 할 때' 가장 적합한 인물들이 번갈아 그 공을 차지했다. '빅3'가 부상 이슈 외에 큰 잡음 없이 4년을 함께 할 수 있었던 이유였다.

이렇게 르브론과 웨이드가 펄펄 날다 보니 외곽도 힘을 냈다. 2010년 르브론 합류 후 히트가 가장 신경썼던 부분은 바로 슈터 진영이었다. 마이크 밀러, 제임스 존스(James Jones), 마리오 챠머스(Mario Chalmers), 여기에 2011년 시즌 개막을 앞두고는 수비까지 능한 셰인 베티에이(Shane Battier)가 합류했다. 이들은 스타들이 빼주는 공을 처리하는 역할을 맡았다. 4명이 성공시킨 3점슛은 4.9개로, 팀 3점슛의 70.8%를 차지했다(잊지 말자. 이때는 아직 3점슛의 시대가 아니었다). 이처럼 많은 선수들이 높은 적중률로 3점슛을 던져댄 건 히트 역사상 유례가 없는 일이기도 했다. 게다가 베티에이의 수비력까지 겹치면서 히트는 전 시즌보다도 더 압도적인 수비력을 과시했다. 덕분에 2월 10일부터 3월 1일 사이에는 9경기 연속으로 10점차 이상 승리를 챙기기도 했다. 4월 초, 히트는 필라델피아 세븐티 식서스를 가볍게 제압하며 일찌감치 플레이오프를 확정지었다. 웨이드가 빠졌지만 르브론이 4쿼터 14점을 몰아치며 41득점으로 포효했다. 르브론의 2011-2012시즌 성적은 27.1득점 7.9리바운드 6.2어시스트. 개인 기록 자체는 캐벌리어스 시절보다 떨어졌지만, 웨이드의 부상 이슈가 있었다는 점, 그럼에도 히트가 동부 2위로 무난히 플레이오프에 올랐다는 점을 근거로 정규시즌 MVP 투표에서 1위를 차지했다. 시즌 중반만 해도 '신성' 케빈 듀란트(Kevin Durant)가 유력한 경쟁자였으나 의외로 투표에서는 르브론이 경쟁자들을 수월하게 제쳤다. 히트 역사상 첫 MVP였다. 2011년 12월 31일, 생일을 맞아 지금의 아내와 약혼식을 맺는 등 모든 것이 훌륭하게 돌아가고 있었던 르브론. 이제 그에게 진짜로 남은 건 우승뿐이었다.

'빅3'에게 찾아온 위기

2012년 플레이오프에서 르브론은 미래의 경쟁자, 전통의 경쟁자를 모두 마주했다. 그리고 그들을 넘는 과정은 결코 수월치 않았다. 2라운드에서 만난 인디애나 페이서스(Indiana Pacers)는 '빅3'에게 탈락의 공포를 심어준 첫 상대였다. 대니 그레인저(Danny Granger)와 폴 조지(Paul George) 등 훌륭한 신체 조건을 갖춘 득점원에 데이비드 웨스트(David West)와 로이 히버트(Roy Hibbert) 등 덩치 좋은 빅맨들이 큰 부담이었다. 반대로 히트에서는 크리스 보쉬가 제 기량을 발휘 못했다. 1차전 도중 복부 부상을 입은 것이 타격이 컸다. 한 축이 떨어져나간 히트는 75-78로 패하며 동률(1승 1패)을 내줬다. 르브론과 웨이드가 52점을 합작했지만, 나머지 선수들이 23점에 그쳤다. 보쉬 자리를 조엘 앤서니(Joel Anthony)로 버티기에는 역부족이었다. 페이서스는 여세를 몰아 3차전까지 가져갔다. 3차전에서 르브론은 자유투를 단 3개 밖에 얻지 못했는데, 포스트시즌에서는 보기 드문 현상이었다. 진땀을 빼던 히트는 4차전에서 가까스로 살아났다. 유도니스 하슬렘(Udonis Haslem)이 구세주로 나섰다. 두 스타가 주도하는 무한 픽앤팝이 수비에 균열을 낸 것이다. 히트는 여세를 몰아 5차전, 6차전을 내리 가져가며 컨퍼런스 파이널에 올랐다. 그러나 훗날 포스트시즌에서 이어질 두 팀의 '격전'을 생각하면 이 시리즈는 프롤로그 정도로 보는 것이 맞을 것이다. 컨퍼런스 파이널에서 만난 보스턴 셀틱스는 주전들이 나이를 먹어감에도 불구, 39승 27패로 여전히 애틀랜틱 디비전 선두를 차지하고 있었다. 비록 승률은 히트가 높았지만 컨퍼런스 파이널의 양상은 묘하게 흘러갔다. 보쉬가 결장한 탓에 셀틱스에 계속 밀렸던

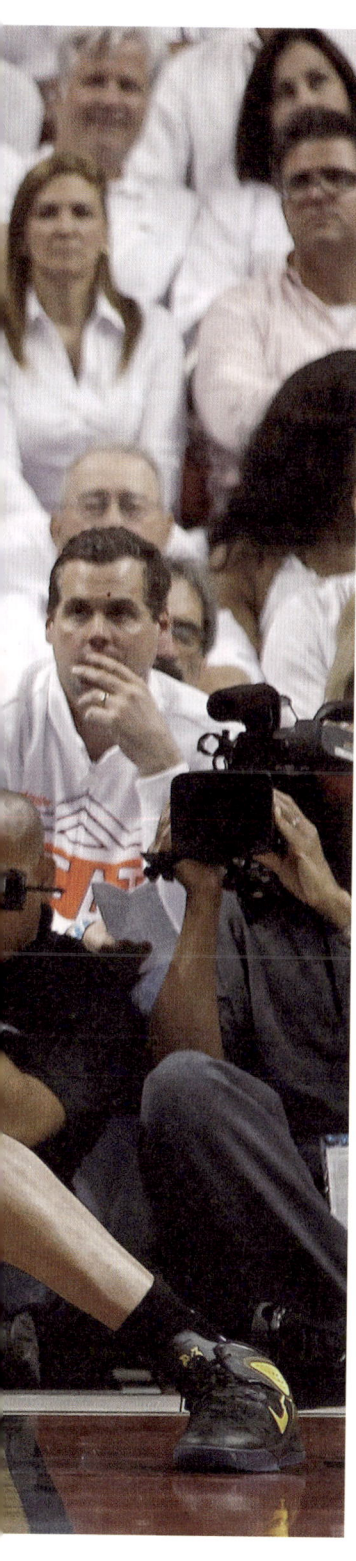

것이다. 히트는 2연승 후 충격의 3연패를 당한다. 특히 5차전 패배(90-94)는 치명적이었는데, 스포엘스트라 감독이 궁여지책으로 보쉬를 긴급 복귀시켰음에도 불구하고 무너졌던 것이다. 시리즈를 2승 3패로 끌려가게 된 상황. 르브론은 6차전에서 45득점을 폭발시키며 캐벌리어스 시절의 원맨쇼를 재현했다.

그리고 맞이한 7차전. 마침내 '빅3'가 진면목을 보였다. 르브론과 웨이드는 각각 4쿼터 10점과 9점씩을 올렸고, 보쉬는 중요한 순간 3점슛을 꽂았다. 101-88 승리. 7차전까지 가는 험난한 여정 끝에 다시 한번 NBA 파이널에 오르게 됐다. 2007년, 2011년에 이어 3번째로 파이널에 나서게 된 르브론은 굳은 각오를 전했다. "패배의 아픔을 잊기 위해서는 다시 파이널에 오르는 방법뿐이었다. 아무리 잊으려 해도 그 느낌만은 사라지지 않았다. 그래서 긴 여정이었던 것 같다. 다시 도전할 수 있게 되어 기쁘다."

파이널 상대 오클라호마 시티 썬더(Oklahoma City Thunder)는 떠오르는 강팀이었다. 바로 1년 전, 컨퍼런스 파이널에서 매버릭스 패배해 기회를 놓쳤던 이들은 무서운 기세로 파이널에 올랐다. 특히 1라운드부터 컨퍼런스 파이널 2차전까지 10연승 행진을 달리던 스퍼스에 내리 4연패를 선사하는 저력을 보였다. 평균 나이 25.1세로 NBA에서 6번째로 젊었지만, 오클라호마 시티 핵심들의 면면은 실로 대단했다. 케빈 듀란트는 MVP 후보로도 거론되었던 득점 기계였고, 러셀 웨스트브룩(Russell Westbrook)의 파괴적인 돌파 능력과 에너지는 상대에게 위협이 되기에 부족함이 없었다. '털보' 제임스 하든(James Harden)은 식스맨으로만 있기에 아까운 득점원이었다. 서지 이바카(Serge Ibaka)와 닉 칼리슨(Nick Collison), 타보 세폴로샤(Thabo Sefolosha), 데릭 피셔(Derek Fisher)는 화려하진 않아도 각자의 재능으로 팀을 끈적하게 만들 줄 아는 선수들이었다.

시리즈를 6차전에서 먼저 끝낸 오클라호마 시티는 상대적으로 유리한 체력을 앞세워 히트로부터 1차전(105-94)을 가졌다. 듀란트를 막을 선수가 없었다. 베티에이도 수비 좀 한다는 평가를 받았지만, 듀란트의 높은 타점과 기동력 앞에서는 할 수 있는 게 많지 않았다. 듀란트는 4쿼터에만 17점을 쏟아 부었다. 시리즈는 히트가 동력을 회복하면서 흥미를 더했다. 3차전에서 르브론은 32득점 8리바운드를 기록하며 2연승을 이끌었다. 특히 4쿼터에 힘을 냈다. 사람들은 르브론의 4쿼터에 주목했다. 그동안 르브론은 큰 무대 4쿼터에서 약하다는 평가를 받아왔다. 팬들은 마이클 조던과 같은 위닝샷을 기대했지만, 르브론은 패스를 택하곤 했다. 책임을 피하는 것일까, 아니면 정말로 더 좋은 찬스를 위해 공을 줬던 것일까.

시간을 2002년으로 거슬러 올라가보자. 아직 SVSM 시절. 로저 베이컨 고교와 치른 디비전 II 챔피언십 경기였다. 이 경기는 르브론의 유명세 덕분에 티켓 가격이 150달러까지 치솟았다. 고등학생들 경기 티켓 가격이 NBA급이 된 것이다. SVSM은 유력한 우승후보였다. 그러나 경기 내내 고전했고 마침내 승부는 클러치타임에 이르렀다. 르브론은 중요한 슛 찬스에서 4학년 선배인 채드 므라즈(Chad Mraz)에게 패스했다. 준비되지 않았던 므라즈는 슛을 미스했고 팀은 63-71로 패했.

경기 후 르브론은 "시즌 내내 해왔던 것이다. 동료의 찬스를 찾는 것이 내 일이다"라며 덤덤하게 말했다. NBA 진출 후 같은 상황이 벌어졌을 때와 같은 믿음이다. 르브론은 히트 이적 후에도 "혹시 디스커버리 채널을 보는가. 동물들이 사냥하는 방식이 모두 다르다. 사자와 하이에나 등 동물마다 습성이 있다. 모두가 마이클 조던, 코비 브라이언트처럼 해주길 바라지만, 매직 존슨은 또 다르지 않나. 나는 동료들과 함께

이기길 바란다. 누군가는 내가 버나드 킹(Bernard King)처럼 되길 바라지만 난 아니다. 평균 30득점을 해도 아무 것도 갖지 못했다"라며 승부처에 대한 자신의 소신을 밝혔다.
한 남성지와의 인터뷰에서도 비슷한 말을 했다. "원한다면 나는 언제든 35점을 넣을 수 있다. 그런 자신감이 있다. 그러나 내가 그렇게 할지는 모르겠다. 내 본능 때문이다. 나는 동료들의 와이드오픈부터 찾는다."
그러나 모든 동료들이 승부처에서 르브론의 마음가짐을 이해하는 것은 아니다. 모두가 강심장일 수 없고, 모두가 르브론과 같은 게임 플랜을 갖고 있지 않다. 과연 르브론이 생각하는 바를 모두가 공유하고 확신을 갖고 있었을까? "그래 패스줘! 내가 넣을 수 있어!"라고 생각할까? 그건 아닐 것이다. 매직 존슨의 마인드는 좋다. 하지만, 사람들은 충분히 해낼 수 있는 상황이라면, 르브론 스스로 그것을 쟁취할 수 있어야 한다고 믿었다.
그런 의미에서 2012년 파이널은 의미가 있었다. 3차전에서 그는 중요한 앤드원을 따내며 승리를 주도했다. 104-98로 이긴 4차전에서도 책임감을 보였다. 르브론은 4쿼터 막판 무릎 부상을 입어 잠시 물러났으나, 다시 코트로 돌아와 중요한 슛을 성공시켰다.
4차전 이후 모든 매체의 시선은 르브론의 하체에 쏠렸다. 과연 5차전은 출전이 가능할 것인가? 5차전을 앞두고 가진 기자들과의 대화에서도 첫 질문은 바로 몸상태였다. 분명 르브론의 거동은 불편해 보였다. 스스로도 통증이 아직 남았다고도 했다. 그렇기에 훈련도 거의 못했다고 고백했다. 그러나 르브론은 똑같은 여름을 보내길 원치 않았다. 단 1승만이 남은 상황에서 기회를 버리고 싶지 않았던 것이다. 5차전 출장을 감행한 르브론은 트리플더블로 게임을 지배했다. 26득점 13어시스트 10리바운드. 팀은 일찌감치 오클라호마 시티를 크게 앞서가며 우승에 점점 다가섰다. 르브론은 벤치에서 그 시간을 기다렸다. 우승이 결정되는 순간, 그는 웨이드와 진한 포옹을 나누며 오랜 꿈을 이룬

순간을 만끽했다.

"어렸을 때부터 꿈꾸던 꿈이 드디어 현실이 됐다. 태어나서 이렇게 좋은 기분은 처음이다." 방금 첫 우승을 거머쥔 사람치고 르브론은 의외로 담담했다. "16살 때부터 전국적인 관심을 받았다. 항상 내가 최고라고 생각했다. 하지만 아니었다. 특히 지난해 파이널에 지고 나서 선수로서는 물론 한 인간으로 깨달은 바가 많다. 세상 사람들의 편견에 맞서 (내가) 이기적인 선수가 아니라는 것을 증명하려고 했다. 나 자신과의 싸움이라고 생각했다. 그런 생각이 원래의 나를 잃게 만들었다. 하지만 지금은 다르다. 팀 스포츠에 '나'는 필요 없다는 것을 알았다. 내 가치관도 달라졌다."

농구잡지 〈슬램〉은 2012년 여름호 표지에 우승을 기뻐하는 르브론의 사진과 함께 '안녕? 헤이터들?'이라는 다소 자극적인 헤드라인을 담았다. 그러나, 르브론은 더 이상 쓸데없는 말을 하지 않았다. "내 생애 제일 행복한 날이다. 나는 동료들, 팬들과 함께 이 시간을 보내고 싶다. 다른 것들에 낭비하고 싶지 않다. 꿈이 이뤄진 순간이라고 말하고 싶다."

이 우승은 르브론에게 정말 필요한 성과였다. 신인상, MVP, 올스타 팬투표 1위, 올–NBA 팀, 올림픽 금메달 등 선수로서 이룰 수 있는 건 다 이뤄가고 있었지만, '팀을 우승으로 이끌었는가?'라는 질문에 답할 성과가 없었다. '파이널 2회 진출, 준우승 2회'는 사람들이 그에 대해 세운 기준에 턱없이 부족했고, 본인 역시 이를 잘 알고 있었다. "승리가 나의 마약이다. 승리가 나의 아이스크림이다. 아이들이 늘 아이스크림을 더 달라고 하는 것처럼 나 역시 늘 승리를 갈망한다."

르브론이 다시 체육관으로 향한 것은 파이널 5차전이 끝난 지 며칠 지나지 않아서였다. 천신만고 끝에 얻은 래리 오브라이언 트로피. 비로소 그것을 높이 들었을 때의 성취감을 다시 맛보고 싶다는 열망이 그의 발걸음을 이끈 것이었다.

03

THE WORLD IS MY OYSTER
2012-2014시즌

2013년 3월 25일 플로리다 주 올랜도. 르브론은 기세등등했고, 상대는 고개를 가로 저었다. 르브론의 히트는 올랜도 매직을 108-94로 꺾고 막 새 기록을 세운 참이었다. 27연승 행진을 달린 것이다.

2012-2013시즌 최고 화두는 바로 이 연승 행진이었다. 2013년 2월 3일부터 한 달 넘게 승리를 쌓아갔다. 3월 18일에는 토론토 랩터스를 꺾고 22연승으로 NBA 역대 최다 연승 2위와 타이를 이루었고, 바로 다음날 가진 보스턴 셀틱스전은 105-103으로 이기면서 최다 연승 단독 2위에 안착했다(이 기록은 2015-2016 시즌 골든스테이트가 1승 더 많은 28연승을 달리면서 3위로 내려간다). 연승을 쌓는 동안 여러 위기가 있었지만, 셀틱스전만큼 위협을 느낀 적은 없었다. 셀틱스는 케빈 가넷이 장딴지 부상으로 빠지고, 라존 론도마저 무릎 부상으로 시즌아웃 된 상태였지만, 제프 그린(Jeff Green)을 앞세워 한때 17점차까지 앞서갔다. 그러나 히트는 후반에 수비를 재정비, 기어이 4쿼터에 승부를 뒤집었다. 르브론과 에릭 스포엘스트라 감독은 '23연승' 새 기록의 상대가 셀틱스였다는 점에 의미를 두었다. 르브론 입장에서는 캐벌리어스 시절부터 지겹도록 짓밟고, 짓밟혔던 상대였기 때문일 것이다.

히트가 순항하면서 언론에서는 NBA 최다 연승 기록 수립 여부에도 관심을 갖기 시작했다. NBA 역대 최다 연승은 33연승으로, 1971-1972시즌 LA 레이커스가 갖고 있다. '미스터 클러치' 제리 웨스트(Jerry West)와 윌트 채임벌린(Wilt

75

Chamberlain) 등이 주축이 되어 33연승을 달렸고, 그 시즌에 69승으로 역대 최다승 기록도 썼다(이 기록은 훗날 시카고 불스와 골든스테이트 워리어스가 차례로 넘어섰다. 현재 최다승은 워리어스의 73승이다). 히트는 미국 4대 프로스포츠 최다연승 기록을 도장깨기 하는 듯했다. NHL(아이스하키) 피츠버그 펭귄스(Pittsburgh Penguins)가 1993년에 달성한 17연승, 2003년과 2004년 NFL(풋볼)의 뉴잉글랜드 패트리어츠(New England Patriots)가 세운 21연승을 돌파했다. 이윽고 매직을 이기면서 1916년 메이저리그 프로야구 뉴욕 자이언츠(New York Giants)가 세운 26연승을 넘어섰다. 27연승 제물이 된 매직은 웨이드가 결장한 틈을 탄 히트를 괴롭혔다. 하지만 3~4쿼터 약 4분 여에 걸쳐 20-2 스코어링 런(run)을 허용하면서 결국 백기를 들었다. 르브론은 24득점 11어시스트를 기록하며 흐름을 끌고왔다. 르브론을 막아서던 카일 오퀸(Kyle O'Quinn)은 "흐름을 탔을 때 저지해야 한다는 생각은 했지만, 도무지 막을 방법이 없었다"며 놀라워 했다.

미 전역의 관심을 받던 히트의 연승은 '27'에서 멈추었다. 불스에 97-101로 패한 것이다. 그러나 르브론은 실망하지 않았다. "충분히 특별한 행진이었다고 생각한다. 무엇보다 우리 모두가 함께 이룬 성과라 값지다"라며 연승을 기념했다.

이 무렵, 이 팀에게 연승은 중요하지 않았다. 정규시즌 종료까지 22경기나 남긴 시점에서 플레이오프 진출을 확정지었기 때문이다. 스포엘스트라 감독조차도 "마치 우리가 비디오게임을 하는 것 같았다"라고 말했을 정도. 그도 그럴 것이 득점 5위(102.9점), 실점 5위(95.0점)으로 공, 수에서 최고의 밸런스를 보였다. 20개팀을 상대로 27연승을 달리는 동안 27점차도 뒤집는 등, 7번이나 10점차 이상의 열세를 뒤집고 역전승을 챙겼다. 히트가 챙긴 66승은 구단 창단 이래 최다승이었고, 덕분에 홈경기는 연일 매진 행진을 달렸다.

히트는 강팀이라는 것은 여러 숫자에서 잘 나타났다. 모든 NBA팀들이 힘들어하는 백투백의 이틀째 경기에서도 15승 1패(93.8%)라는 경이로운 성적을 남겼다. 2005-2006시즌 매버릭스가 세운 NBA 역대 최고 승률 타이 기록이었다. 이를 가능케 한 것은 두꺼운 스쿼드에 있었다. 파이널 우승 직후 히트는 '빅3'의 조력자 모집에 나섰다. 라샤드 루이스와 레이 앨런은 여름에 올린 최고 수확이었고,

2013년 1월에 10일 계약 시장에서 건진 '버드맨' 크리스 앤더슨(Chris Andersen)도 쏠쏠했다. 특히 앨런의 가세는 NBA에서도 큰 화제였다. 알다시피 그는 오랫동안 르브론의 상대팀(셀틱스)에서 뛰어왔다. 르브론에게 누구보다 큰 패배의 아픔을 안긴 팀의 핵심 멤버였다. 그런 그가 자유계약선수가 되어 플로리다로 적을 옮겼다. 셀틱스가 제시한 연봉보다도 50% 가까이 적은 히트를 택했으니 화제가 안 될 수가 없었다. 알려진 바에 따르면 가넷, 론도를 비롯한 셀틱스 주력 선수들과의 사이가 악화되고, 본인 역시 역할에 불만을 갖고 있었다. 앨런은 팀 합류 무렵 이미 NBA 역사상 가장 많은 2,718개의 3점슛을 넣은 검증된 슈터였다. 1975년생으로 은퇴 시기가 다가올 선수였지만 몸 관리를 워낙 잘했기에 르브론, 웨이드의 킥아웃 패스를 3점슛으로 연결시켜줄 최적의 자원으로 평가됐다. 1998년에 데뷔한 루이스는 르브론과 같은 고졸 직행 선수로 서서히 잠재력을 발휘한 케이스였다. 그는 매직에서 뛰던 시절, 플레이오프에서 르브론에게 탈락의 아픔을 안긴 인물이기도 하다. 다만 히트 합류 시점에서는 내리막길을 걷고 있었는데, 그럼에도 불구하고 식스맨으로 뛰는데는 큰 문제가 없어 보였다. 사실, 두 선수는 르브론이 데뷔할 무렵 시애틀 슈퍼소닉스의 원-투 펀치로 활약했던 사이였다. 일명 'R&R 듀오'라 불리며 그 시기 보기 드문 업템포 농구를 펼치기도 했다. 그랬던 두 선수가 전성기를 맞은 '빅3'를 보좌하기 위해 다시 만났다는 점도 흥미로웠다.

외곽을 확실히 보강한 히트는 2012-2013시즌, 3점슛 8.7개 성공(3위), 성공률 39.6%(2위) 등에서 안정감을 보였다. 앨런의 경우, 정규시즌 중 2경기 연속 쐐기 골을 넣으며 가치를 입증하기도 했다. 스포엘스트라 감독은 "우리가 오랫동안 가장 두려워했던 그 무기를 우리 팀에 두게 됐다. 앨런은 늘 그런 식으로 게임을 반전시켜왔던 선수다"라며 흐뭇해했다. 이들의 중심에 선 르브론 역시 생애 최고의 시즌을 보내고 있었다. 이미 2012-2013시즌을 시작하기 전에도 르브론의 위상은 충분히 높았다. 이미 정규시즌 MVP이자 올스타였고, 또 올림픽 금메달리스트(2008, 2012)였지만 그 위상을 드높여준 것은 첫 우승이었다. 화려한 커리어에 유일하게 없던 그 하나가 갖춰지면서 르브론을 대하는 미디어의 태도도 달라졌다.

2013년 1월 17일에는 역대 최연소 2만 득점-5,000어시스트 달성 선수가 되기도 했다. 무엇보다 중요한건 승부처 활약이었다. 4쿼터에 득점을 집중시키며 추격, 혹은 역전을 이끌던 것이다. 웨이드가 부상으로 들쑥날쑥했던 시기였기에 더 책임감 있게 나선 것일 수도 있지만, 2012-2013시즌 클러치 타임은 확실히 그간의 아쉬움을 씻기에 충분했다.

숙명의 7차전

2012년 5월 24일, 페이서스를 105-93으로 꺾고 동부 컨퍼런스 파이널 진출을 결정지은 뒤, 히트 선수들은 안도의 한숨을 내쉬었다. 페이서스를 꺾는데 생각 이상으로 에너지를 많이 쏟았기 때문이다. 그리고 1년이 지나 두 팀이 다시 만났다. 이번에는 컨퍼런스 파이널이었다. 1년 사이에 페이서스는 더 막강해졌다. 전체 실점 2위(90.7점), 디펜시브 레이팅 1위(99.8)을 기록한 페이서스는 경력 7년 이상의 선수가 데이비드 웨스트 한 명뿐이었지만 프랭크 보겔 감독의 철저한 준비성과 젊은 에너지로 부족한 경험을 메웠다. 특히 대니 그레인저(Danny Granger)를 이어 에이스로 올라선 폴 조지(Paul George)의 기세가 대단했다. 이 시즌이 겨우 3번째 시즌이었지만, 르브론을 비롯한 여러 에이스들로부터 극찬을 받으며 성장을 이어갔다. 특히

히트와의 시리즈가 그랬다. 사람들은 이번에는 히트가 1년 전보다 더 힘든 시간을 보낼 것이라 예상했다. 그 예상은 빗나가지 않았다. 1차전에서 페이서스를 따돌리기까지 5분이 더 필요했다. 연장전까지 가서야 간신히(103-102) 이긴 것이다. 18번의 동점, 17번의 역전이 발생했던 치열했던 승부. 이때도 르브론의 해결사 기질이 빛을 발했다. 게임을 뒤집는 위닝샷을 넣은 것이다. 상황은 이랬다. 연장 종료 2.2초전, 101-102로 리드를 당하는 상황에서 히트가 마지막 공격에 나섰다. 3점슛 라인 부근에서 셰인 베티에이의 인바운드 패스를 받은 르브론은 그대로 왼쪽으로 돌진해 들어가 레이업을 성공시켰다. 이 레이업은 상징성이 있었다. 그간 '르브론은 왼쪽이 약하다', '새가슴이다'라던 여론을 잠재우기에 충분했던 활약이었기 때문이다. 2013년 2월, 마이클 조던은 〈ESPN〉 인터뷰에서 "내가 그를 막는다면 10번 중 9번은 그가 취약한 왼쪽으로 가게 할 것이다. 그러면 그는 점프슛을 던질 것이다. 만약 오른쪽으로 간다면 그는 골대를 향해 갈 것이고, 막기 힘들 것이다. 그러니 나는 르브론을 오른쪽으로 가게 하지 않을 것이다"라고 말한 바 있다. 이때가 2013년 2월이었다. 사실, 르브론은 조던의 이 분석이 틀렸다는 것을 여러 번 증명했다. 이미 2013년 3월 올랜도 매직과의 경기에서도 왼쪽 돌파로 위닝샷을 넣은 적이 있었다. 게다가 컨퍼런스 파이널이라는 큰 무대에서도 이런 슛을 넣었다. 이쯤 되면 약점이라 보기 힘들 것이다.

그렇다면 1차전 후 르브론의 생각은 어땠을까. "감독님과 서로 이야기를 나누었다. 공격할 시간은 충분했고, 골을 넣는데 집중했다. 림까지 가는 데는 드리블 1~2번이면 충분했다. 셰인(베티에이)은 내게 아주 훌륭한 패스를 줬고,

폴 조지가 자리를 제대로 잡지 못했다고 느껴서 그대로 돌진해 들어갔다. 동료들이 나를 믿어준 덕분에 가능했던 공격이다." 반면 최후의 순간, 르브론을 놓치고 말았던 폴 조지는 돌파를 내준 것을 자책했다. "르브론이 슛을 던지게 만들었어야 했는데 실패했다. 내가 너무 가까이 붙으려고 했던 것 같다. 우리는 그가 점프슛을 던지게 해야 한다고 이야기했으나 그러지 못했다." 이날 르브론은 트리플더블(30득점 10리바운드 10어시스트)까지 챙기며 기선을 잡는데 앞섰다.

〈스포츠 일러스트레이티드〉는 공격을 대하는 르브론의 인터뷰를 소개한 적이 있다. "나는 첫 번째 수비는 언제나 돌파로 뚫을 수 있다고 생각한다. 그러므로 그건 내 첫 번째 고려대상이 아니다. 나는 그 다음을 생각한다. 사이드에서 누가 더블팀을 들어올지, 혹은 누가 길목을 지키는지를

파악한다." NBA에는 운동능력이나 드리블과 같은 개인기술이 뛰어난 선수들이 굉장히 많다. 공과 기회, 그리고 적절한 공간만 주면 어떤 방식으로든 20점을 올릴 선수들 말이다. 그 능력은 늘 수비의 이목을 끈다. 드리블 1~2번, 아니 볼 없는 움직임으로 수비 형태를 바꿀 수 있는 것을 '그래비티(gravity)'라고 한다. 그 그래비티로 동료들을 살리고 팀을 승리로 이끄느냐는 또 다른 문제다. 선수의 연봉 단위와 등급(tier)을 나누는 것도 이런 부분이다. 일명 '터널 비전(tunnel vision)'이라 여겨지는 좁은 시야를 가진 선수들은 그 부분까지 파악하지 못한다. 그러나 셰인 베티에이와 마이크 밀러 등 르브론의 서비스를 누렸던 옛 동료들은 르브론에 대해 '공격을 시작하면서 헬프 지점까지 정확히 본다'라고 평가했다. 이러한 개인 능력이 '킬러 본능(killer instinct)'을 갖추게 될 때, 그는 비로소 슈퍼스타가 된다. 암살자들은 상대가 누구든 주문받은 대상은 반드시 제거(?)한다. 매정하다. 자비란 없다. 영화에서 볼 수 있듯, 동정심을 갖고 흔들린 암살자들은 늘 곤경에 빠지곤 했다. 농구도 마찬가지다. 상대가 약하다고 느슨해진다거나, 한 방이 필요할 때 주저하면 안 된다. 래리 버드, 마이클 조던, 코비 브라이언트, 케빈 듀란트 같은 선수들은 그런 킬러 같았다. 르브론도 분명 슈퍼스타였다. 다만 전문가들은 그가 클러치 타임에서도 그 킬러 본능을 발휘할 수 있는지에 대해서만큼은 평가가 박했다. 본능에 내재된, '지기 싫다'는 승부욕, 내가 어떻게든 해결하고 만다는 마음가짐 등을 갖추고 있느냐는 의미다. 초창기 캐벌리어스 시절 르브론이 동점을 만들 찬스를 양보했을 때, 당시 해설위원이던 스티브 커는 "르브론은 킬러 본능이 부족하다"고 지적했다. 패스와 이타적인 마인드로 포장하더라도, 에이스이자 스타라면 그 슛은 본인이 반드시 해결해야 한다는 말이다. 이는 마이클 조던, 팀 던컨 같은 슈퍼스타들과 커리어 대부분을 함께 해왔던 스티브 커였기에 할 수 있는 말이었다. 르브론은 이 부분에 대해서도 계속해서도 향상을 거듭했다. '안 되는 부분'을 지적당할 때면 얼마나 시간이 걸리든 개선해나갔다. 1차전에서 승부를 결정지은 왼쪽 드리블에 대해 이처럼 장황하게 의미를 부여할 수밖에 없었던 이유다.

이후 두 팀은 6차전까지 일진일퇴의 공방전을 가졌다. 5차전에서 페이서스를 70점대로 묶자(90-79), 6차전에서는 페이서스가 히트를 70점대(77-91)로 묶으며 반격했다. 5차전에서 르브론은 자신의 30점 중 16점을 3쿼터에

집중시키면서 가라앉은 분위기를 반전시켰다. 스포엘스트라 감독도 이날 3쿼터 활약에 놀라움을 금치 못했다. "르브론이 자신이 얼마나 위대한 선수인지를 확실히 보여줬다. 3쿼터에 보인 그의 엔진도 놀라웠다. 전혀 지친 기색 없이 공, 수, 리바운드에서 에너지를 쏟아냈다." 상대팀 프랭크 보겔 감독도 놀랍기는 마찬가지였다. 기자회견 중 이런 질문이 있었다. "3쿼터의 르브론 같이 날뛰는 선수를 막으려면 팀 차원에서 무엇을 해야 하는가?" 보겔 감독의 답변은 "나도 잘 모르겠다"였다. "정말 특별했다. 의심의 여지가 없다. 덕분에 팀도 특별하게 보였다." 비록 6차전에 폴 조지의 화력과 로이 히버트의 궂은일에 당하며 한발 또 물러섰지만, 7차전을 내줄 생각은 없어 보였다. 6차전에서 슛난조는 물론이고 심판과의 기싸움 때문에 집중력을 잃었던 르브론은 7차전에서 다시 각성한 듯한 자세를 보였다. "일어나지도 않은 일 때문에 신경을 쓰고 걱정할 필요가 없다. 오로지 지금만을 걱정할 뿐이다. 이 바닥에서 당연하게 이뤄지는 것은 없다"며 말이다. 르브론 32득점, 웨이드 21득점으로 빛난 히트는 페이서스를 몰아붙이며 99-76으로 승리했다. 3년 연속 NBA 파이널 진출, 2년 연속 NBA 파이널 우승이 눈앞에 다가온 순간이었다.

두 번 패배는 없다

2006-2007시즌은 르브론이 처음으로 6월까지 농구한 시즌이다. 그렇다. 처음으로 파이널에 간 해였다. 그때 샌안토니오 스퍼스는 르브론과 캐벌리어스를 그야말로 산산조각 내버렸다. 단 4경기 만에 시리즈를 끝내버렸다. '차세대 황제'가 뛰는 결승 무대라는 기대감도 잠시. 너무 일방적으로 두들겨 맞자 시리즈에 대한 관심은 순식간에 식었다. 시청률은 〈ABC〉가 NBA와 중계권을 체결한 2002-2003시즌 이후 최저치를 기록했다. 1980년대 〈CBS〉시절을 포함해서도 최저치였다. 이 불명예 기록은 2020년까지 계속됐다. 2년 연속 우승을 노리는 르브론 앞에 스퍼스와 팀 던컨이 다시 섰다. 기자들이 헤드라인으로 잡은 주제도 바로 이 부분이었다. 스퍼스는 일명 '노장(old man)'들이 많이 뛰는 팀으로 취급받았으나, 포스트시즌만 되면 그것이 '연륜'이요, '노련미'로 표현되었다. 통산 5번째 우승을 노리는 던컨은 더블더블 144회로 플레이오프 통산 2위, 블록슛 500개로 플레이오프 통산 1위에 이름을 올리고 있던 최고의 빅맨이었다. 그러나 르브론도 그때의 '젊은 도전자'가 아니었다. 자신감이 넘쳤다. "우리(캐벌리어스)는 그때(2007년) 많이 어렸다. 지금은 더 숙련된 팀이다. 개인적으로도 2007년보다 20배, 40배, 아니 50배는 더 좋아졌다."

파이널은 일진일퇴를 거듭했다. 스퍼스가 1차전을 잡았지만 이내 히트가 반격했다. 패-승-패-승이 거듭되며 2승 2패가 됐다. 르브론과 웨이드가 33점, 32점씩을 올리며 승리한 4차전(109-93)은 2004년 파이널 4차전 이후 최고 시청률을 기록했을 정도로 뜨거운 관심을 받았다. 이 경기에서는 그간 부진했던 웨이드뿐 아니라 보쉬까지 선전했다. 4차전에서 보쉬는 20점 13리바운드로 더블더블을 기록했다. 이 경기 전까지 2013년 플레이오프를 치르는 동안 단 1번의 더블더블에 그쳤기에 그야말로 반가운 활약이었다. 그렇다면 과연 '빅3'의 동반 활약이 반전의 신호탄이 되었을까? 그렇지는 않다.

샌안토니오에서 이어진 5차전. 이번에는 스퍼스 '빅3'가 침묵을 깼다. 히트에서 보쉬가 '금쪽이' 취급을 받았다면, 스퍼스에서는 마누 지노빌리가 그랬다. 극심한 야투 난조로 코칭스태프도, 팬들도 답답해했다. 그런데 그가 긴 슬럼프를 깨고 24점 10어시스트를 기록했다. 덕분에 스퍼스는 114-104로 승리하며 시리즈 리드(3승 2패)를 지켰다. 르브론과 히트에게 이 패배는 큰 부담으로 다가왔다. 2승 3패로 밀리고 있다는 것은 곧 우승을 하려면 2연승(6, 7차전)을 거둬야 한다는 의미였기 때문이다. 그러나 르브론은 "7차전은 생각할 필요가 없다. 일단 6차전부터 걱정해야 한다"라며 의지를 다졌다.

마이애미로 장소를 옮겨 치러진 6차전. 스퍼스는 우승 행사까지 마치겠다는 각오로 경기에 임했고, 히트는 안방에서 잔치를 내줄 수 없다는 눈빛으로 코트에 올라섰다. 6차전은 어느 쪽의 팬이든 인정할 수밖에 없는 명승부였다. 스퍼스는 4쿼터 37.2초 전, 93-89로 앞서갔다. 르브론의 실책을 속공으로 연결시키면서 지노빌리가 파울을 얻어냈다. 지노빌리가 4점차를 만드는 자유투를 넣을 때만 해도 분위기는 기울어진 듯했다. 설상가상, 르브론은 다음 플레이에서조차 슈팅을 미스했다. 카와이 레너드(Kawhi Leonard)와 팀 던컨의 견제가 좋았다. 공격권을 넘겨주게 되자 히트는 또다시 지노빌리에게 파울을 했다. 지노빌리가 자유투 2구 중 1구만 넣어 5점차(94-89)가 된 상황. 르브론은 다시 찾아온 기회를 놓치지 않았다. 3점슛을 꽂으면서 20.1초를 남기고 2점차(92-94)로 좁혔다. 바로 이어진 파울 작전. 스퍼스의 레너드가 자유투 2개 중 1개를 놓치면서 경기는 3점차가 된 채로 마지막 15초에 돌입했다. 르브론이 3점슛을 놓쳤지만, 보쉬가 공격 리바운드를 잡아내 곧바로 코너에 있던 앨런에게 연결했다. 그리고 깨끗한 3점슛! 95-95, 5.2초를 남기고 승부는 극적으로 원점으로 돌아갔다. 보쉬 입장에서는 히트 입성 후 가장 중요한 공격 리바운드였고, 앨런 입장에서는 불혹을

앞두고 있음에도 자신이 클러치 타임에 뛸 수 있는 이유를
입증한 플레이였다. 보쉬는 경기 후 "레이 앨런이 우리의
시즌을 구했다"라고 말했으며, 앨런도 "아마 꽤 오랫동안
잊히지 않을 슛이 될 것 같다"라고 자평했다(보쉬는
연장에서 중요한 블록을 해냈고, 앨런도 연장 승부처에서
지노빌리를 막아서며 일등공신이 됐다). 연장에 돌입한
히트는 종료 1분 35초를 남기고 101-100으로 역전했다.
동료들이 힘들게 차려준 밥상. 르브론은 신중히 숟가락을
들었다. 웨이드의 패스를 받아 페인트존에서 득점을 올리며
리드를 안겼다. 이 야투는 이 경기에서 나온 마지막
야투였고, 시리즈는 그렇게 3승 3패가 됐다. 7차전은
마이애미에서 열렸다. 히트를 응원하는 팬들은 "1978년
이후 아직까지 원정팀이 파이널 7차전을 우승한 사례가
없다. 저 노장(old guys)들은 이미 방전됐다"라며 우승을
자신했다. 반면 스퍼스 팬들은 "이 시리즈에서 누구도
연승을 하지 못했다"라며 징크스대로 스퍼스가 승리할
차례라고 외쳤다. 스퍼스가 아직까지 한 번도 파이널
시리즈에서 져본 일이 없다는 것 역시 설득력을 더했다.
두 팀의 숨 막히는 일전은 4쿼터가 되어서야 가려졌다.
마리오 챠머스의 3쿼터 버저비터로 흐름을 타나 싶었지만
점수차는 쉽게 벌어지지 않았다. 히트가 4쿼터 대부분을
리드했지만, 팀 던컨을 막지 못하며 마지막 2분 전까지도
2점차(90-88)로 아슬아슬한 승부가 이어졌다. 비로소 추가
기울어진 것은 종료 27.9초 전이었다. 르브론이 중요한
미드레인지 점퍼를 넣으며 4점차(92-88)가 된 것이다.
르브론은 이어진 스퍼스 공격에서 지노빌리의 점프 패스를
가로채고, 자유투까지 넣으며 6점차를 만들었다. 사실상 2년
연속 우승을 확정짓는 순간이었다. 히트는 2승 2패 동률
상황에서 5차전을 지고도 우승한 역대 8번째 팀이 됐다.
그만큼 2승 3패는 뒤집기 힘든 상황임을 보여주는 지표다.
2번의 7차전을 치르고서야 품게 된 우승 트로피. 정상에 선
르브론의 소감은 어땠을까.
"내 생애 가장 힘든 시리즈였다. 0승 1패로 밀린채 시작해
원점을 만들면 다시 그들이 달아났다. 심지어 6차전은
마지막 28초까지도 지고 있었다. 그 경기를 이긴 덕분에
7차전에서 비로소 이길 수 있었다. 홈에서 웃으며 끝낼 수
있어 정말 다행이고, 좋다."
그러나 르브론은 이 우승이 모든 목표의 끝이 아님을 분명히
했다.
"나에겐 몇 가지 목표가 있다. 첫 번째는 계속 최선을 다해서

> 그거 아나?
> 작년 파이널 총득점이 그리 차이가 나지 않았다.
> 우리가 겨우 5점(684-679) 앞섰다.
> 정말 치열했고,
> 누가 이겨도 이상할 것 없는 시리즈였다.
> 그들은 그동안 엄청난 성과를 이루어왔다.
> 우리가 NBA를 꿈꾸면서 농구를 할 무렵에도,
> 그들은 최고의 팀이었고 지금도 최고다.
>
> **드웨인 웨이드**
>
> 아마 작년에 우리에게 졌기 때문에
> 더 이를 갈고 있을 것이다.
> 우리는 이를 견뎌내야 한다.
>
> **크리스 보쉬**

어린이들에게 농구로 영감을 주는 것이다. 우리는 많은 것을
극복해내고 정상에 섰다. 아이들도 살면서 많은 난관을
마주하게 될 것이나 언젠가는 그것을 극복할 수 있을
것이라 믿으면 좋겠다. 두 번째는 내 동료들과 함께 계속
이기는 것이다. 매일 훈련 때마다, 매일 비디오 분석 때마다
늘 즐거울 수는 없다. 시행착오도 있고, 실패도 있다. 그러나
계속해서 좋은 리더가 되기 위해 노력할 것이다. 마지막으로
역대 최고의 농구 선수 중 한 명이 되고 싶다. 그러려면
더 노력을 많이 해야 한다. 이 유니폼을 입고 있는 한, 내가
할 수 있는 최고의 노력을 쏟아부어야 가능할 것 같다."

새로운 여름, 새로운 이슈

2013-2014시즌, 히트를 취재하는 기자들의 관심사는
두 가지였다. 첫째는 시카고 불(1991~1993, 1996~1998),
LA 레이커스(2000~2002) 이후 처음으로 3년 연속
우승에 도전하는 히트의 전력이었고, 둘째는 계약 조항에
옵트아웃을 넣은 르브론의 결정이었다. 히트 이적 당시
르브론은 2014년과 2015년에 자유계약선수가 될 수
있다는 조항을 계약서에 넣었다. 본인의 희망에 따라 시장에
나갈 수 있다는 것이었다. 그때만 해도 먼 미래였기에
관심을 갖지 않았지만, 이제 선택할 수 있는 시기가

찾아오자 미디어의 관심은 르브론의 선택에 집중되기 시작했다. 르브론은 최대한 말을 아꼈지만, 주변에서는 그의 이적 가능성을 점치는 이들도 꽤 됐다. 르브론이 2012-2013시즌을 앞두고 에이전시를 교체했다는 점 때문이었다. 르브론은 에이전트를 리치 폴로 교체했다. 이는 그간 같은 에이전시를 두고 활동해온 '빅3' 웨이드, 보쉬와 다른 소속사가 된다는 것을 의미했다. 여러 소문이 나돌았다. LA 레이커스가 뜬금없이 뉴스에 나오기도 했다. 2013-2014시즌이 끝나면 르브론과 그의 또 다른 친구인 카멜로 앤써니를 영입할 수도 있다는 루머도 있었다 (이 루머는 2021년에 현실이 된다). 친정팀 캐벌리어스가 르브론을 다시 데려올 수 있다는 관측도 나왔다.

1년 여에 걸친 영웅적인 활약 덕분일까? 이적 여부에 대한 미디어의 폭발적 관심과 별개로 그의 인기도 상종가를 보였다. 2012년에 이어 2013년에도 유니폼 판매량 1위(2위 데릭 로즈, 3위 코비 브라이언트)를 기록했다. 〈ESPN〉은 7월 설문 조사에서 코비를 추월해 최고인기선수가 됐다고 발표하기도 했다. 2008-2009시즌에도 1위를 차지했으나, 이적과 몇몇 발언으로 하락세를 보였다는 점을 감안하면 이미지가 어느 정도 회복됐음을 알 수 있는 대목이었다. 2013년 12월 〈폭스 스포츠〉는 사인이 가장 자주 위조되는 유명 운동선수로 베이브 루스, 마이클 조던 등을 언급했는데, 현역 농구 선수로는 르브론이 유일했다. 또한 〈AP〉는 2013년 4월부터 2014년 4월까지 스포츠 스타들의 구글 검색 순위 결과 르브론이 1위에 올랐다고 보도하기도 했다. 미국 50개 주 가운데 23개 주에서 1위를 차지한 것이다. 그 뒤로 페이튼 매닝, 탐 브래디 같은 NFL 스타들이 뒤를 이었으니 농구선수 중에서는 단연 독보적이었음을 추측할 수 있다. 이런 유명세는 올스타 팬투표로도 이어졌다. 2014년 올스타 투표에서 141만 6,419표를 얻으며 팬투표 1위(2위 케빈 듀란트)가 된 것이다. 르브론이 마지막으로 1위가 된 것은 2010년이었다. 즉, '디시전 쇼' 후 첫 1위였던 셈. 다시, 많은 것들이 그를 중심으로 돌아가기 시작했다.

최후의 전투

2013-2014시즌의 히트는 '빅3' 결성 후 첫 3년과는 분위기가 달랐다. 54승 28패로 여전히 성적도 좋고, 트레이드마크였던 압박 수비도 위력적이었지만, 공격에서는 답답함이 느껴졌다. 웨이드의 무릎이 정상이 아닌 탓도 있었고, 주력 선수들이 한 살씩 나이를 먹으면서 생기는 불안감도 있었다. 2013-2014시즌 히트의 평균 연령은 30.6세로 댈러스 매버릭스와 이 부문 공동 1위였다. 개막일 기준 가장 어린 팀(필라델피아 세븐티 식서스)이 23.4세였으니 경력이나 나이 모두 차이가 엄청났다. 잘 풀릴 때는 '노련미'로 표현됐지만 안 풀릴 때는 '노쇠화'라는 표현을 피하기 힘들었다. 르브론 역시 허리, 코뼈 골절 등 크고작은 부상이 있었지만, 워낙 타고난 몸인 데다 결장을 싫어하는 성격 탓에 실제 결장 경기는 5경기에 불과했다. 다만 공격 의존도는 히트 합류 이후 가장 높았는데, 이는 사람들이 히트의 3년 연속 우승 여부에 물음표를 붙인 이유이기도 했다. 히트는 개막전에서 시카고 불스를 상대로 7명이 두 자리 득점을 올렸다.

107-95의 완승. 3점슛 성공률도 55%나 됐다. 르브론이 20점을 올리지 않아도 웃을 수 있는 경기. 아마도 르브론은 이런 날이 계속되길 바랐을 것이다.

호조 속에 맞은 2014년 플레이오프. 첫 상대는 마이클 조던이 구단주로 있는 샬럿 밥캐츠였다. 르브론에게 밥캐츠는 전혀 위협이 되지 않는 상대였다. 이미 정규시즌 중 맞대결에서는 홀로 61득점을 올리며 대승(124-107)을 이끌기도 했다. 플레이오프에서도 압도적인 전력차를 보였다. 4경기 만에 1라운드 시리즈를 끝냈다. 현역시절 누구보다 패배를 싫어했던 조던 구단주 앞에서 르브론은 엄청난 덩크슛과 함께 시리즈를 정리했다. 폴 피어스가 가세한 브루클린 네츠(Brooklyn Nets)도 히트의 상대가 되지 못했다. 히트는 네츠와의 첫 2경기를 내리 이기면서 2013년부터 이어진 팀 플레이오프 최다 연승 타이 기록(8연승)을 세우기도 했다. 3차전을 패했지만, 4차전에서는 르브론이 플레이오프 커리어 하이 기록(49점)을 앞세워 승리(102-96)했다. 그런데 이런 원맨쇼가 펼쳐질 때마다 달갑지 않은 후속 기사가 따랐다. 캐벌리어스 시절처럼 르브론의 원맨쇼로 이겨선 곤란하다는 것이다. 아마도 보쉬, 웨이드의 공헌도가 전과 같지 않다는 것이 결정적 이유였을 것이다. 히트는 5차전에서 레이 앨런의 3점슛에 힘입어 4승 1패로 시리즈를 정리했다. 컨퍼런스 파이널에서 그들이 마주한 팀은 인디애나 페이서스. 3년째 지긋지긋하게 만난 상대였다.

페이서스와의 시리즈를 이야기하기 위해서는 2013년 12월 19일 정규시즌 맞대결부터 돌아봐야 한다. 당시 히트는 웨이드가 32점, 르브론이 24점을 넣었음에도 불구하고 97-94로 간신히 이겼다. 전반은 오히려 41-52로 밀리다가 후반에야 비로소 페이스를 잡아 챙긴 승리였다. 지난 2년의 패배 때문인지 페이서스는 경쟁 의식을 불태웠다. 정규시즌에도 56승 26패로 히트보다 더 높은 승률을 기록하며 홈코트 어드밴티지를 챙겼다. 예상대로 시리즈는 쉽지 않았다. 히트는 페이서스의 높이(히버트, 웨스트)에 대응하기 위해 스몰라인업을 내세웠으나 1차전 결과는 대실패였다. 히버트, 웨스트에게 도합 38점을 내주면서 96-107로 완패한 것이다. 2대2 플레이도 효율적이지 못했고, 보쉬의 야투도 빗나갔다. 르브론에게는 폴 조지와 랜스 스티븐슨(Lance Stephenson)이 달라붙어 괴롭혔다. 특히 스티븐슨은 상대를 자극할 줄 아는 선수였다. 르브론에 바짝 달라붙어 그를 짜증 나게 만들었다. 때로는 자극적인 말도 했다. 사실, 이런 전법(?)은 4차전까지 거의 통하지 않았다. 1차전을 패했던 히트는 2차전에서 87-83으로 페이서스를 제압하며 시리즈를 1승 1패로 돌렸다. 우려를 샀던 르브론과 웨이드는 팀의 4쿼터 25점 중 마지막 20점을 합작하며 명예 회복에 성공했다. 3~4차전도 수월했다. 4차전을 앞두고 스티븐슨이 도발을 했다. "3차전 중에 르브론 제임스가 나한테 트래시 토킹을 했다. 르브론이 약해졌다는 증거라고 생각한다. 예전에는 내게 트래시 토킹을 한 적이 없었다. 그가 짜증내는 것을 보니 내가 제대로 플레이하고 있는 것 같다." 그러나, 르브론은 마치 귀엽다는 듯 경기에만 집중했고. 팀은 102-90으로 승리. 1패 후 3연승으로 파이널 진출까지 한걸음만 남겨뒀다. 이 경기는 르브론과 NBA 기록에 의미가 있었다. 이 경기 덕분에 르브론은 NBA 역대 플레이오프 단일 경기 25+득점. 5+리바운드, 5+어시스트을 가장 많이 세운 선수 1위로 기록됐다. 르브론에게는 74번째 25-5-5로, 조던의 기존 기록(73회)을 넘어섰다. 비록 5차전(90-93, 패)에서는 스티븐슨의 '귓바람 수비'에 넘어가(?) 7점에 그쳐 자존심을 구겼지만. 이것이 시리즈 흐름까지 좌우진 않았다. 다시는 인디애나에 안 오고 싶다던 르브론은 6차전을 117-92로 정리하며 4시즌 연속 파이널 진출에 성공했다. NBA 사상 4시즌 연속 챔피언결정전에 오른 팀은 히트가 세 번째였다. 앞서 보스턴 셀틱스(1957~1966년, 1984~1987년),

BIG THREE

LA 레이커스(1982~1985년)가 역사를 쓴 바 있다. 3연속 우승을 노리던 히트 앞에 선 상대는 바로 샌안토니오 스퍼스. 르브론에게는 페이서스 이상으로 지긋지긋한 상대였다.

'팀 히트'는 없었다

방송인 찰스 바클리는 <NBA TV>의 'OPEN COURT'에 출연해 '플레이오프에서 탈락했을 때의 기분'에 대해 털어놓은 적이 있다. "솔직히 말해 극복하기 힘든 기분이다. 플레이오프를 시작할 때만 해도 다들 열정적이고 에너지가 넘쳤다. 하지만 지고 난 다음의 허탈감과 충격은 이루 말할 수가 없다."
7차전 혈투 끝에 준우승에 머물렀던 스퍼스가 딱 그랬다. 다 이겼다고 생각한 6차전을 연장에서 넘겨주고, 7차전에서도 막판에 무너졌던 그들은 한동안 허탈감에서 벗어나지 못했다. 7차전 패배 후 푸근한 미소로 르브론, 웨이드, 보쉬를 안아줬던 그렉 포포비치 감독조차 집에만 틀어박혀 상실감을 극복하지 못했을 정도였다. 그랬기에 2014년 파이널에는 갚아줘야 할 것이 있었다. '빅3'도 잘 알고 있었다. 패자의 기분이 어떨지 그리고 스퍼스가 얼마나 더 무서워졌을지 말이다.
1년 사이에 양 팀 처지가 바뀌었다. 스퍼스의 벤치 생산 능력은 몰라보게 좋아졌다. 구단 창단 이래 최고인 45.1점이 벤치에서 나왔다. 때때로 주전들보다도 벤치에서 점수가 더 많이 나왔고, 이는 노장 팀 던컨과 마누 지노빌리 등에게 큰 도움이 됐다. 보리스 디아우(Boris Diaw)는 어느 역할을 맡겨도 충실히 해냈고, 2013년 NBA 파이널에서도 화력을 과시했던 대니 그린(Danny Green)의 슛감도 위력적이었다. 패트릭 밀스 특유의 몰아치기도 경계 대상이었다. 반면 히트는 '빅3'가 흔들렸을 때 대신 그 화력을 유지해줄 선수가 부족했다. 레이 앨런과 라샤드 루이스에게 기대기에 그들도 노쇠한 면이 있었다. 게다가 1차전은 마이애미가 아닌 샌안토니오에서 열린다. 7차전까지 치르면서 지친 히트 입장에서는 불리할 수밖에 없는 상황. 그 불안감은 결과로 이어졌다. 1999년 첫 파이널 진출 이래 포포비치 감독의 스퍼스는 파이널 1차전에서 져본 일이 한 번도 없었다. 그 연승은 이때도 이어졌다. 110-95로 승리. 반면 히트는 '빅3' 결성 이후 첫 파이널이었던 2011년 이후 내리 1차전을 패했다. 그런데 이 경기는 이런 기록보다도 더 큰 이슈가 있었다. 냉방 장치가 고장나면서 30도가 넘는 상황에서 경기를 치러야 했던 것이다. 양팀 합산 38개의 실책이 쏟아졌다. 확실히 퀄리티가 높은 경기는 아니었다. 히트 입장에서는 르브론의 체력 저하가 치명적이었다. 갑작스런 다리 경련으로 페이스를 찾지 못했다. 25득점을 기록하긴 했지만 힘을 못썼다. "워낙 땀을 많이 흘려 유니폼을 갈아입어야 했을 정도였다. 하프타임에 수분도 많이 섭취했다. 아이스백, 찬 수건 등 스태프들이 정말 많이 준비해 주셨지만 평소는 많이 달랐다. 하지만 그게 패인이라고는 볼 수 없다. 스퍼스는 그들의 농구를 했다. 볼도 정말 잘 돌렸다. 어시스트도 많았다. 플레이를 정말 잘 했다. 그게 우리 패인이다." 경기 후 르브론의 말이다.
1차전서 자존심을 구긴 르브론은 2차전에서 35득점을 기록, 경기를 원점(98-

85

96)으로 돌려놨다. 파커와 던컨이 승부처에서 내리 자유투를 미스한 반면, 히트는 르브론의 지휘 아래 승부처 보쉬의 3점슛, 웨이드의 레이업으로 승기를 잡았다. 그러나 2차전 경기는 르브론이 히트 유니폼을 입고 승리를 거둔 마지막 파이널이 됐다.

파이널 시리즈를 치르면서 팬들은 새로운 스타 탄생을 지켜볼 수 있었다. 바로 카와이 레너드다. 이미 1년 전 파이널에서 예사롭지 않은 수비력으로 눈도장을 찍었던 그는 2014년 플레이오프를 통해 던컨, 지노빌리, 파커가 맡아온 메인 스코어러 계보를 물려받았다. 3차전 29득점. 4차전 20득점 14리바운드로 선전하며 2연승을 이끈 것이다. 4차전은 히트에게 그야말로 좌절스러운 경기였다. 전체적으로 난조에 시달리면서 3쿼터에 24점차(57-81)까지 벌어지는 사태가 일어났다. 동, 서부 최강팀들이 붙는 경기에서 20점차 이상을 끌려다니는 것은 흔치 않다. 그것도 홈팀이 말이다. 스퍼스는 출전한 13명의 선수가 득점을 올리는 여유도 보였다.
"그들은 우리를 완전 으깨 버렸다. 홈에서 2경기 연속으로 엉망이었다."

르브론의 인터뷰에서는 실망감이 가득했다. 그러나 실망한 자들을 바라보는 스퍼스도 결코 자만하지 않았다. 지난 시즌에도 3승 2패로 앞서다 7차전까지 가야 했기 때문이다. 파커는 "히트는 2번이나 우승한 팀이다. 우리도 아직 1승을 더 해야만 우승할 수 있다"라며 신중함을 유지했다.
그렇지만 현장에서는 스퍼스의 우승을 확정짓는 분위기였다. 이때까지 파이널에서 1승 3패를 뒤집은 팀은 없었기 때문이다. 게다가 5차전을 지더라도 6차전은 스퍼스의 홈경기장이었다.
히트의 반격은 끝내 일어나지 않았다. 레너드가 22득점 10리바운드로 파이널 3경기 더블더블을 기록하면서 스퍼스는 5차전을 104-87로 끝냈다. 2013년 준우승의 한을 푼 것이다. 레너드는 NBA 역대 최연소 MVP가 됐다. 미국 나이로 겨우 22살에 이룬 업적이다.
벼랑 끝에 몰린 르브론도 쉽게 물러서지 않았다. 1쿼터에만 17점을 기록했다. 그러나 후반이 문제였다. 이날 경기는 레너드 외에도 또 다른 스타가 등장했는데, 바로 패트릭 밀스였다. 3쿼터에만 14점을 기록하면서 경기를 뒤집어 놓은 것이다. 히트 벤치에는 그런 선수가 안 보였다.

"'킹' 제임스는 없었고, '팀' 샌안토니오만 있었다." 당시 〈MK스포츠〉에 재직 중이던 서민교 기자는 이렇게 제목을 뽑았는데, 제목이 모든 걸 말해주고 있었다. 경기 후 르브론은 팀 샌안토니오의 저력을 높이 평가하며 패배를 인정했다. "그들은 훨씬 나은 팀이었다. 팀 농구란 무엇이며 어떻게 해야 팀 농구를 할 수 있는지 보여줬다. 이기적이지 않았다. 계속 움직이고 패스하고 커트했다. 팀이 있을 뿐, 개인은 보이지 않았다. 저들이 한 것이 농구다."

그렇다면 2014년 파이널 패배는 어떻게 평가했을까?

"처음 준우승(2007년)했을 때는 그저 파이널에 간 것만으로도 흥분했다. 물론 선수라면 경기를 이기고, 시리즈를 따내는 것을 목표로 해야 하지만, 당시 스퍼스는 우리보다 더 위력적이었다. 더 경험도 많았으니까. 히트에서의 첫 해였던 3년 전 파이널은 사실 마음이 더 안 좋았다. 이번 패배보다도 더 실망스러웠다. 댈러스 팀도 시리즈 내내 우리보다 앞섰던 것이 사실이다. 준우승은 늘 마음이 안 좋다. 올해도 상대는 모든 면에서 우리를 압도했다. 공격, 수비 모두에서 말이다. 솔직히 파이널에서 5번 모두 우승했다면 좋았겠지만 지금 나는 우승 2회, 준우승 3회에 불과하다. 그러나 파이널에서 챔피언십에 도전할 기회조차 갖지 못한 사람들도 많다. 그런 면에서 11년간 5번이나 이 무대에 서게 된 것은 분명 자랑스럽고 축복받은 일이라 생각한다."

승자는 새로운 영웅을 맞은 채, 패자는 겪고 싶지 않은 쓰라림을 곱씹은 채 그렇게 시리즈는 끝이 났다. 시리즈가 끝나기 무섭게 새로운 이슈가 마이애미를 감싸고 돌았다. 바로 르브론의 이적 여부였다.

파이널 직후 기자회견에서 르브론은 같은 내용의 질문에 대해 이렇게 답변했다.

"적절한 시점이 되면 논의할 이야기다. 나는 마이애미가 좋다. 가족들도 좋아한다. 하지만 지금은 그런 것을 생각할 시점이 아니다. 그러니 나도 지금은 드릴 말이 없다. 때가 되면 대화를 시작할 것이다."

2014년 6월 15일 5차전 직후 9일 뒤인 24일, 르브론은 옵트아웃을 결정했다. 자유계약선수가 되어 새로운 계약을 타진하겠다는 것이었다. 히트와의 인연도 새로운 국면에 접어들었다.

르브론의 ㄱㅂㄷㅎ

ㄱ 관리 비용

르브론은 매 시즌 평균 150만 달러를 자신을 관리하는데 지출하는 것으로 알려졌다. 쉐프부터 트레이너, 마사지사까지 지출 용도도 다양하다. 몸에 도움이 되는 루틴이라면 반드시 지킨다. 대표적으로 숙면과 스트레스 해소를 위해 와인 한 잔씩을 꼭 빼먹지 않는다. 혈액순환과 회복을 위해 주 3~4회는 마사지를 받으며, 수면 시간은 되도록 지키려고 한다. 동시에 NBA의 대표적인 얼리 어댑터이기도 하다. NBA에서 크라이오테라피 머신을 가장 먼저 사용한 선수로, 르브론이 채택한 방식은 다른 선수들이 차용할 정도로 그의 '후기'는 큰 인기를 얻고 있다. 크리스 보쉬 역시 "르브론과 함께 뛰면서부터 내가 얻을 수 있었던 최고의 특혜는 역사상 최고의 스타를 가장 가까이서 관찰할 수 있다는 것이었다. TV 중계 이면에서 볼 수 있는 면들 말이다. 르브론과 함께 뛴 이후로 나는 그의 30분짜리 스트레칭 루틴을 따라 하기 시작했다"라고 말했다. 보쉬와 함께 히트에서 손발을 맞춘 밀러는 "과한 지출이라 생각할지 모르겠지만, 르브론의 연봉이라면 과하지 않은 수준"이라며, "그런 투자가 있었기에 지금도 오랫동안 최고 수준의 기량을 유지하는 것"이라 분석했다.

ㄴ 눈

르브론의 유일한 신체적 약점은 시력이었다(여기서 모발 이야기를 한다면 정말 사악한 거다). 어린 시절부터 시력이 안 좋아 칠판도 또렷하게 안 보일 정도였다. 결국 그는 2007년 9월에 라식 수술을 택했다.

ㄷ 대부

르브론의 취미 중 하나는 독서다. 그 중 르브론이 택한 최고의 마음의 양식은 《대부》다. 자신에게 특별한 영감을 주는 책이라고. 그는 "환경은 다르지만, 역경을 이겨내고 구성원을 챙기는 부분이 인상적"이라며 몇 번이고 다시 읽고 있었다고 말했다.

ㄹ 람보르기니

르브론은 부자답게 고급 승용차도 다량 소유하고 있다. 미디어에 공개된 자동차 중 최고가는 바로 람보르기니의 아벤타도르 로드스터 Aventador Roadster다. 가격은 7~8억 원. 그러나 르브론이 소유한 아벤타도르 로드스터는 기존 모델과는 차이가 있는데, 바로 르브론의 시그니처 농구화인 르브론 11의 'KING'S PRIDE' 버전으로부터 영감을 받은 버전이다. 그야말로 세상에 단 하나뿐인 람보르기니라는 의미다. 흥미롭게도 슈퍼카를 모으는 게 취미지만, 한동안 공식석상에 나설 때는 기아자동차만 운전한다. 2014년 기아자동차와 후원 계약을 맺었기 때문이다. 주변에서는 '르브론이 정말로 기아차를 몰고 다닐까'라는 의문도 있었지만 그는 자신이 운전하는 사진을 트윗하며 의문을 해소했다. 가장 처음 주어진 기아차는 K900이었다.

ㅁ 마크 큐반

'디시전 쇼'를 비롯한 첫 이적은 굉장히 요란했다. 〈슬램〉은 일찌감치 뉴욕 유니폼을 합성시켜 르브론을 표지로 세우기도 했다. 이 가운데 댈러스 매버릭스의 마크 큐반 Mark Cuban은 〈CNN〉과의 인터뷰에서 "(자유계약선수 시장이 열리는) 7월 1일이 오면 누구나 르브론 제임스에게 관심을 가질 것이고 경쟁은 엄청나게 치열해질 것이다. 팀을 떠나기로 결심한다면 사인 & 트레이드도 유력해 보이고 댈러스도 제임스를 영입할 기회가 있을 것이다"라고 말했다가 10만 달러의 벌금을 물게 됐다. NBA의 템퍼링 지침을 어긴 사례였다.

ㅂ 블레이즈 피자

르브론은 투자에도 수완이 좋은 인물로 알려졌다. 2012년, 100만 달러가 조금 안 되는 금액을 블레이즈 피자에 투자했는데, 50배가 넘는 가치를 갖게 됐다. 2015년 4월부터는 본격적으로 블레이즈 피자를 알리는데 열중했다. 바로 맥도널드와의 오랜 인연이 끝난 시점부터였다. 르브론은 NBA 입성 당시부터 맥도널드와 후원계약을 맺어왔다. 그러다 2012년부터는 1년 단위로 계약을 연장해오다 2015년에 인연을 정리했다. 블레이즈 피자는 시카고와 남부 플로리다 지역을 중심으로 확장해왔다. 〈포브스〉는 2017년에 이 브랜드에 대해 '미국에서 가장 빠르게 성장한 레스토랑 체인점'이라고 평가했다. 흥미로운 건 정작 그는 피자를 잘 안 먹는다는 사실.

ㅅ 수면

르브론은 "수면이야말로 최고의 회복제"라고 말한다. 정신적·육체적 피로 회복에 큰 도움이 된다며 말이다. 비단 르브론뿐 아니라 성공한 스타들은 수면 습관을 다잡기 위해 애써왔다. 테니스 스타 로저 페더러 Roger Federer, 수영 메달리스트 마이클 펠프스 Michael Phelps, 육상 스타 우사인 볼트 Usain Bolt도 숙면을 제일 중요하게 여겼다. 르브론도 마찬가지로, 8시간 이상은 꼭 자려고 애쓰는 편이다. 그러나 아무데서나 누워 자지는 않는다. 트레이너나 매니저에게 습도를 비롯해 모든 환경이 정확하게 세팅된 방을 주문한다. 또한 〈CNBC〉는 "잠들기 전에는 30~45분 전부터는 최대한 휴대폰 사용을 절제한다"고 보도하기도 했다. 한편 르브론은 '위대함은 잠의 이면에 있다'라는 주제로 글로벌 1위 명상 앱 '캄Calm'과 캠페인을 열기도 했다. 참고로 '캄'은 수면, 명상 부문 글로벌 1위 앱이다.

워렌 버핏

르브론의 사업관에 도움을 준 인물 중 하나는 바로 워렌 버핏Warren Buffett이다. 이미 그는 2007년에 워렌 버핏을 찾아가 점심을 먹으며 노하우를 전수받은 것으로 알려졌다. 이 보도는 〈CNN 머니〉가 했는데, 그때 이 매체는 이미 '르브론은 언젠가 억만장자 운동선수가 될 것이다'라고 전망하기도 했다. 버핏은 르브론의 저지를 입고 캐벌리어스 경기를 찾는 등 NBA 농구에도 관심이 있었던 걸로 알려졌다. 르브론 역시 인스타그램에 '워렌 아저씨uncle Warren'이라고 남기기도 했다. 버핏은 2019년 〈CNBC〉와의 인터뷰에서 "르브론의 위치에 있는 사람들은 다른 방향으로 끌려갈 때도 있고, 나쁜 결정을 내릴 때도 많은데 그는 늘 냉철함을 유지한다. 정말 쉽지 않는 일이다"라고 평가했다. 〈USA 투데이〉와의 인터뷰에서는 르브론의 가장 인상적인 부분 중 하나로 'money mind'를 꼽기도 했다. 사업 수완이 좋고 영리하다는 의미다. 사실, 2005년에 르브론이 에이전트를 갈아치울 때만 해도 '철없는 백만장자'의 선택이라 보는 이들도 많았다. 그러나 그는 최근 인터뷰에서 "내 주변 사람들은 대개 오랫동안 알고 지내온 사이다. 듣기 좋은 말만 하는 사이가 아니다. 과장하는 법이 없고, 그렇다고 내가 하는 말에 따르기만 하는 사람들도 아니다. 직선적이며, 가감 없고 열정적이며 진실되게 다가오는 사람들이다"라며 매버릭 카터, 리치 폴 등에 대한 강한 신뢰를 보였다.

전용기

르브론의 전용기는 걸프스트림 G280Gulfstream G280이다. 현존하는 최고의 비즈니스 전용기로 알려졌다. 슈퍼스타들 대부분이 걸프스트림 사가 제조한 전용기를 쓰고 있는데, 르브론이 사용하는 G280은 욕실과 침실, 회의 공간 등 넓은 공간을 자랑하는 전용기라고. 르브론은 이 비행기를 2,200만 달러에 구입했다. 2022년 12월 기준 환율로 따지면 283억 원 정도다.

취미

르브론의 취미 중 하나는 바로 고급시계 수집이다. 'hall-of-fame watch collector'라 불릴 정도. 그가 지닌 롤렉스Rolex 데이-데이트는 9~10억 원에 거래되고 있으며, 파텍 필립Patek Philippe 6102r도 10억이 넘는 최고 명품시계다. 또, 리처드 밀Richard Mille RM 11-03 로즈골드 오리지널 풀다이아 역시 7억 6천만 원에 이르는 고가의 시계다.

크리스마스

르브론 제임스는 NBA 역사상 크리스마스에 가장 많은 경기를 치른 선수다. 2022년 12월 25일 댈러스 매버릭스와의 경기에 출전하면서 코비 브라이언트(16경기)를 추월하여 역대 1위 선수(17경기)가 됐다. 데뷔 시즌에 트레이시 맥그레이디(올랜도 매직)와 맞대결을 펼친 이래 한 번도 빠짐없이 크리스마스에 경기하는 선수가 된 것이다. 물론 득점, 야투성공, 3점슛, 승수 모두 역대 1위다.

팀 동료 중 최악

르브론 스캔들 중 가장 더티했던 추문은 바로 델론테 웨스트 사건이다. 르브론에게 웨스트는 결코 달가운 인물이 아니다. 한때는 팀 동료로 같은 목표를 향해 나아갔지만 2010년에 터진 뜬금없는 소문이 둘 사이를 어색하게 했다. 어머니 글로리아가 웨스트와 교제한다는 소문이었다. 르브론이 소문을 알게 된 건 2010년 플레이오프 4차전이었고, 야투 난조를 보인 이유가 바로 이 추문 때문이 아니냐는 루머도 있었디. 르브론은 변호사를 통해 언급할 가치도 없는 쓰레기라고 일축했다. 웨스트는 2010년을 끝으로 캐벌리어스를 떠났고, 그 뒤 여러 NBA팀을 전전하다 중국리그까지 갔으나 끝이 좋지 않았나. 르브론의 동료 중에서는 단연 최악이 아니었을까 싶다. 그는 정신질환으로 인해 노숙자 신세를 지는 등 많은 이들을 걱정시켰다.

풋볼

르브론은 고교시절까지 디비전 I 진학도 가능한 풋볼 유망주였다. NBA 진출을 결정하고, 어머니가 걱정을 한 나머지 풋볼을 그만두었지만 이후에도 풋볼에 대한 관심은 거두지 않았다. 특히 오하이오 주립대학 풋볼팀에 여러 지원을 했는데, 2014년과 2019년에는 1인당 350~400달러에 이르는 고가의 선물을 전원에게 선물하기도 했다. 그런가 하면 르브론은 지난 2022년 9월 25일, 자신의 트윗에 '만약 농구 말고 다른 종목을 택한다면, 대학에서 운동을 할 수 있나? 규정이 어떻게 되지?'라고 글을 올리기도 했다. 사람들은 풋볼을 염두에 둔 발언임을 추측했는데, 실제로 오하이오 주립대의 체육부 디렉터인 진 스미스Gene Smith는 '원한다면 도와줄 수 있다네!'라고 화답했다.

훈련

슈퍼스타들에게는 '근면'과 '헌신'의 DNA가 있는 듯하다. 스테픈 커리나 코비 브라이언트가 그랬듯, 그는 어딜 가든 농구공과 덤벨을 챙겨갔다. 〈슬램〉 인터뷰에 나온 르브론의 코멘트는 그가 훈련을 어떻게 생각하는지 잘 알게 해준다. "훈련은 내 일상이다. 양치를 하는 것과 다를 바 없다. 훈련을 빼놓는다는 것은 내가 휴대폰을 까먹고 집에 두고 오는 것과도 같다." 르브론은 또 다른 인터뷰에서 이런 말을 했다. "아시아에 있든, 유럽에 있든, 라스베이거스에서 휴가를 보내든, 다른 도시로 아들들의 농구경기를 보러가든 나는 훈련은 빼놓지 않는다. 훈련을 제대로 하지 못하면 기분이 안 좋다. 언제나 훈련을 통해 내 몸을 단련시키고 내 게임을 완성시키려고 노력한다." 이쯤 되면 그가 20년 가까이 커리어를 쌓을 수 있는 이유도 알 수 있을 것 같다.

평생 파트너 나이키 그리고 르브론 시리즈

'장미의 도시' 포틀랜드에서 르브론 제임스를 마주했을 때 그는 스트레칭에 열중하고 있었다. 필자는 취재진의 한 명으로 나이키 본사 헤드쿼터를 보고 있었다. 본사 안내 가이드는 취재진을 체육관으로 이끌었다. 그곳에서는 르브론 제임스의 시그니쳐 농구화 '나이키 르브론(Nike Lebron)' 시리즈의 신작 설명회가 예정되어 있었다. 농구화 디자인과 기술적인 설명이 끝날 때까지도 르브론의 스트레칭은 끝나지 않았다. 농구화에 대한 설명을 듣는 동

COLUMN

안, 필자를 포함한 대다수 취재진은 기회가 될 때마다 플로어에 누워 스트레칭을 하던 그를 힐끔 힐끔 훔쳐보았다. 르브론 역시 그 시선을 모르진 않았을 터. 그러나 조금의 흔들림 없이 자세를 유지하며 묵묵히 스트레칭을 이어갔다. 그를 뒤로 한 채 체육관을 나설 무렵, 비로소 코트에 공 튀기는 소리가 들렸는데 비로소 그의 긴 스트레칭 루틴이 끝났음을 알 수 있었다. 나이키 관계자는 르브론이 비시즌이면 종종 포틀랜드를 찾아 훈련도 하고, 농구화 테스트도 갖는다고 했다. 이는 2003년 첫 시그니처 농구화 에어 줌 제너레이션(Air Zoom Generation)이 발매된 뒤 20년 가까이 이어지는 그의 '연중행사'였다. 2004-2005시즌에 맞춰 나온 줌 르브론 II(Zoom Lebron II)부터 농구화에 '르브론'이 붙기 시작했다. 2022-2023시즌에는 20번째 시리즈가 발매됐고, 가드부터 센터까지 포지션을 가리지 않고 많은 NBA 선수들이 착용 중이다. '포지션을 초월한' 르브론 자신을 포함해서 말이다. 나이키는 르브론과 종신 계약을 체결했다. 마이클 조던과 '에어 조던(Air Jordan)'이 평생 나이키와 함께 하는 관계처럼 묶여있지만, 정확히 말하면 종신 계약은 아니다. 그런 면에서 그와 나이키가 맺은 계약은 그만큼 상징성이 있다. 이 모든 관계는 19년 전 벌인 치열한 전투에서 시작됐다.

나이키 vs 아디다스

아직 르브론이 SVSM에 재학 중일 때의 일이다. 업계의 관심사는 곧 NBA 선수가 될, 아니 곧 전체 1순위 지명선수가 될 르브론이 어느 브랜드를 택할 지에 쏠렸다. 아디다스가 선점하는 듯 보였다. 이미 아디다스가 SVSM를 후원하고 있었고, 코비 브라이언트가 르브론에게 아디다스 농구화를 따로 선물하는 등 가까이 가기 위한 노력을 충분히 기울여 왔기 때문이다. 이미 그 시기에 아디다스가 오하이오주의 작은 고등학교 농구부를 후원하는 이유는 다름 아닌 르브론 때문이란 분석도 돌고 있었다. 영입 경쟁에 리복도 뛰어들었다. 애초 리복은 예산이 충분치 않기에 빠질 것이라는 소문이 있었으나, 7,500만 달러를 베팅했다. 리복의 정책은 '프라이빗(private)'이었다. "나이키는 이미 조던, 코비, 빈스 카터 같은 슈퍼스타가 많기에 그만큼 신경을 못 써줄 것이다. 우리는 앨런 아이버슨처럼 독점적으로 프라이빗하게 대우해줄 수 있다." 이것이 리복의 전략이었다. 아디다스는 한술 더 떠 르브론을 위한 시그니처 농구화 샘플까지 만들기세였다. 또 르브론과 친구들을 본사로 초청해 대대적인 영업전을 펼치기도 했다. 그러나 르브론은 친구들에게 들인 비용은 모두 되돌려준 것으로 알려졌다.

결과적으로 르브론은 나이키를 택했다. 이유는 간단했다. 마이클 조던처럼 되고 싶었기 때문이다. '에어 조던' 시리즈에 대한 동경심이 있었던 그는 드래프트까지 한 달여를 앞둔 5월 21일, 애크론의 한 호텔에서 나이키와 계약을 체결했다. 나이키와 체결 조건은 계약 기간 5년에 총 9,000만 달러였다. 르브론은 계약 직후 "나에게 또 하나의 가족이 생겼다"라고 소감을 전했다.

나이키 드림팀이 동원된 첫 작품

르브론의 첫 농구화는 에어 줌 제너레이션(Air Zoom Generation)이었다. 원래대로라면 '르브론 1'이라는 타이틀이 붙어야 했으나, 르브론이 원치 않아 이름이 바뀌었다. 초안이 나오기까지 100장이 넘는 스케치가 필요했을 정도로 심혈을 기울인 시리즈였다. 전설적인 에어조던 시리즈를 만들어낸 팅커 헷필드(Tinker Hatfield)를 비롯해 나이키의 여러 히트작을 제조했던 핵심인력들이 총동원됐다. 덕분에 르브론이 좋아하는 자동차 '허머 H2'로부터 영감을 받았고, 르브론의 '최애' 농구화였던 에어조던 11의 특징이 접목된 첫 시그니처 농구화가 탄생할 수 있었다. 르브론이 2003년 새크라멘토 킹스와의 데뷔전에서 착용한 화이트-레드 버전은 일부 국가에 한정 물량만 판매되었는데, 한국에서는 24족만 출시됐다. 개인적으로는 2004년 출시된 줌 르브론 II가 지금도 기억에 남는다. 특이한 광고 컨셉트 때문이다. 나이키는 당시 이소룡의 '사망유희'를 오마주해 '공포의 방'이라는 제목의 광고를 만들었다. 르브론이 쿵푸 마스터와 겨루고, 용을 물리친다는 설정인데 한마디로 뛰어난 무공도 르브론의 농구 앞에서는 무너질 수밖에 없다는 스토리다. 이 때문에 중국이 난리가 났다. 나이키가 중국의 국가적 자존심을 짓밟았다는 것이다. 중국은 광고 상영을 금지시키는 등 굉장히 강경한 태도로 나섰는데 평소 이소룡을 존경했다는 르브론이나, '조던 후계자' 마케팅에 돌입했던 나이키 입장에서는 당황스러운 사건이었을 것이다. 비슷한 시기 국내 나이키에서도 같은 컨셉으로 압구정의 한 중식당 건물을 통째로 빌려 '공포의 방'을 프로모션하기도 했다. 이때 중국에 호되게 당하고 사과한 기억 때문일까, 아니면 훗날 비즈니스를 하면서 느낀 자본의 힘 때문일까. 르브론은 중국에서 일어나는 일에 대해서는 모호한 태도를 취해왔다. 특히 2019년 10월에 대릴 모리(Daryl Morey) 당시 휴스턴 로케츠 단장의 '홍콩 트윗' 사건에 대해서는 "홍콩 시위에 대해 NBA 선수들이 말할 수 있는 상황이 아니다"라는 입장을 밝혀 비난을 받기도 했다. 늘 사회 정의와 평등을 주장해온 르브론의 태도가 비즈니스에 의해 바뀐 셈이라는 지적이었다.

르브론 시리즈

다시 나이키 이야기로 돌아가자. 이번 시즌 르브론은 르브론 20을 주로 신고 있지만, 자신의 기분 때문인지 다른 버전의 르브론 시리즈를 갖고 코트에 나설 때도 있다. 예를 들어 2022년 11월 9일과 12월 2일에는 18년 전에 나온 줌 르브론 II를 신고 뛰었다. 2021-2022시즌 막판에는 갑작스레 '르브론 20-5-5'를 신기도 했다. 루키 시즌에 기록한 평균 20득점-5리바운드-5어시스트를 기념하는 의미에서 발매된 농구화였는데, 마치 영감이라도 받은 듯 38득점 11리바운드 12어시스트로 트리플더블을 기록했다. 〈스포츠 일러스트레이티드〉는 르브론의 취향을 반영한 르브론 시리즈 랭킹을 정하기도 했다. 당시 1위로 꼽힌 농구화는 2015년에 나온 르브론 13으로, "르브론이 제일 그리워하는 농구화"라고 소개했다. 2위는 줌 르브론 II(2004), 3위는 베이징올림픽 당시 나온 르브론 6(2008)였다. 나이키 운동화 부문 부사장을 맡고 있는 케빈 돗슨은 필자와의 인터뷰에서 "쿠셔닝만 본다면 르브론은 르브론 10의 쿠셔닝을 가장 좋아했다"라고 말하기도 했다. 흥미롭게도 르브론은 르브론 시리즈 외에 다른 나이키 농구화를 선택하라 한다면 하이퍼덩크 시리즈를 신을 것이라 말했다. 기능과 디자인 모두 마음에 든다며 말이다. 반면 크리스 폴의 'CP3' 시리즈를 비롯한 조던 라인은 꺼려했는데 그는 "만약 내가 조던 브랜드의 농구화를 신는다면 그건 의리와 우정 때문일 것"이라며 자신의 취향과는 맞지 않는다고 밝히기도 했다.

L E B R O N S E R I E S

이처럼 르브론은 오랫동안 자신의 시리즈에 취향을 반영시켜왔다. 또, 시그니처 농구화인 만큼, 나이키도 르브론의 퍼포먼스를 우선적으로 여겨왔다. 203cm의 키에 110kg가 넘는 큰 몸을 지닌 르브론은 오랜 시간, 가드처럼 높이 뛰고 빠르게 달려왔다. 코트에서 가장 많은 시간을 소화하면서도 가장 오랫동안 시즌을 치렀다. 나이키는 그런 그의 체격과 체력을 고려해 안정적인 쿠셔닝과 착화감에 신경을 써왔고, 르브론은 발에 얼마나 잘 맞는지를 테스트하기 위해 나이키 본사를 찾아왔다.

이제 시장에서는 르브론의 이런 연례행사가 아들에게 넘어갈 지 궁금해하고 있다. 2004년생 브로니 제임스는 르브론의 장남이다. 191cm의 가드이며, 현재 캘리포니아에 위치한 시에라 캐넌 고교에서 뛰고 있다. 어느덧 졸업반이 된 그는 UCLA, USC, 오레곤, 오하이오 주립대 등 농구명문 대학으로부터 오퍼를 받아 숙고하고 있는 상태. 물론 그 잠재력에 대한 기대감은 르브론의 고교시절에 비할 바 못되지만 NBA 도전은 기대해볼 만하다는 평가다. 나이키가 2022년 10월, 학생 선수 5명과 후원 계약을 체결했는데, 그중 한 명이 바로 브로니였다. 르브론의 꿈은 언젠가 아들과 함께 NBA 코트에 서는 것이다. 선수와 선수로 말이다. 나이키의 후원 결정은 어쩌면 그날의 스토리를 위한 빌드업 일지도 모르겠다.

This Is For

한 번 헤어진 연인은 재결합을 해도 똑같은 아픔을 겪는다.
르브론과 케벌리어스의 이별은 누가봐도 아름답지 못했다.
과연 그들의 재결합은 어떤 이야기를 불러올 것인가?

You

> "르브론은 언젠가 감독을 해도 될 인물이다.
> 매직, 마이클(조던), 코비(브라이언트)와
> 같은 수준의 농구 IQ를 가진 선수다.
> 그 정도 이해도에 탤런트를 가진 선수라면
> 감독이 굳이 뭐라고 하지 않아도 된다.
> 하고 싶은 걸 해도 된다."
>
> 네이트 맥밀란

01

COMEBACK HOME
2014-2015시즌

세르지오 마가야네스(Sergio Magallanes)는 2018년까지 클리블랜드 캐벌리어스 마케팅 부서에서 근무했다. 주업무는 파트너십 마케팅 매니저. 스폰서를 유치하여 구단의 재정적인 운영을 돕는 일이었다. 마가야네스는 2014년 여름을 잊지 못한다. 생애 가장 정신없고 바쁜 나날이었기 때문이다. 2017년 2월, 스폰서십 관련 강연에서 마가야네스를 만났는데, 그는 2014년 여름을 이렇게 회고했다. "그날을 잊을 수가 없다. 사무실에 있던 전화 300대가 며칠이고 계속 울려댔다. 잊으려 해도 그럴 수가 없다."
그날은 바로 2014년 7월 11일. 르브론 제임스가 고향으로 돌아오기로 결정한 날이었다.

I'M COMING HOME
이 문구는 2014년 여름의 NBA 시장을 상징하는 문장이 됐다. "4년 전에는 깨닫지 못했지만 지금은 잘 알고 있다. 오하이오주와 나는 농구 이상의 관계에 있었다. 언젠가 클리블랜드로 돌아가는 것을, 여기서 내 커리어를 마치는 것을 생각해왔다. 그게 언제 일지 몰랐을 뿐이다." 르브론은 고향 팬들에게 전하는 장문의 편지와 함께 '컴백'을 선택했다. FA를 택한 르브론은 장고 끝에 캐벌리어스 컴백을 결심한

것이다.

르브론의 '귀가'에 그동안 쌓인 앙금은 눈 녹듯이 녹아버린 듯했다. 클리블랜드 팬들은 다시 환호했다. 옷장을 뒤져 옛 유니폼을 꺼내 들었다. 시내 곳곳에서 환영의 세리머니가 이어졌다. 클리블랜드 인디언스(Cleveland Indians/지금은 '인디언스' 대신 '가디언스'로 바뀜)도 대형 전광판을 통해 르브론 제임스를 환영했다.

마케팅 팀에게, 특히 영업을 담당하는 이들에게 '날개'를 달아준 것과 같았다. 마가야네스에게도 '큰 날개'가 생겼다. 그들은 높이, 그리고 멀리 훨훨 날았다.

우선 결과부터 이야기해보자. 캐벌리어스가 2015년 6월에 발표한 '비즈니스 보고서'에 따르면 2015년 플레이오프를 치르는 동안 매 홈경기마다 360만 달러 이상의 경제효과가 발생했다. 즉, 호텔과 술집, 상점 등에서 수백억 원의 수익이 발생한 것이다. 정규시즌 홈 관중은 직전 시즌인 2013-2014시즌에 비해 16.2% 증가했다.

원정팀들도 르브론 특수를 봤다. 르브론이 뛴 41번의 원정경기 중 33경기가 매진됐다. 이런 인기에 힘입어 캐벌리어스는 지역 라디오 방송사인 〈WTAM1100 AM〉과 다년간 계약을 새로이 할 수 있었고, 스페인에도 캐벌리어스 경기를 송출하는 성과를 얻었다. 〈포브스〉에 따르면 2013-2014시즌에 1억 2,800만 달러에서 2014-2015시즌 1억 9,100만 달러로 수익도 치솟았다. 페이스북, 인스타그램 등 소셜미디어 채널도 방문자가 급증했는데, 마가야네스는 구단 디지털 팀 직원만 8명을 충원했다고 밝혔다. 2015년 NBA 디지털 팀 직원이 36명이라는 점을 감안하면 꽤 많은 숫자였다.

새 기사단의 구성

물론, 이런 성과는 단순히 르브론 한 명이 돌아왔다고 한 번에 해결된 것은 아니다. 'THE KING'을 중심으로 긴급히 재편된 팀 전력이 거둔 성과였다.

캐벌리어스는 르브론과 2년 계약(4,211만 달러)을 맺기 무섭게 변화를 주었다. 이미 팀은 르브론과의 계약 3일 전에 보스턴 셀틱스, 브루클린 네츠 등이 포함된 3각 트레이드를 단행했는데, 이는 르브론 영입에 필요한 샐러리캡을 확보하기 위한 딜이었다. 이제 '왕'을 도울

'기사단'을 꾸리는 작업이 남았다. 사람들은 1순위 지명선수 앤드류 위긴스(Andrew Wiggins)의 이적을 점쳤다. 캐벌리어스는 르브론 이적 후 3명의 1순위 지명선수를 얻었다. 카이리 어빙(Kyrie Irving, 2011년)은 의심의 여지없는 최고의 볼 핸들러로 성장했으나, 앤써니 베넷(Anthony Bennett, 2013년)은 루키 시즌 평균 4.2득점을 올리는데 그쳤다. 1972년 포틀랜드 블레이저스가 지명한 센터 라루 마틴(LaRue Martin) 이후 최악의 성적이었다. 로욜라 시카고 대학 출신의 마틴은 4.4득점 4.6리바운드를 기록하는데 그쳤다. 블레이저스가 마틴을 지명한 사유는 굉장히 복잡하다. 원래 점찍어둔 1순위 선수를 얻지 못하면서 궁여지책으로 뽑은 선수였는데, 그를 뽑은 잭 맥클로우스키(Jack McCloskey) 감독은 '얼굴 한번 보지 못했던 선수'라며 굉장히 실망했다는 후문이다. 그러나 베넷은 달랐다. 이미 NCAA 경기를 마음만 먹으면 언제든 꺼내볼 수 있는 뉴미디어 시대에 스카우팅 팀이 고심을 해서 낙점한 후보였다. 그럼에도 베넷을 뽑았을 때 전문가들은 캐벌리어스의 결정에 의아해했고, 결과는 예상과 크게 다르지 않았다. 실력은커녕 1순위감의 잠재력조차 보이지 않았던 것이다. 2014년 1순위 위긴스는 그 실패 덕분에(?) 이어진 고생의 결과물이었다. 위긴스는 르브론처럼 등장이 요란했던 슈퍼 유망주였다. 고교시절부터 〈스포츠 일러스트레이티드〉, 〈슬램〉 등 스포츠 전문지들이 밀착취재했고, 캔자스 대학 입학 후에도 '윌트 채임벌린-대니 매닝의 계보를 이을 신입생'이라는 수식어가 붙었다. 그러나 르브론에게 필요한 파트너인가를 생각해본다면 그건 또 아니었다. 위긴스는 2022년 골든스테이트 워리어스의 우승을 도운 핵심 멤버였지만 이는 한참의 굴곡 심한 커리어를 지낸 뒤였다. 신인상 수상과 별개로 그가 보인 활약상을 생각해보면 고교, 대학 입학 당시의 스포트라이트는 다소 호들갑이 아니었나 싶을 정도로 싱거웠다. 현장에서는 위긴스를 매물로 트레이드가 있을 것이란 소문이 있었는데 실제로 그의 캐벌리어스 유니폼 판매가 중단되면서 그 소문은 신빙성을 얻는다. 그리고 8월 23일, 캐벌리어스는 팀버울브스, 식서스와 3각 트레이드를 통해 베넷, 위긴스와 작별한다. 이 트레이드의 주축은 케빈 러브(Kevin Love). 케빈 가넷이 떠난 팀버울브스의 외로운 기둥과 같은 존재였다. 러브 영입

전후로 캐벌리어스는 마이크 밀러(Mike Miller), 제임스 존스(James Jones), 숀 메리언(Shawn Marion) 등을 영입했다. 모두 르브론 농구에 적합한 스타일의 선수들이었다.
그 무렵 르브론을 떠나보낸 히트는 루올 뎅의 영입을 시작으로 '포스트-르브론' 시대를 준비한다. 르브론은 히트를 떠나면서 이런 말을 남겼다. "동료들과 함께 이룬 것들을 두고 떠난다는 것이 가장 힘들었다. (떠나는 것에 대해) 대화를 나눈 사람들이 있는가 하면, 대화를 나눠야 할 사람들도 있다. 하지만 우리가 이룬 업적만큼은 변하지 않을 것이다.", "마이애미는 대학교와 같은 곳이었다. 지난 4년 동안 나를 성장시키고, 내가 누구인지 알게 해줬다. 내가 원하는 곳에 가서 프랜차이즈가 무엇인지를 배웠다."
그렇지만, 이런 좋은 포장과 달리 한동안 보쉬는 그에 대한 서운함을 감추지 않았다. 심지어 자서전에도 이를 썼을 정도니 여간 서운한 게 아니었나 싶다. 보쉬는 "나에게 이야기를 안 하고 떠났다"라고 했는데, 그가 르브론에 대한 섭섭함을 거둔 것은 한참 뒤의 일이었다. "함께 하는 과정에서 정말 많은 것을 배웠다"라며 프로이자 비즈니스 차원에서의 존경심을 표한 것과는 달리, '우정' 측면에서 볼 수 있는 일이었다.
그렇다면 르브론의 캐벌리어스는 우승 후보가 되었을까? 필자는 2014-2015시즌 개막을 앞두고 세계 각국의 농구기자들과 함께 르브론을 만났다. 기자들의 관심사는 르브론-어빙-러브로 이어지는 '새로운 빅3'에 집중됐다. "NBA 역사를 돌아봐도 팀 우승을 주도했던 '빅3'들이 많았다. 매직 존슨과 제임스 워디, 카림 압둘자바가 있었고, 래리 버드와 로버트 패리시, 케빈 맥헤일 트리오도 있었다. 마이클 조던과 스카티 피펜, 데니스 로드맨도 빼놓을 수 없다. 이러한 '빅3'들은 늘 이슈가 되어왔다. 우리도 그럴 것이다." 르브론이 운을 띄웠다. 그는 "새로운 빅3의 팀워크는 어떻게 될 것 같냐"라는 필자의 질문에 옅은 미소와 함께 즉답을 피했다. "아직 시즌은 시작조차 하지 않았다. 우린 아직 손발을 맞춰보지 않았다"라며 말이다.
다음 기자는 2009-2010시즌과의 비교를 부탁했다. 그가 캐벌리어스에서 보낸 마지막 시즌이었다. 2009-2010시즌 캐벌리어스는 정규시즌 61승 21패를 기록했다. 곁에는 모 윌리엄스, 앤트완 재미슨, 앤더슨 바레장, 샤킬 오닐 등 스타들이 많았지만 마무리가 안 좋았다. 컨퍼런스 준결승에서 셀틱스에게 무기력하게 탈락했다. "그때도 우리는 목표를 위해 쉬지 않고 달렸다. 선수단 모두가

그랬다. 휴식과 타협하지 않았다. 아쉽게도 이루고자 하는 것은 이루지 못했지만 말이다. 아마 지금의 팀도 그럴 것이다. 잠재력은 더 대단하다고 생각한다."
르브론은 일어나지 않은 일에 대해 신중했다. 대신 자신이 해온 노력에 대해서는 자부심을 보였다. 필자가 만난 2014년의 르브론은 전과는 몰라보게 슬림해져 있었다. 이른바 구석기 다이어트(paleo diet)를 통해 몸을 날렵하게 만든 것이다. 구석기 다이어트란, 쌀과 밀 등 탄수화물이 주식이 되기 이전인 원시 시대의 식난을 섭취하는 것이다. 인간의 유전자 구성이 구석기 시대와 크게 달라지지

않았기에, 그때의 식습관으로 돌아가면 더 건강한 신체를 가질 수 있을 것이라는 생각에서 고안된 다이어트 방식이다. 이를 위해서는 잡곡류, 유제품, 당류, 가공식품 등을 모두 피해야 한다. 두 달 넘게 다이어트에 집중했다는 그는 구체적으로 몇 킬로그램을 감량했는지 공개하지 않았지만, 보다 날렵한 몸을 갖겠다는 의도에는 성공한 것처럼 보였다. 르브론은 이에 대해 "정신적인 도전이었다. 67일 동안 당류, 유제품, 탄수화물 등은 모두 피했다. 먹은 것이라고는 채소와 어류, 과일뿐이었다"라고 밝혔다. 〈GQ〉는 2019년 3월호에서 르브론의 다이어트를 도운 개인 트레이너 마이크

맨시아스(Mike Mancias)와 인터뷰했는데, 맨시아스는 "이 다이어트는 레이 앨런과 함께 진행했으며 원래는 30일 코스였으나, 르브론의 의도에 따라 60일간 진행했다"라며 "시즌 시작 한 달 전부터는 정상적으로 영양을 섭취했다"고 설명했다. 아마도 컨택이 잦을 수밖에 없는 플레이 스타일을 의식한 결정으로 보인다. 이처럼 르브론이 의욕에 가득차 시즌을 준비하는 동안, 주변에서는 또 한 가지 과제를 내놓는다.

바로 신임 감독 데이비드 블랫(David Blatt)과의 궁합이다. 긴 경력 동안 르브론은 감독의 전폭적인 지지 아래 농구를

해왔다. 이는 르브론에게 플레이를 택하고, 결정할 수 있는 권한도 주어졌음을 의미한다. 꽤 오래 전부터 그랬다. 감독과 코치, 동료들 모두 그의 높은 농구 IQ와 리더십 스타일을 인정했기에 가능한 일이었다.

팀 동료였던 도니엘 마샬은 르브론이 목소리를 내는 방법이 인상적이었다고 인터뷰한 적이 있다. 〈스포츠 일러스트레이티드〉의 크리스 발라드(Chris Ballard) 기자는 마샬의 2008-2009시즌 이야기를 이렇게 옮겼다. 르브론이 캐벌리어스를 떠나기 전 일이다. "내가 슛을 던지지 않자 그는 '던져!'라고 외쳤다. 내가 멈칫하자 '제기랄! 그 망할 슛 좀 던지라고!'라고 소리쳤다. 경기가 끝난 뒤에도 그랬다. 마치 내가 죄라도 지은 느낌이었다. 내가 온 이유는 젊은 선수들에게 경기를 알려주고, 팀을 이끌기 위해서였다. 그런데 거꾸로 되어 있었다. 그가 나에게 알려주고 있었다. 내가 21살 때 난 팀에서 2번째로 어린 선수였고, 경기를 배우는데 열중했다. 르브론 그 친구는 21살인데 이미 리그에서 3번째로 많은 득점을 올리는 선수가 되어 있었다." 종종 지정된 플레이나 매치업을 직접 선택하기도 했다. 여기에는 호불호가 갈린다. 경기를 보는 눈이 그만큼 성숙해졌다는 의미일 수도 있고, 다른 한편으로는 감독의 존재 이유를 빼앗는 것처럼 보일 수도 있다. 르브론과 함께한 많은 감독들이 비슷한 일을 겪었다. 나중에 언급되겠지만, '초보 감독'이었던 타이런 루(Tyronn Lue) 역시 같은 과정을 겪어 속된 말로 '허수아비' 내지는 '바지 감독' 같다는 비아냥을 들었다. 그러나 르브론이 신인일 때부터 NBA 감독이었고, 대표팀에서도 코치로 함께 했던 네이트 맥밀란(Nate McMillan)은 "르브론은 언젠가 감독을 해도 될 인물이다. 매직, 마이클(조던), 코비(브라이언트)와 같은 수준의 농구 IQ를 가진 선수다. 그 정도 이해도에 탤런트를 가진 선수라면 감독이 굳이 뭐라고 하지 않아도 된다. 하고 싶은 걸 해도 된다"라며 르브론을 두둔했다.

블랫 감독은 어땠을까? 블랫은 르브론이 오기 전부터 캐벌리어스 감독으로 내정되어 있었던 인물이다. 실력은 이미 경력으로 입증됐다. 유로리그(2014년 우승)와 올림픽(2012년 동메달), 유로바스켓(2007년 우승) 등 굵직굵직한 대회에서 지도력을 인증 받았다. 블랫 감독이 맡은 팀들 대부분이 유럽 레벨의 슈퍼스타들이 운집한 팀이었다. 그러나 팀워크에 대한 잡음은 거의 없었다. 프린스턴 대학 출신의 그는 새크라멘토 킹스 모션 오펜스로 유명한 고(故) 피트 캐릴(Pete Carril) 감독의 제자이기도 하다. 유럽에서도 모션 오펜스를 쏠쏠히 써먹었으며, NBA에서 유행하는 스트레치 빅맨들의 활용에 있어서도 좋은 성과를 거두었다. 다만, 볼 소유시간이 긴 르브론과 어빙이 그가 추구하는 전술에 녹아들 수 있을지, 그리고 캐벌리어스의 '얼굴' 역할을 해온 어빙이 돌아온 '왕'에게 그 자리를 순순히 내주고 따르게 할 수 있을지 여러 숙제가 눈앞에 있었다. 82경기라는 난이도 높은 스케줄과 노사 관계가 복잡한 NBA의 문화 적응도 마찬가지였다(시즌 중 블랫의 경질설 보도는 꾸준히 나왔고, 르브론도 수차례 블랫 감독과의 관계에 대한 질문을 들어야 했다. 그때마다 그는 같은

대답을 했다. "매일 가까워지고 있음을 느낀다").
2014-2015시즌은 이 모든 것을 맞춰가는 과정이었다. 캐벌리어스는 53승 29패를 기록했다. 1월, 르브론이 결장(무릎, 허리 부상)한 경기에서 1승 8패에 그치는 등 부침도 있었다(이 시즌 르브론 출전경기에서 50승 19패, 결장경기에서 3승 10패였다). 르브론과 어빙의 언쟁도 있었다. 2014년 11월 4일 블레이저스(82-101) 전 패배 후 라커룸에서 언쟁을 벌였다는 보도가 있었다. 당시 르브론은 후반에 득점을 아예 올리지 못했다. 게다가 다음날 열린 유타 재즈전에서는 종료 직전 고든 헤이워드(Gordon Hayward)에게 스텝백 위닝샷을 허용해 100-102로 졌다. 이 경기 미디어의 초점은 어빙이 34점을 넣었지만 어시스트가 하나도 없었다는 것에 있다. 알려진 바에 따르면 두 선수의 언쟁은 '두 스타'가 합을 맞추는 과정에서 발생할 수 있는 흔한 것이었다. 르브론은 히트 이적 당시에도 초반 부진을 겪은 바 있다. 그는 2010년 가을에 했던 말을 반복했다. "로마 제국은 하루 아침에 만들어진 것이 아니다. 우리는 그걸 잘 알고 있다. 계속 맞춰가야 한다. 지는 것은 죽기보다 싫지만, 그래도 더 나아졌음을 확인했다. 더 좋은 농구를 할 것이다."

이런 잡음을 없앨 수 있는 최고의 처방은 역시 '승리'다. 캐벌리어스는 1월 말 12연승을 달리면서 31승 20패로 궤도권에 올랐다. 첫 39경기와 다음 39경기가 극명한 대조를 이루었다. 첫 39경기(10월 30일~1월 13일)에는 99.8득점을 올리고 100.1점을 내줬다면, 다음 39경기(1월 15일~4월 8일)는 107.1점을 넣고 96.5점만을 내줬다. 야투성공률부터 거의 모든 면에서 향상된 성적을 냈다. 그가 어빙에게 강조한 것은 '패스'를 통한 공존, 그리고 팀에 주문한 것은 수비였는데 이런 것들이 잘 맞아 떨어졌기에 이룬 성과였다고 볼 수 있다. 추가 트레이드도 힘이 됐다. 캐벌리어스는 2015년 1월 5일에도 뉴욕 닉스, 오클라호마 시티 썬더와의 3각 트레이드로 J.R 스미스(J.R Smith), 이만 셤퍼트(Iman Shumpert)를 영입했고, 이틀 뒤에는 덴버 너게츠와의 트레이드를 통해 티모페이 모즈고프를 받았다. 팀 전력이 실질적으로 향상된 계기였다. 르브론은 스미스, 셤퍼트를 특히 아꼈는데 두 선수가 보이는 슈팅과 수비, 열정 등을 높이 사기도 했다.

그렇다면, 또 다른 '빅3'의 한 축인 러브는 어땠을까? 2014-2015시즌 선전 중심에는 러브의 헌신과 양보도 빼놓을 수 없었다. 보쉬가 그랬듯, 러브는 자신의 농구 스타일을 꽤

많이 바꿔야 했다. 러브는 팀버울브스 시절 6시즌 동안 3번이나 평균 20점 이상을 올렸고, 5시즌 연속 평균 12개 이상의 리바운드를 잡아냈다. 그러나 캐벌리어스 이적 후 공격 기회가 절반 가까이 줄었다. 공헌도 수치 중 하나인 PER은 전 시즌 26.9에서 18.8로 줄었고, 볼 점유를 상징하는 USG%는 28.8에서 21.7로 내려갔다. 이 수치는 르브론이 떠나기 전까지 팀버울브스 시절로 회복되지 않았다. 르브론, 어빙과 같은 헤비 볼핸들러들과 맞추려면 어쩔 수 없는 과정이었다. 러브는 스스로를 '팝아웃 스페이서(pop-out spacer)'라고 표현했다. 2대2 이후 외곽으로 빠져 3점슛을 노리거나 공간을 만들어주는 역할을 맡게 된 것이다. 결국 그는 데뷔시즌 이후 처음으로 평균 더블더블 작성에 실패했다. 이런 부침이 있긴 했지만, 케빈 러브는 르브론을 동경하던 동료였다. 인터뷰에서뿐 아니라 주변 인물들에게 르브론에 대해 많이 이야기한 것으로 알려졌다. NBA 선수들의 개인 트레이닝을 돕는 롭 맥클라나간(Rob McClanaghan)은 저서 《넷 워크(Net Work)》에서 이렇게 설명했다. "케빈은 언제나 르브론에 대해 이야기하는 걸 좋아했다. 동료들을 더 나은 선수로 만들어주는 리더라고. 그것은 패스 능력이 좋기 때문만은

아니었다. 케빈은 르브론이 모두의 게임을 한단계 더 올려주는 선수라고 말했다. 또 하나 르브론의 대단한 점은 늘 새로운 것을 익히려는 태도 때문이었다. 다른 선수들이 가장 닮고 싶어했지만 따라할 수 없는 부분이었다. 르브론은 늘 스스로를 몰아붙여 극한의 상황까지 가는 스타일이었기 때문이다." 르브론 역시 멜로, 웨이드, 보쉬, 크리스 폴 외에 친한 친구로 러브를 꼽는다. 둘은 훗날 소속이 달라진 뒤에도 친분을 유지했으며 2022년 가을에는 피클볼(pickleball) 구단에 공동 투자를 하기도 했다. 르브론의 비즈니스 성향을 봤을 때 러브를 파트너로 둔 것은 그만큼 믿는다는 의미로도 볼 수 있다.

경기적으로도 러브는 2014-2015시즌 캐벌리어스 시절에 대해 "기꺼이 감수해야 했을 대가"라고 표현했다. 〈댄 패트릭 쇼(Dan Patrick Show)〉에 출연해서는 "나는 플레이오프에 진출했다. 예전에는 겪어본 적 없는 성과다. 또한 세계 최고의 선수 둘과 팀을 이루고 있다. 챔피언십에 도전하기 위해서는 무엇이 필요한 지 잘 알고 있고, 이를 따르고 있다"라고 돌아보기도 했다. 이처럼 시즌을 치르면서 캐벌리어스는 계속 퍼즐을 새로 끼워맞추고, 뚫린 부분을 보수해가며 전력을 맞춰갔다. 4월 8일, 캐벌리어스는 밀워키 벅스를 104-99로 제압하고 센트럴 디비전 타이틀과 2번 시드를 확보했다. 르브론은 이날 4쿼터에만 10점을 집중시키며 '귀환'을 '금의환향'으로 만들기 위한 첫 단추를 꿰었다. "내게는 의미있는 성과다. NBA에서의 경쟁은 워낙 힘든 지라 그 어떤 것도 장담하기 힘들다. 하지만 우리에게는 더 큰 목표가 있다." 이 경기 하이라이트는 3쿼터 어빙의 긴 아웃렛 패스를 르브론이 멋진 슬램덩크로 연결시킨 장면이었다. 시즌 중에도 수차례 나온 콤비 플레이였지만, 유독 다른 느낌으로 다가온 이유는 아마도 부상과 불화설 등을 극복하고 모두가 기대했던 그 위치(동부 상위권)에서 정규시즌을 마친 원동력이 바로 두 선수의 호흡이었기 때문이었을 것이다.

기대했기에 아팠던 플레이오프

"매달 도쿄 지역에서는 NBA팬들이 모이는 작은 파티가 있다. 사람이 많지는 않다. 십여 명 정도? 모일 때면 그 주의 다양한 NBA 이슈를 놓고 갑론을박을 펼친다. 지난 여름, 테마로 'Talk LeBron'을 사전 공지하고 모임을 가졌는데 평소보다 5배가 넘는 팬들이 찾아왔고, 이야기가 끊임이

없었다. 어찌나 사람이 많이 왔는지 움직이는 것조차 힘들 정도였다. 그런 면에서 봤을 때 '르브론 제임스의 클리블랜드 복귀가 이슈는 이슈구나' 하는 생각이 들었다. 르브론 이야기를 할 때면 자연스럽게 시카고 불스 이야기로 넘어간다. 데릭 로즈(Derrick Rose)와 파우 가솔(Pau Gasol) 이야기 말이다. 일단 이번 시즌의 스토리라인은 재밌게 됐다. 불스와 캐벌리어스의 경쟁이 재밌을 것 같다." 일본의 농구전문기자 다케시 시바타(Takeshi Shibata)가 2014-2015시즌을 앞두고 건넨 말이다. 그의 말처럼 2라운드 시리즈는 캐벌리어스와 르브론이 동부 플레이오프에서 겪은 최고 난이도의 허들과 같았다.

사실, 플레이오프 1라운드는 가벼웠다. 상대는 셀틱스. 라존 론도가 떠나며 '원조 빅3'의 마지막 흔적마저 사라진 셀틱스는 더이상 르브론에게 위협이 되지 않았다.

캐벌리어스는 가볍게 4승으로 컨퍼런스 세미파이널에 진출, 불스와 마주했다. 그런데 캐벌리어스의 표정이 썩 좋지 않았다. 전력 손실이 심각했기 때문이다. 순식간에 인력난에 시달리게 됐다. 상황은 이렇다. 먼저 러브가 왼쪽 어깨 부상을 당했다. 부상은 셀틱스와의 4차전에서 있었다. 1쿼터 중반, 리바운드 경합 도중 켈리 올리닉(Kelly Olynyk)의 악질적인 플레이에 의해 어깨가 탈골된 것이다. 러브는 시즌아웃이 결정됐고, 르브론은 "그건 농구가 아니었다. 누구도 다치길 원하지 않는다. 상대에 대한 존중이 없었다"라며 안타까워했다. 어빙도 마찬가지로 "농구의 플레이가 아니었다"라며 분노했다. 설상가상으로 이 경기에서 J.R 스미스도 2경기 출전징계를 당해 1~2차전 출전이 어려워졌다. 플레이가 거칠어지는 과정에서 상대 선수 제이 크라우더(Jae Crowder)를 가격한 탓이다. 게다가 어빙도 2차전에서 다친 발목 상태가 썩 좋지 않았다.

캐벌리어스는 1승 2패로 시리즈를 불안하게 시작했다. 3차전에서는 로즈(30득점)가 버저비터를 터트리며 승리(99-96)를 이끌었다. 그러자 르브론이 4차전에서 설욕했다. 로즈처럼 버저비터 위닝샷을 터트리며 86-84로 상대를 제압한 것이다. 지미 버틀러(Jimmy Butler)를 따돌리고 공을 받아 승부를 마무리 지었다. 이 슛으로 시리즈의 무게중심은 순식간에 기울었다.

르브론의 38득점 활약에 힘입어 5차전(106-101)을 잡은 캐벌리어스는 6차전마저 완승(94-73)을 거두며 컨퍼런스 파이널에 올랐다. 르브론 개인에게는 5년 연속 컨퍼런스 파이널이지만, 캐벌리어스 유니폼을 입고는 2009년 이후 처음이었기에 의미가 깊었다. 그는 경기 직후 동료들에게 고마움부터 전했다. 사연인 즉 이랬다. 이날 르브론은 3점슛을 모두 놓치는 등 겨우 15점에 그쳤다. 어빙도 발목을 다시 다쳐 경기를 거의 뛰지 못했다. 그럼에도 불구하고 여유있게 시리즈를 마칠 수 있었던 이유는 '무명' 매튜 델라베도바(Matthew Dellavedova)와 트리스탄 탐슨 (13득점 17리바운드)의 선전 덕분이었다. 호주 출신의 델라베도바는 드래프트조차 되지 못했던 무명 신세로 연봉도 고작 130만 달러에 불과했던 신세였지만 포스트시즌에 악착 같은 수비로 눈에 띄기 시작했다. 미디어에서는 그를 '더티 플레이어'라 표현했지만, 그 찰거머리 같은 수비는 결국 로즈의 영향력을 감소시키는데 성공했다. 〈ESPN〉은 자체 기록 분석을 통해 '5~6차전, 델라베도바가 로즈를 수비한 상황에서 로즈는 겨우 4점 밖에 올리지 못했다'라고 소개했다. 탐슨도 허슬 플레이로 에너지를 보탰다. 공격 리바운드와 스크린, 헷지 디펜스 등 부지런함 없이는 결코 잘 해낼 수 없는 부분을 훌륭히 수행해내며 캐벌리어스의 스몰볼을 도왔다. 이에 르브론은 "조금 놀랐다. 플레이오프가 처음인 선수들인데 정말 잘 해냈다. 늘 이런 활약을 준비해온 선수들이었고, 잘 하고자 했던

선수들인데 오늘 그 플레이가 잘 나왔다"라고 고마워했다. 어빙마저 이탈한 상황이었지만 애틀랜타 호크스 시리즈는 오히려 더 힘들지 않았다. 시리즈를 끝내기까지 겨우 4경기 밖에 걸리지 않았다. 정규시즌에 60승이나 거둔 '시스템 농구' 팀이지만, 단기전에서는 오히려 르브론의 기세에 완전히 밀린 듯했다. 31-30-37-23. 르브론의 4경기 득점 기록이 잘 말해준다. 2차전에서 리바운드 1개 차이로 트리플더블을 놓쳤지만, 3차전에서는 리바운드 18개, 어시스트 13개로 트리플더블도 곁들이며 왜 자신이 만장일치로 올-NBA 퍼스트팀에 선발됐는지를 입증했다.
"시즌을 한번 돌아볼 때가 된 것 같다. 19승 20패 때 어땠나. 팀이 고전하고, 나는 부상으로 2주간 나가있고, 미디어는 마치 블랫 감독을 해고하고 싶어하는 것 같았다. '르브론과 카이리가 함께 할 수 있겠냐'고도 묻기도 했다. 당시 우리와 관련된 수많은 스토리라인이 존재했다. 그렇지만 결국 우리는 동부 컨퍼런스 타이틀을 따내고 파이널에 가게 됐다. 그렇기에 특별하다. 정말 특별한 성과다."
5년 연속 파이널에 진출한 르브론의 마지막 스테이지 상대는 골든스테이트 워리어스. MVP 스테픈 커리(Stephen Curry)를 중심으로 현대 농구를 바꿔가고 있던 서부 컨퍼런스 최강팀이었다.

"아직 끝내지 못한 비즈니스가 있다. 클리블랜드뿐 아니라 우리 팀을 사랑해주시는 세계 모든 분들이 그토록 원했던 것이다. 시즌 시작할 때만 해도 우리가 여기까지 올 거라고는 생각못했다. 그때는 그저 계속 나아져야 한다는 생각뿐이었다. 이 무대에 한번도 가보지 못한 젊은 선수들이 많았기 때문에, 다같이 차근차근 성장하고 나는 그 앞에서 이들을 이끌어야 한다고만 생각했다. 이제 우리는 더 높은 곳에 오를 것이다. 팬들은 우리에게 많은 것을 해주었다. 나뿐만 아니라 내 옆의 J.R 스미스, 트리스탄 탐슨, 그리고 우리 라커룸에 있는 다른 12명의 선수들에게 많은 사랑을 보내주었다. 그것에 보답할 때다."
데뷔 후, 적어도 클리블랜드 캐벌리어스의 일원으로는 끝내지 못했던 비즈니스, 바로 NBA 파이널 우승을 향한 여정은 그렇게 시작됐다. 그러나 이때만 해도 르브론과 커리, 클리블랜드와 골든스테이트간의 인연이 그토록 오랫동안, 강렬하게 (어쩌면 르브론에게는 처절하게) 이어질 것이라 예상한 이는 많지 않았을 것이다.

8
연속 파이널 진출

빌 러셀과 샘 존스, 탐 헤인슨, 프랭크 램지 등은 1950~1960년대 보스턴 셀틱스 왕조를 구축한 주역들이다. 덕분에 파이널 연속 출전 기록은 모두 이들이 차지하고 있다. 그 중심에 있는 러셀은 10년 연속 파이널에 진출해 그 중 9번을 이겼다. 1958년에 세인트 루이스 호크스에 패한 것이 유일한 준우승이다. 르브론은 히트, 캐벌리어스에서 활약하며 8년 연속 파이널 무대에 올랐다. 역대 3위에 해당한다. 8번의 파이널 진출 동안 3번의 타이틀을 차지했다. 우승 횟수만 본다면 역대 레전드들에 비해 부족하다 할 수 있지만, 8번이나 한 컨퍼런스를 대표해 파이널까지 갔다는 사실만으로도 대단한 선수라는 사실은 변함없다.

11
트리플더블

르브론은 NBA 파이널 역사상 가장 많은 트리플더블을 기록했다. 마지막 트리플더블은 레이커스가 우승을 결정짓던 6차전으로 28득점 14리바운드 10어시스트를 기록하며 소속팀에 통산 17번째 우승을 안겼다. 2017년 파이널은 평균 기록이 아예 트리플더블(33.6점 12.0리바운드 10.0어시스트)이다.

1
스탯 리더

2015, 2016년 NBA 파이널에서 르브론은 득점, 리바운드, 어시스트 부문 1위를 차지했다. 양팀 통틀어 가장 많았다. 2016년의 경우 스틸(2.6개)과 블록(2.3개)도 1위였다.

33.5
탈락 위기

르브론 제임스는 탈락 위기에 몰린 경기(elimination games)에서 14승 11패(승률 56.0%)를 기록했다. 즉, 2승 3패, 1승 3패 상황을 말하는 것으로, 평균 44.7분을 뛰며 33.5득점 10.7리바운드 7.5어시스트를 기록했다. 탈락 위기 경기 최다득점은 46득점으로 2018년 동부 컨퍼런스 파이널 6차전이었다. 보스턴 셀틱스를 상대로 109-99로 이기며 3승 3패 동률을 만들었다

NBA 플레이오프에서 떠올리게 될 르브론 제임스의 숫자들

LEBRON'S NUMBER

1562

파이널 통산득점

르브론은 NBA 파이널 55경기를 뛰며 1,562득점(평균 28.4점)을 기록했다. 누적득점 2위에 해당하는 기록이다. 누적득점 1위는 제리 웨스트(1,679점/평균 30.5점)다. 웨스트는 3점슛이 없던 시절에 이 기록을 세웠는데 자유투로만 455점을 올렸다.

198

파이널 통산실책

긍정적인 지표만 있는 것은 아니다. 많이 나가서 많이 뛰고 패한 경기도 많았다. 누적 198개의 실책으로 이 부문 1위에 올라있다. 또한 파이널에서 50득점 이상을 올리고도 경기에서 패한 유일한 선수이기도 하다. 2018년 파이널 1차전(114-124)에서 51점을 기록했지만 연장 접전 끝에 패했다. J.R 스미스의 '역주행'으로 유명한 그 경기다.

52

클리블랜드의 한(恨)

클리블랜드는 프로농구(캐벌리어스) 외에 풋볼(브라운스), 프로야구(가디언스) 구단을 보유하고 있다. 그러나 브라운스는 마지막 우승이 1964년이었고, 가디언스는 월드시리즈 우승이 1948년이 마지막이었다. 가디언스의 경우 현재 MLB에서 가장 오래 우승을 못한 팀 중 하나다. 캐벌리어스도 사정이 다르진 않았다. 1970년 창단한 캐벌리어스는 한동안 동부의 그저 그런 평범한 팀이었다. 마크 프라이스, 브래드 도허티 등 젊은 유망주들을 영입하면서 도약을 시작해 1992년 동부 컨퍼런스 결승까지 올랐지만 마이클 조던의 시카고 불스에 패하며 그 기회를 놓쳤다. 한동안 빛을 못 본 프랜차이즈에 희망을 심어준 선수가 바로 르브론이다. 한때 실망도 안겼지만 2014년 캐벌리어스로 돌아와 4년 연속 파이널 진출을 이끌었다. 그리고 2016년, 마침내 클리블랜드 프랜차이즈가 그토록 염원하던 우승의 꿈을 안겼다. 무려 52년 만에 이룬 결실이었다. 그는 'a kid from Akron'이라는 문구를 즐겨 써왔다. 자신의 여정을 지켜봐준 모든 이들에게 자신이 어디에서 왔는지를 말해주고, 또 자신을 바라보게 될 아이들에게 애크런 출신이라는 자부심을 심어주기 위해서다. 2016년 우승 직후 "Cleveland! This is for you!"를 외쳐 팬들을 감동시켰던 그는 'next kid'가 애크런에서 나오길 간절히 바라고 있었다.

02

ONE IN A MILLION
2015-2016시즌

지금부터 두 팀의 4년에 걸친 결승 대진 이야기를 하려 한다. NBA 역사상 몇 안 되는 긴 인연이다. 그 중심에 선 두 선수의 인연은 여간 묘한 게 아니었다. 워리어스의 에이스, 스테픈 커리는 1988년 미국 오하이오주 애크런 태생이다. 자라기는 샬럿에서 자랐지만, 당시 부친인 델 커리(Dell Curry)가 캐벌리어스에서 뛰던 중이라 애크런에서 처음으로 햇빛을 보았다. 흥미롭게도 그가 태어난 산부인과는 커리가 태어나기 4년 전에도 대스타의 출생을 맞이했다. 그가 바로 르브론 제임스다. 물론 간호사들이 이를 기억할 리 없다. 우연일 뿐이겠지만, 어쨌든 우승이라는 궁극의 목표를 두고 마주한 대스타들의 출생지가 같다는 것은 참 묘하다. NBA 파이널, 올스타전, 플레이인 토너먼트 등 크고 작은 무대에서 대적한 두 스타는 서로에 대한 강한 리스펙트가 있었다. 르브론은 커리가 대학생 때 이미 데이빗슨(Davidson) 대학 경기를 직접 관람하는 등 깊은 관심을 드러냈고, 커리 역시 그런 르브론을 마음 속 스타 중 하나로 삼아왔다. 하지만 파이널 무대에서 이런 리스펙트는 사치일 뿐. 갖고 있는 모든 것을 쏟아 부어도 부족할 판이었다. 캐벌리어스가 특히 그랬다. 커리, 클레이 탐슨(Klay Thompson)의 스플래시 브라더스(Splash Brothers)는 NBA 역사상 단일시즌 가장 많은 3점슛을 넣은 콤비였다. 드레이먼드 그린(Draymond Green)은 워리어스 스몰볼의 윤활유였고, 앤드루 보거트(Andrew Bogut)은 슈터들이 마음껏 날뛰게 도와주는 최고의 스크린 장인이었다. 벤치 전력 또한 만만치 않았는데, 안드레 이궈달라(Andre Iguodala)는 NBA에서 가장 뛰어난 수비수 중 하나이기도 했다. 반면 캐벌리어스는 무기가 부족했다. 시즌 중 이미 안드레손 바레장이 아킬레스건 부상으로 시즌아웃 된 터. 러브는 어깨 부상으로 이탈했고, 어빙도 발목 통증이 여전했다. 결국 르브론 홀로 남게 된 셈이었고, 그에 대한 비중은 오히려 캐벌리어스를 떠나기 전만큼이나 커지게 됐다. 르브론은 허투루 좌절감도, 기대감도 드러내지 않았다.
"내가 지금 확실히 말씀드릴 수 있는 건 하나다. 열심히 뛸 것이라는 사실 말이다. 코칭스태프가 만들어준 게임 플랜을 정확히 이행하면 된다. 리더로서

선수들이 이를 잘 견디고 따르게 만드는 것이 내 임무라 생각한다."

2015년 파이널 시리즈는 NBA 사상 최초로 1, 2차전 모두 연장에 가서야 승부가 결정된다. 1차전은 108-100으로 워리어스가 가져갔다. 4쿼터까지 잘 버텼으나 연장에서는 르브론의 종료 9.5초전 득점을 제외하면 단 1점도 올리지 못했다. 12개의 슛을 던져 1개만을 넣었고, 실책도 5분간 3개나 범했다. 그 사이 워리어스는 10점을 몰아쳤다. 패배만큼이나 뼈아픈 건 어빙의 연장전 부상이었다. 무릎을 다쳤는데 수술이 필요했다. 이는 즉, 남은 시리즈 출전이 어려움을 의미했다. 르브론은 44득점을 기록했지만 4쿼터 결정적인 슛을 놓쳐 아쉬움을 남겼다. 르브론은 마지막 상황에 대해 이렇게 설명했다. "여기서 끝을 내든, 연장에 가든 둘 중 하나였다. 그래서 마지막 슛을 내가 던지기로 결심했다. 물론 셤퍼트도 찬스이긴 했지만, 일단 내가 가고자 하는 대로 했다."

비록 어빙이 다쳤지만 르브론은 낙담하지 않았다. 아니, 적어도 미디어와 대중들 앞에서는 내색하지 않았다. "어빙이 빠지면 다른 누군가의 기회가 생길 것이다. 벤치 득점이 줄었다고 하는데 실제로 우리는 밀렸다. 그럼에도 우리는 마지막까지 이길 기회가 있었다"라며 전의를 불태웠다.

2차전에서 캐벌리어스는 반격에 성공했다. 95-93으로 연장전까지 가서 승리했다. 이 승리는 캐벌리어스 창단 이래 파이널 첫 승이기도 했다. 르브론은 39득점 16리바운드 11어시스트로 트리플더블을 기록했는데 출전시간이 무려 50분 20초였다. 어빙의 공격을 메울 선수는 나타나지 않았지만, 그래도 커리를 힘들게 만들 선수는 등장했다. 바로 델라베도바였다. 델라베도바의 끈질긴 수비에 막혀 커리는 3점슛 15개 중 13개를 미스했다. 당시 기준 파이널 한 경기 3점슛 최다 미스 기록이었다.

홈으로 돌아온 캐벌리어스는 여세를 몰아 96-91로 승리했다. 이 무렵 르브론은 캐벌리어스 팀을 'The Grit Squad'라 불렀다. '그릿(grit)'이 집념, 투지, 끈기 등을 의미하는 단어이니 우리식으로 풀어보면 '헝그리 군단'으로 해석해도 괜찮지 않을까 싶다. 르브론을 제외하면 전원이 파이널 경험이 없었고, 델라베도바 같은 경우는 '이름을 어떻게 발음해야 하나'라는 주제의 컨텐츠까지 나올 정도였으니 상대팀과의 무게감에서 큰 차이가 있었다. 결국 르브론 외에는 모두가 악으로 깡으로 버티는 수밖에 없었다. 이날도 르브론은 40득점을 퍼부었다. 4쿼터 커리의 몰아치기(4쿼터 17점)를 극복한 힘거운 승리였다. 이날 르브론의 득점도 뛰어났지만, 승부처에 워리어스를 따돌린 캐벌리어스의 수비도 무시할 수 없었다. 이 수비에는 르브론의 조언이 큰 힘이 됐다. "예전에도 봤던 세트 플레이였다. 그래서 코칭스태프에게 이를 전달했다. 난 그들이 그걸 사용할 것이라는 걸 알고 있었다."

하지만 3차전은 캐벌리어스가 파이널에서 웃은 마지막 경기였다. 모즈고프, 탐슨, 스미스, 셤퍼트 등 꺼낼 수 있는 카드는 다 꺼내들었던 블랫 감독이지만 인력난을 극복 못했다. 4차전부터 워리어스는 모든 수비의 초점을 르브론에 맞췄다. 보거트를 벤치로 내리고 이궈달라를 주전으로 올린 것이다. 이궈달라에게는 2014-2015시즌 첫 주전 출전이었다. 그의 역할은 단 하나, 르브론 괴롭히기였다. 르브론이 단 20점에 묶이면서 캐벌리어스는 동력을 찾지 못했다. 블랫 감독은 르브론의 침묵보다는 전체적인 슈팅, 트랜지션 수비, 박스아웃 등에서의 부진을 패인으로 짚었다. 실제로 스미스는 4차전에서 3점슛 8개를 던져 모두 실패했다. 워리어스가 104-91로 승리한 5차전은 전반까지 대등하게 가는 것처럼 보였다. 어느 한 팀도 점수차를 쉽게 벌리지 못했다. 그러나 워리어스의 강한 벤치는 강한 뒷심을 불러왔다. 25점을 몰아치는 동시에 캐벌리어스를 11점으로 묶었다. 커리가 또 나섰다. 자신의 37점 중 17점을 4쿼터에 휘몰아쳤다. 르브론은 40점 14리바운드 11어시스트로 이 시리즈 2번째 트리플더블을 기록했다. 통계에 따르면 그가 득점과 어시스트로 만들어낸 점수가 무려 70점이었다. 적장인 스티브 커 감독조차도 "경이로웠다. 모든 걸 해내더라"라며 혀를 내둘렀다.

그러나 그 활약만으로 분위기를 뒤집기에는 역부족이었다. 블랫 감독은 모즈고프, 탐슨을 모두 빼고 르브론을 중앙에 놓는 극단적인 스몰볼을 택했지만, 시간이 흐를수록 열세가 됐다. 체력 탓이다. 나중에는 발조차 제대로 떼지 못했다. 4쿼터 리바운드 대결에서도 7-14로 졌다. 5차전까지 파이널 전 경기 4쿼터 득점 대결에서 캐벌리어스는 110-147로 지고 있었다. 그렇다고 워리어스도 마냥 쉬운 승리는 아니었다. 커리도 5차전 이후 완전히 탈진한 걸로 알려졌다. 조 레이콥(Joe Lacob) 구단주도 깜짝 놀라 라커룸으로 딜려갔다는 후문이다.

5차전 승리는 파이널 진출팀들에게 많은 의미를 준다. 2014년까지의 기준으로 5차전을 이긴 팀이 시리즈를 가져간 경우는 28번 중 20번 있었다. 그러니 워리어스

입장에서는 중요한 고지를 잡은 셈이다. 물론 역사가 늘 높은 확률의 편만 든 것은 아니었다. 2013년이 대표적인 예로, 샌안토니오 스퍼스가 5차전을 가져갔지만 6차전과 7차전을 마이애미 원정에서 패하면서 준우승에 머물렀다. 르브론 제임스는 두 가지 경우를 모두 겪어봤다. 2013년에는 웃으며 시즌을 끝낸 반면, '빅3' 원년이었던 2011년 결승에서는 댈러스 매버릭스에게 5차전을 진 뒤 6차전까지 내주면서 고개를 숙였다.

대망의 6차전, 캐벌리어스는 이를 악물고 경기에 나섰지만 경기 내용은 의지와 다르게 흘러갔다. 1쿼터부터 28-15로 몰아친 워리어스는 이번에도 후반에 크게 달아나며 1975년 이후 첫 우승을 확정지었다. 르브론은 이 경기에서 플레이오프 통산 5,000득점을 기록한 역대 최연소 선수가 됐지만, 준우승을 위로해줄 정도의 보상은 아니었다.

시리즈가 끝난 뒤 르브론은 후련하다는 듯 기자회견에 임했다. 기자회견 단상에 오른 르브론을 향한 질문은 전과 달리 부드러워져 있었다. 차, 포 다 떼고 악전고투한 것에 대한 리스펙트의 표현이었을까.

"우리에겐 이번 시즌 여러 순간이 있었다. 사실 패한 팀을 두고 성공적이었다고 말하긴 어려울 것이다. 그러나 애초 팀에 합류하면서 세운 타이틀 컨텐더로 만들겠다는 목표는 이루었다. 아직 해야 할 일이 많긴 하지만 말이다." 르브론이 말을 이어갔다. "남은 선수들로 할 수 있는 모든 것을 해봤지만 상대 탤런트가 더 뛰어났다. 나 역시 플레이오프 경기를 수없이 치르오면서 이기기도 하고, 지기도 했지만 가장 중요한 건 역시 건강이다. 우리 팀은 최고의 농구를 펼쳤지만 필요할 때 건강하지 못했고, 그 운이 따르지 않았던 것 같다."

비록 패했지만, 캐벌리어스의 파이널 무대를 이끌었다는 점, 그것도 케빈 러브와 카이리 어빙이 없는 상황에서 승승장구 중이던 워리어스를 상대로 2승이나 따냈다는 점은 괄목할 만했다. 르브론은 21점차로 대패한 4차전(40분 55초)을

제외하면 전 경기를 44분 이상 뛰는 강행군을 훌륭히 소화했다. 지금 전력이 이어진다면 2015-2016시즌 역시 컨텐더로 남기에 부족함이 없어 보였다.

감독 킬러

2016년 2월 12일. 캐나다 온타리오주 토론토. NBA 올스타들이 축제를 위해 토론토에 집결했다. 올스타전을 앞두고 미디어 회견이 열렸다. 모두가 화기애애한 분위기 속에서 인터뷰를 진행했지만, 딱 두 사람만 표정이 어두웠다. 서부 감독을 맡은 그렉 포포비치와 동부 감독이 된 타란 루였다. 포포비치가 심기가 불편한 이유는 단 하나. 데이비드 블랫 감독이 경질됐기 때문이다. 블랫이 경질될 무렵, 캐벌리어스는 동부 컨퍼런스 선두에 올라 있었다. 데이비드 그리핀 단장은 "블랫 감독이 선수들과 케미스트리가 좋지 않았고, 팀의 비전도 공유하지 못했다"고 해고 사유를 전했는데, 미디어와 감독들 사이에서는 공감하지 못한다는 여론도 많았다.

다른 한편으로 파이널 리턴매치에서 두 차례 모두 패한 것에서 갈등이 증폭된 것이 아니냐는 말도 있었다. NBA는 두 팀의 재대결을 크리스마스 메인이벤트로 두었지만, 캐벌리어스는 32%의 저조한 야투율에 묶이며 83-89로 패했다. 더 실망스러운 건 두 번째 맞대결이었다. 블랫의 해고 통보가 나기 4일 전에 홈에서 가진 재대결이었는데, 이날은 캐벌리어스가 98-132로 완패를 당했다. 전반에 일찌감치 30점차까지 벌어졌고, 워리어스는 한때 43점차까지 여유있게 리드하며 굴욕을 안겼다.

캐벌리어스는 충격일 수밖에 없었다. 이 경기 직전까지 원정 6연전에서 5승 1패를 거두는 등 나름대로 괜찮은 흐름을 타고 있었기 때문이다. 심지어 어빙과 러브도 모두 출전했다. 르브론은 패배에 당혹감과 실망감을 감추지 못했다. "강팀들을 상대로 잘 해야 하는데 우린 그러지 못했다. 오늘 경기는 아직 우리가 우승하려면 갈 길이 멀다는 것을 보여주었다." 타란 루 감독이 지휘봉을 잡은 건 그로부터 두 경기가 지난 뒤인 1월 24일 시카고 불스와의 홈 경기였다. 포포비치 감독은 "나의 가장 친한 친구가 경질됐다. 그것도 선두를 달리다가…"라며 노골적으로 불편한 심기를 드러냈다. 미디어가 신나할 만한 내용을 전달한 것이다. 반면 타란 루 감독은 불편한 자리에 있었다. 동부 컨퍼런스 1위팀 감독이라 올스타에 오긴 했는데, 당시만 해도 존중받지 못하는 분위기였다. 마치 취조를 받는 느낌이라고 해야 할까. 현장에 있던 필자 역시도 '저게 감독 대하는 태도라고?'라는 느낌이 들 정도였으니 말이다.

현장에서는 르브론이 블랫 감독 해고에 역할을 했을 지도 모른다는 말이 있었다. 사람들은 2015년 시카고와의 플레이오프 2라운드 4차전에서 르브론이 했던 말을 떠올렸다. 르브론이 버저비터로 승리한 그 경기에서 그는 블랫 감독의 작전 대신 자신이 생각한 대로 플레이했다고 고백했다. 애초 설계된 작전은 인바운드 패스를 르브론이 건네는 것이었지만, 실제 플레이는 르브론이 받아서 성공시켰다. 항상 인터뷰에서 "모든 것은 감독님이 짜주신 플랜대로 한다", "감독님이 라인업을 잘 구상하실 것이다", "감독님이 투입을 결정한 데는 다 이유가 있다"라고 말해왔던 그였기에 논란이 됐던 인터뷰였다. 블랫 감독과 르브론이 선호하는 농구가 서로 다른 것이 아니냐는 의문이 제기되던 터였기에 이 인터뷰는 더 화제가 됐다.

블랫 감독이 선수단의 신뢰를 얻지 못했다는 말도 있었다. 같은 경기에서 블랫 감독은 동점(84-84)이던 8.4초 전, 타임아웃이 없는 줄도 모른 채 타임아웃을 요청하려다 벤치에 있던 타런 루(당시 코치)가 말려 그만두기도 했다. 만일 그대로 타임아웃을 요청했다면 테크니컬 파울이 주어져 르브론의 위닝샷 기회도 없었을 것이다. 모든 것은 결과론이지만, 이런 상황을 종합했을 때 둘 사이가 결코 가깝지는 않았던 것 같다. 2020년 5월, 블랫 감독은 이스라엘 언론과의 인터뷰에서 "르브론과 나는 거대한 강에 의해 분리된 상황이었다"라고 당시 상황을 떠올렸다. 물론 르브론은 관계에 대해 부정했지만, 2015-2016시즌은 그렇게 성적과는 별개로 어수선한 분위기 속에서 흘러가고 있었다.

그렇다면 터런 루 감독 체제에서 캐벌리어스는 어떻게 바뀌었을까. 그는 템포를 더 끌어올리고 싶어했다. 좀 더 현대 NBA의 흐름을 따라가고 싶어했다. 일각에서는 이를 '히어로 볼'이라고 불렀는데, 말 그대로 르브론, 어빙 등 1대1에 능한 슈퍼스타들의 영향력이 크게 작용할 수밖에 없는 농구였기 때문이었다.

사실, 농구를 떠나 루와 르브론은 인간적으로 가까운 사이이기도 했다. 성장 환경이 비슷한 것이 르브론의 관심을 끌었다. 한 부모 밑에서 가난하고 힘들게 자랐고, 농구만이 유일한 해방구였다. NBA 선수로 이룬 것은 하늘과 땅 차이였지만, 승부욕이나 농구에 대한 관점도 비슷해 곧잘 긴 대화를 나누기도 했다. 언젠가 르브론은 터런 루를 '매일 발전하는 사람'이라고도 표현했는데, "연애, 혹은 결혼 생활과 비슷하다. 매일 함께 하며 서로를 알아가고 더 돈독해지는 관계 말이다. 그는 선수때나 코치때나 나날이 더 발전했고 덕분에 팀도 함께 성장했다"라고 그 이유를 설명하기도 했다. 이런 관계를 생각해보면 르브론이 터런 루를 감독으로 더 선호했다는 루머가 나온 것도 이상하지 않다. 캐벌리어스 구단은 갑작스런 감독 교체에 대해 성적으로 증명해야 했는데, 루 감독은 이를 성적과 경기력으로 입증할 수 있었다.

캐벌리어스는 프랜차이즈 사상 3번째(2008-2009시즌, 2009-2010시즌)로 동부 1번 시드(57승 25패)를 받아 플레이오프에 올랐다. 정규시즌 동안 워리어스 다음으로 많은 3점슛(880개)을 터트렸고 이는 당시 기준 NBA 단일시즌 최다 3점슛 성공 5위에 해당하는 기록이었다(역대 1위는 같은 시즌의 워리어스). 터런 루 체제에서 팀은

> 연애, 혹은 결혼 생활과 비슷하다.
> 매일 함께 하며 서로를 알아가고
> 더 돈독해지는 관계말이다.
> 그는 선수때나 코치때나
> 나날이 더 발전했고
> 덕분에 팀도 함께 성장했다.

107.9득점(5위)을 기록하면서 의도한 대로 흘러가는 듯했다. 동시에 수비에서도 98.3점만을 실점하며 이 부문 4위에 올랐다. 90점 아래로 실점한 18경기에서는 17승 1패를 기록했다. 지난 시즌보다 나아진 건강 상태에, 뜨거워진 화력, 두꺼워진 방패. 이제 그들은 포스트시즌 정상 등극을 정조준하고 있었다.

위대한 여정

2016년 플레이오프가 시작될 때 그는 미국 나이로 서른둘이었다. 르브론은 언젠가 자신이 48분 내내 공, 수에서 에너지를 쏟지 못할 것을 준비하고 있었다. 풋워크를 발전시키고 민첩성을 키우는데 집중한 이유다. 회복에도 더 많은 신경을 기울였는데, 자체 고용한 연구진을 통해 얻어낸 회복용 드링크를 손에서 떼지 않았다. 또 라커룸에서는 자전거를 타면서 몸을 달군 뒤 다시 욕조에 들어가는 방식을 반복한다. 스트레칭도 빼놓지 않는다. 보쉬 역시 "르브론은 스트레칭에 정말 진심인 선수다. 일어나서 30분, 자기 전에 30분을 빼놓지 않는다. 경기 후에는 무릎에 얼음을 대는 것도 빼먹지 않는다. 어릴 때부터 그랬다. 그 나이에 그러기란 정말 쉽지 않다"라며 르브론의 자기관리 방식에 감탄한 적이 있다(이는 알 해링턴, 트레이시 맥그레이디 같이 10대 나이에 NBA에 진출했던 선수들이 모두 후회했던 부분이다). 이런 관리는 거의 매 시즌 100경기에 가까운 살인적인 일정을 소화하면서도 그를

여전히 20대처럼 여겨지게 만드는 원동력이 됐다. 2015-2016시즌에 르브론은 25.3득점(야투 52.0%)을 기록하며 12시즌 연속 25+득점을 달성했다. 칼 말론(1987~1998), 제리 웨스트(1961~1972)가 보유하던 11시즌 연속 기록을 넘어선 것이며, 놀랍게도 이는 2022-2023시즌까지도 이어지고 있다. 통산 득점 순위도 껑충 뛰어올랐다. 2015년 11월 17일 제리 웨스트(25,192점)를 넘어 역대 19위가 된 그는 시즌이 끝날 무렵인 2016년 4월 1일, 오스카 로벌슨(26,710점)을 추월해 11위가 되어 있었다.

캐벌리어스는 2016년 플레이오프 1라운드에서 디트로이트 피스톤스를, 2라운드에서 애틀랜타 호크스를 모두 스윕으로 물리치며 컨퍼런스 파이널에 올랐다. 컨퍼런스 파이널 상대는 토론토 랩터스(Toronto Raptors). 더마 데로잔(DeMar DeRozan)과 카일 라우리(Kyle Lowry)가 중심이 되어 창단 이래 처음으로 컨퍼런스 파이널에 오른 젊은 팀이었다. 경기당 98.2점만을 내주는 짠물 수비(3위)로 정규시즌을 집어삼켰다. 하지만 르브론의 카리스마 앞에 속절없이 무너지고 만다. 1차전부터 31점차(81-115) 대패를 당했다. 르브론은 첫 9개의 슛을 모두 성공시키면서 대승을 주도했다. 31점차는 캐벌리어스 포스트시즌 역사상 최다 점수차 승리였다. 원정에서 치른 3,4차전을 패했지만, 5,6차전을 여유있게 이기면서 파이널에 올랐다.

캐벌리어스는 이긴 경기에서 평균 28.5점차를 기록할 정도로 압도적이었다. 적장 드웨인 케이시(Dwane Casey) 감독은 "아직 우리는 캐벌리어스 수준까지 이르지 못했다. 많이 배운 시리즈였다. 우리도 곧 그 위치에 갈 것이다"라며 완패를 인정했다.

예상치 못한 반전

동부에서의 기세가 맹렬하긴 했지만 여전히 대다수 전문가들은 워리어스의 우승을 점쳤다. 2015-2016시즌 워리어스는 의심의 여지가 없는 역사적 행보를 걷고 있었다. 스티브 커 감독이 허리 수술로 43경기나 자리를 비웠음에도 불구, 24전 전승으로 시즌을 시작했고 홈에서 54연승을 달렸으며 급기야 73승 9패로 NBA 역대 최다승 기록을 세웠다. 커리는 2시즌 연속 MVP가 됐다. 비록 플레이오프에서 커리가 발목, 무릎을 차례로 다친 것이 이슈가 됐지만, 컨퍼런스 파이널에서 1승 3패를 뒤집고 승리, 우승 후보의 기세로 보기에는 손색이 없다는 평가였다. 예상대로 1,2차전은 워리어스가 굉장히 수월하게 가져갔다. 1차전은 104-89, 2차전은 110-77. 도합 48점차는 역대 파이널 첫 2경기 최다 점수차였다. "이제 시작이다. 우리는 만족하지 않는다. 달성해야 할 목표가 있다. 준비가 됐다"던 어빙의 당찬 각오가 무색해지는 패배였다. 홈으로 돌아온 3차전은 캐벌리어스의 복수전이었다. 무려 120-90, 30점차 대승을 거둔 것이다. 러브가 뇌진탕 프로토콜로 결장했지만, 스몰라인업으로 재편된 캐벌리어스는 오히려 화력에서 상대를 압도했다. 르브론과 어빙이 32점, 30점씩을 기록하며 워리어스를 박살냈다. 르브론은 3차전에 앞서 "죽기 살기로 임하겠다"라는 결연한 의지를 보였고, 스티브 커 감독은 그 기세에 밀려 팀 전체가 소프트하게 경기했다는 것을 인정했다.

4차전을 앞두고 〈ESPN〉은 한가지 재미난 통계를 내놓는다. 2014-2015시즌부터 2시즌 동안 워리어스가 3차전에서 2승 6패로 유독 약했다는 것이다. 2016년 플레이오프에서도 3차전에서는 0승 4패였다. 반대로 다른 경기에서는 28승 5패였다. 그렇다면 30점차로 대패한 3차전은 단순한 징크스였던 것일까?

4차전만 보면 그래 보였다. 워리어스는 108-97로 4차전을 승리하며 시리즈를 3승 1패로 앞서갔다. 이틀 전, 3차전 승리로 각오를 다졌던 캐벌리어스 입장에서는 충분히 좌절스러운 상황이었다. 워리어스에서는 커리가 38득점을 올렸다. 파이널 시리즈 들어 그가 팀내 최다득점자가 된 건 4차전이 처음이었기에 〈ESPN〉을 비롯한 매체들은 여기에 큰 의미를 부여했다.

그런데, 이 경기에서 파이널 역사상 가장 어처구니없고 어리석은 실수 하나가 나온다. 그리고 이것이 '역사'를 만드는 도화선이 되었다. 드레이먼드 그린이 사고를 친 것이다. 4쿼터 종료 2분 42초 전, 르브론은 그린의 스크린 시도를 뿌리치려다 몸싸움을 벌이게 됐고, 그린이 넘어지고 말았다. 게임이 중단된 상황이 아니었기에 르브론은 넘어진 그린을 넘어가 플레이에 참여하려 했고, 이에 감정이 상한 그린은 르브론의 사타구니를 치는 듯한 행동을 했다. 이것이 긴 언쟁으로 이어졌다. 심판은 둘에게 더블 파울을 선언했으며, NBA 사무국은 사후 비디오 판독을 통해 그린에게 플레이그런트 파울 1을 부여했다. 그해 플레이오프에서만 4번째 플레이그런트 파울을 받게 된 그린은 자동적으로 5차전을 뛰지 못하게 됐다. 르브론은 당시 플레이에 대해 "난 그냥 경기에 복귀하려고 했다. 하지만 그린의 플레이는 고의적이었다"라고 말했다.

워리어스 코칭스태프는 5차전을 대비한 오전 훈련이 끝날 무렵 그린의 징계 소식을 들었다. 그러나 우승까지 단 1승이 남은 시점이었기에 커 감독과 워리어스의 자신감은 여전했다. "우리는 우리의 게임을 계속할 것이다. 바뀌는 것은 없다." 5차전을 앞둔 커 감독의 말이다.

자신감은 르브론에게도 있었다. 같은 시각, 그는 팀 미팅에서 이렇게 말했다. "우리는 6차전을 위해 홈으로 돌아갈 거야." 이 일화는 러브가 훗날 팟캐스트에서 밝혔다. 러브는 "르브론은 자신감이 가득했다. '우리가 5차전 원정에서 이길

것이고, 홈에서 열리는 6차전도 지지 않을 거야. 그러면 7차전에서는 어떤 일도 일어날 수 있어!'라고 우리에게 말했다"라고 돌아봤다. 르브론의 말은 허언이 아니었다. 5차전은 르브론, 어빙이 나란히 41득점씩을 올리며 경기를 가져갔다. 112-97. 압도적인 승리였다.

역사를 만들다

오라클 아레나에서 5차전을 끝낸 뒤 타이런 루 감독은 선수, 스태프들로부터 100달러씩을 걷었다. 그리고는 "다시 이곳에 오게 되면 이 돈을 돌려주겠다"고 말했다. 오라클 아레나에 다시 오게 된다는 건 1승 3패에서 반격을 시작한 클리블랜드가 7차전까지 간다는 의미였다. 액수는 중요하지 않았다. 이는 선수단 모두의 사기를 끌어올리는 역할을 한 것 같다. 6차전에서도 캐벌리어스는 115-101로 대승을 거두며 시리즈를 3승 3패, 원점으로 돌려놨다. 최종 점수차는 14점차였지만 1쿼터부터 31-11로 흐름을

THIS IS FOR YOU

주도했다. 이 경기에서도 르브론은 41득점 11어시스트 8리바운드 4스틸 3블록으로 경기를 지배했다. '지배'라는 표현을 쓴 이유는 명확하다. 3쿼터 막판부터 4쿼터 중반까지 홀로 18점을 연달아 올리면서 워리어스 추격세에 찬물을 끼얹었기 때문이다. 르브론은 2000년 샤킬 오닐 이후 처음으로 파이널에서 2경기 연속 40득점을 올린 선수가 됐다. 경기가 끝날 무렵 홈구장 퀴큰 론스 아레나는 우레와 같은 함성이 쏟아졌다. "르브론이 르브론한 경기였다. 역대 최고의 선수 중 한 명이다. 막다른 골목에서 카이리(어빙)와 함께 든든하게 버텨줬다. 우리가 가고자 했던 7차전으로 데려다 주었다." 타란 루 감독의 말이다.

약속을 지킨 르브론은 한 번 더 팀의식을 고취시키는 발언을 했다. 백투백 41득점 활약에 대한 소감을 묻는 질문에 대해 "동료들과 코칭스태프가 날 믿어준 덕분이다. 볼없는 움직임, 스크린 세팅, 게임 플랜 없이는 불가능한 일이었기 때문이다. 다 그들 덕분이다"라며 7차전 선전을 예고했다. 반면 커리는 보기 드문 6반칙 퇴장을 경험했다. 커리는

5번째, 6번째 파울에 대해 불만을 터뜨렸고 결국 벌금까지 물어야 했다. 심판의 정심 여부를 떠나 캐벌리어스의 설계가 성공했다고도 볼 수 있다. 캐벌리어스는 시리즈 중반부터 집요하리만큼 커리를 괴롭혔다. 계속해서 커리쪽으로 스위치해서 수비 스트레스까지 안긴 것이다. 부상을 안고 뛰었던 커리 입장에서는 곤혹스러운 일이었다. 그린의 퇴장과 5,6차전 연패 사이, 워리어스는 보거트가 시즌 아웃되는 사건도 맞아야 했다. 1승 3패가 3승 3패가 된 배경이었다.

2016년까지, NBA 역사상 파이널이 1승 3패가 된 사례는 33번 있었다. 그런데 1승 3패에서 7차전까지 끌고 간 사례는 딱 2번 밖에 없었다. 1951년 뉴욕 닉스와 1966년 LA 레이커스가 그 주인공들이었는데 정작 7차전까지 가서는 준우승에 머물렀다. 역사상 3번째 팀이 된 캐벌리어스는 그 어려운 임무를 맡게 됐다. 그것도 워리어스가 거의 지지 않았던 오라클 아레나에서 이겨야 하는 임무였다.

2013년 이후 2번째 파이널 7차전에 임하는 르브론, 그는 7차전에 대해 이렇게 말했다. "우리 클리블랜드는 아주 오랫동안 우승이 없었다. 오로지 그것만 생각할 것이다. 파이널 MVP 같은 개인상과 명예는 언젠가 따라올 것이고, 그렇지 않더라도 우승을 한다면 난 괜찮다."

7차전은 1~6차전과 다른 양상이었다. 6차전까지 전 경기가 10점차 이상으로 승부가 난 반면, 7차전은 동점 11번, 역전 20번이 오간 희대의 명승부였다. 종료 4분 39초를 남긴 시점까지도 89-89로 동점이었다. 두 팀 다 쉽사리 주도권을 못 갖고 오던 그때, 명장면이 나왔다. 종료 1분 52초 전, 커리로부터 패스를 받은 이궈달라가 속공을 완성시키기 직전, 맹렬히 뒤쫓던 르브론이 이를 블록으로 저지한 것이다. 르브론 커리어 최고의 체이스 다운 (chasedown block)이었다. 그리고 어빙의 역전 3점슛, 케빈 러브의 커리 블록으로 이어졌다. 2014년 여름, 두 차례 영입으로 구축한 '빅3'가 차례로 활약한 것이다. 종료 10초 전, 쐐기 자유투를 넣으면서 스코어는 93-89가 됐다. 길고 긴 전투의 향방이 마침내 가려지던 순간이었다.

우승이 결정되자 선수들은 서로를 얼싸안았다. 르브론도 코트에 주저앉아 감격의 눈물을 흘렸다. 시리즈 내내 냉철함을 유지하던 승부사가 무장해제 된 순간이었다. 중계를 맡은 〈ABC〉 방송사의 도리스 버크(Doris Burke)가 소감을 묻자 그는 "2년 전 돌아오면서 목표를 세웠다. 이 도시에 챔피언십을 가져오는 것이었다. 목표를 위해 모든

것을 다 바쳤다. 모든 난관을 이기면서 여기까지 왔다"라며 감격을 감추지 못했다. 그리고 내뱉은 한 마디는 르브론의 클리블랜드 시절을 상징하는 명대사가 된다.
"Cle~veland! This is for you!"
7차전은 오하이오주 농구팬들의 기대를 한 몸에 받고 자란 유망주에서, 그들의 오랜 숙원을 풀어준 레전드로 올라섰던 경기였다. 1승 3패 시리즈를 7차전까지 끌고 갔고, 73승이나 거둔 팀의 홈구장에서 우승을 기념했다. 이것만으로도 역사였다. 2015-2016시즌 시리즈가 끝난 뒤 필자는 〈SPOTV〉에서 NBA를 중계하는 박세운 해설위원과 이 시리즈에 대해 이야기를 나눈 적이 있다. 당시 박세운 해설위원은 "역대 최다승팀의 우승을 막았다는 것만으로도 대단한 성과다. 1995-1996시즌 시애틀 슈퍼소닉스가 72승 10패의 시카고 불스를 이겼다면 어떤 결과가 나왔을까? 아마 숀 켐프(Shawn Kemp), 게리 페이튼(Gary Payton)의 위상이 바뀌었을 것이다"라고 캐벌리어스의 성과를 평가했다. 르브론도 2019년 〈ESPN+〉와의 인터뷰에서 "52년간 우승을 못했던 클리블랜드에서 챔피언십을 따내 정말 기뻤다"라며 이 우승을 자신의 커리어에서 가장 잊지 못할 우승이라고 꼽기도 했다.

2경기 연속 41+득점. 그리고 7차전에서 올린 27득점 11리바운드 11어시스트. 파이널 MVP(개인 통산 3번째)가 되기에 부족함이 없는 성적이었다. 파이널 역사상 최초로 그는 득점, 리바운드, 어시스트, 스틸, 블록 모두 전체 1위가 되기도 했다.

훗날 커리는 J.J 레딕의 팟캐스트에 출연해 이 시리즈를 이렇게 돌아봤다. "파이널에서 3-1로 앞서고 있었기에 우리는 '바로 끝낼 것'이라고 생각했다. 그린의 5차전 출전 정지가 거슬렸으나, 우리가 백투백 챔피언이 될 수 있다고 믿었다. 하지만 1-3으로 밀리는 상황에서 르브론 제임스과 카이리 어빙은 세 경기 연속으로 다른 수준의 경기를 펼쳤다. 내가 본 퍼포먼스 중 가장 놀라웠다. 그들을 정말 존경한다."

증명된 관계

르브론은 기회가 될 때마다 '증명'이라는 말을 사용해왔다. 안 될 거라는 전망을 뒤집은 것에 대한 자부심일 수 있다. 르브론과 캐벌리어스는 그 증명 목록에 타이런 루 감독을 추가해도 되었을 것 같다. 비록 방식은 갑작스럽고 좋지

않았지만, 루 감독은 파이널에서 훌륭히 동기부여를 해내면서 겨우 서른아홉의 나이에 데뷔 시즌에 NBA 타이틀을 차지한 감독이 될 수 있었다(역대 최연소 2위 / 역대 최연소는 빌 러셀로 35살이었다). 7차전 하프타임에 일어난 일이었다. 루 감독이 르브론에게 던진 한마디가 라커룸 분위기를 차갑게 만들었다. "이것보다는 더 잘 할 수 있지 않나?" 르브론은 분노했다. 전반까지 12득점 7리바운드 5어시스트 2블록을 기록하고 있었는데 이것보다 더 잘 하다니? 〈스포츠 일러스트레이티드〉가 공개한 이 일화에서 루 감독은 "르브론이 그 말을 듣고선 거의

미치려 했다"라고 털어놨다. 당시 라커룸에 함께 있었던 리처드 제퍼슨도 자신이 팟캐스트에서 "감독의 말투가 달랐다. '르브론, 네가 좀 더 해줘야 해'가 아니라 '너 왜 열심히 안 해?'라는 말투였다"라고 회고했다.
르브론은 그 분노를 코트에서 쏟아냈다. 마치 감독에게 "이래도 내가 못한다고?"라는 걸 보여주고자 시위라도 하듯, 후반 들어 단 한 개의 실책만 기록한 채 15점을 추가한 것이다. 루 감독은 경기가 끝난 뒤 르브론에게 일부러 그랬다고 고백하며 사과했다. 르브론을 자극해 팀 전투력을 끌어올리려는 의도였던 것이다. 루 감독은 "르브론은 정말

잘 하고 있었지만 팀내 최고의 선수가 더 힘을 내줄 수밖에 없는 상황이었다"라고 고백했다. 케빈 러브도 "덕분에 후반을 모두 침착하게 맞출 수 있었다"라고 말했다. 이는 어디까지나 타란 루 감독이 선수들로부터 신뢰를 얻고 있고, 르브론 역시 그를 믿고 의지했기에 가능했던 일이었다.
캐벌리어스 시절이 지나고, 훗날 사이가 더 가까워지자 루 감독은 "이제는 'T-루'라고 부르면 어때?"라고 권했다. 그러나 르브론은 끝까지 '코치 루'를 고집했다는 후문이다. 르브론은 "내 나름대로의 존경심을 표하는 방법"이라며 "감독과 선수는 어디까지나 '선'이 있어야 한다"고 설득했다.

03

ANTIFRAGILE
2016-2018시즌

2016년 7월 18일 미국 네바다주 라스베이거스의 UNLV 멘덴홀(Mendenhall) 센터. 시설 담당자가 문을 개방하자 기자들이 우르르 몰려 들어갔다. 우리 눈앞에서는 리우올림픽에 출전하는 미국 대표팀 선수들 훈련이 한창이었다. 관중석에는 대표팀 및 NBA 구단 관계자, 선수 개인 에이전트 및 트레이너 등이 일찌감치 훈련을 지켜보고 있었다. 미디어에게는 훈련의 마지막 15분만 참관이 허락된다. 선수들이 온전히 훈련에만 몰두하기 위해서였다. 훈련이 끝난 뒤에는 비로소 플로어에 나가 선수들을 인터뷰할 수 있었다. 취재진에게 허락된 그 15분과 플로어 인터뷰 시간 동안 가장 많은 플래시 세례와 인터뷰 요청이 쏟아진 선수는 다름 아닌 케빈 듀란트(Kevin Durant)였다. 대표팀이 소집되기 2주 전, 그는 소속팀 오클라호마 시티 썬더를 떠나 골든스테이트 워리어스에 합류했다. 이는 NBA에 큰 파장을 일으켰다. 이미 그 자체로도 MVP이자 득점 1위였고, 충분히 소속팀을 파이널까지 진출시킬 역량이 있음에도 또 다른 강팀으로 옮겼기 때문이다. 그것도 전 시즌 73승을 거둔 팀이며, 파이널 목전에서 자신들을 탈락시킨 팀으로 말이다. 마치 6년 전, '디시전 쇼'로 인해 무수한 비난을 받았던 르브론처럼 스스로 우승을 이끄는 것보다는 편한 길을 택했다는 지적을 받았다. NBA는 잔뜩 긴장했다. 어찌됐든 계약은 성사된 것이고, 비난 여부를 떠나 워리어스는 듀란트라는 막강한 날개를 달게 되었으니 말이다. 스테픈 커리, 클레이 탐슨, 드레이먼드 그린에 케빈 듀란트라니. 엄청난 라인업의 탄생 비화에 모두가 놀라워하면서도 그 결과를 궁금해 했다. 그리고 그 예상은 사람들 예상을 크게 빗나가지 않았다. 워리어스는 67승 15패로 서부 선두를 달렸다. 자체적으로 흔들리지 않는 이상 무너질 이유를 찾는 게 힘들어 보였다. 동부는 혼전이 계속됐다. 이 시즌은 전체적으로 서부가 득세한 시즌이었다. 승률 60% 이상을 기록한 팀이 서부는 6팀이나 있었지만, 동부는 겨우 3팀뿐이었다. 또, 올-NBA팀에서도 드러났는데 퍼스트팀부터 써드팀까지 15명 중 9명이 서부 선수였다. 디펜시브 팀에 선정된 10명 중에서도 동부 선수는 세컨드 팀의 야니스 아테토쿤보(Giannis Antetokounmpo)가

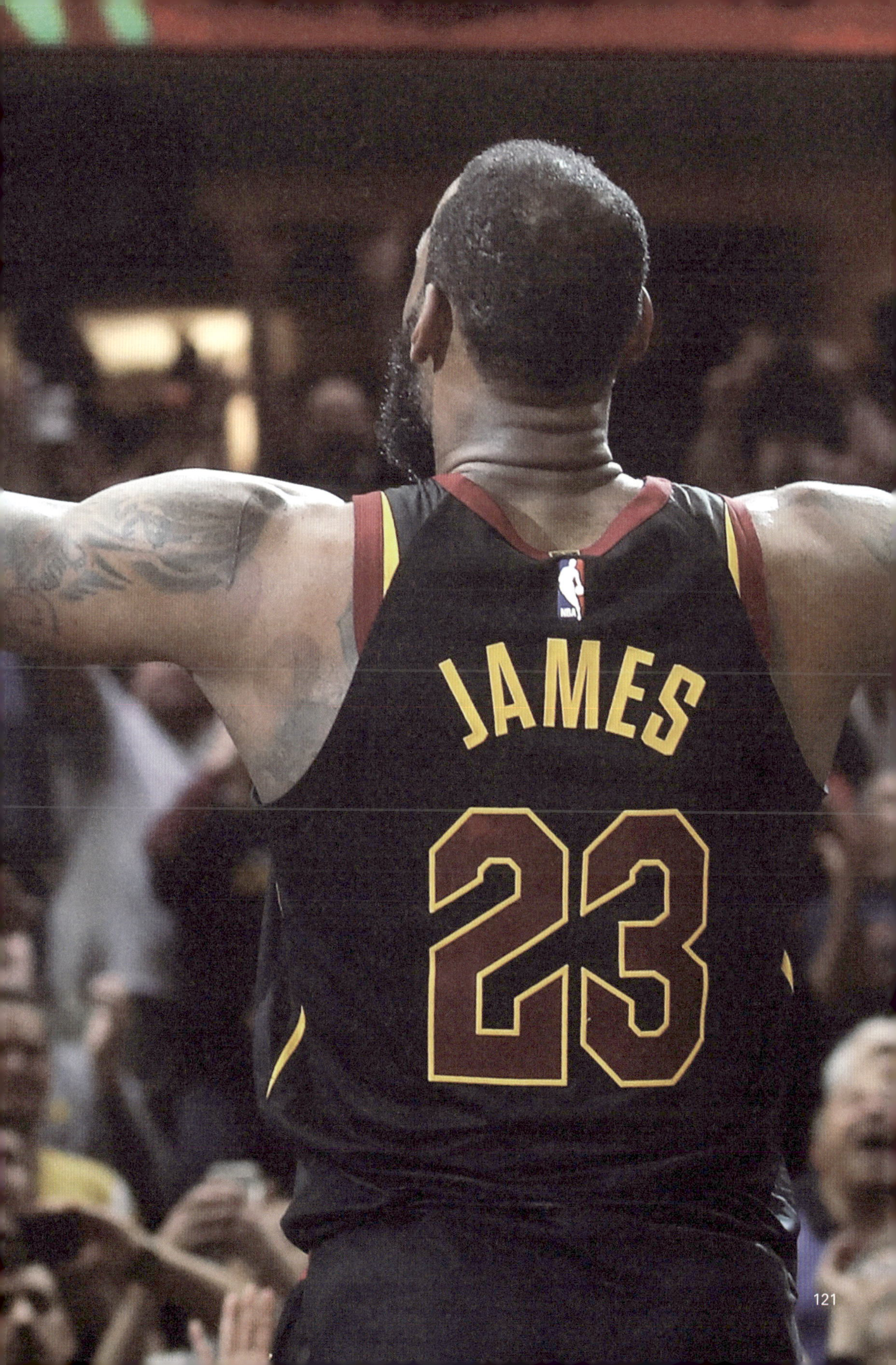
JAMES
23

유일했다. 이 가운데 르브론은 동부 선수로는 유일하게 퍼스트팀에 이름을 올리는 등 선전을 이어갔다. 주간 MVP에도 4번이나 올랐다. 더마 데로잔(랩터스)과 러셀 웨스트브룩(썬더), 그리고 르브론만 거둔 성과였다. 이런 활약 덕분에 캐벌리어스는 51승 31패로 동부 2위에 랭크됐다. 그렇지만 31패에서 볼 수 있듯, 과정은 결코 순탄치는 못했다.

르브론 스스로도 "이런 시즌은 처음"이라 말했다. 어느 때보다 부상이 잦은 탓이었다. 이 시즌 캐벌리어스에서 가장 많은 경기를 소화한 선수는 아이러니하게도 가장 나이가 많은 리처드 제퍼슨(36세, 79경기)이었다. '철인' 트리스탄 탐슨마저 시즌 막판 손가락을 다쳐 4경기를 결장했다. 탐슨은 손가락을 다치기 전까지 447경기 연속 출장 기록을 세우고 있었다. 캐벌리어스 프랜차이즈 기록이었다. 르브론도 8경기를 결장했고, 러브(무릎), 카일 코버(다리) 등 주력 멤버들도 계속 드나 들었다. 심지어 루 감독조차 질병으로 자리를 비웠다. 물론 훗날 이들이 맞게 될 코로나19 시국보다야 덜 하겠지만, 적어도 이때만큼은 '혼란의 계절'을 지내던 캐벌리어스였다. 시즌 중반, 르브론은 "데뷔 이래 이런 시즌이 있었나 싶다. 호흡을 맞출 기회조차 부족하다. 코치부터 선수까지 인앤아웃이 계속되고 있다. 진행과정이 정말 중요한데 꾸준함을 못 가져가고 있다"라고 말하기도 했다.

51승은 그 혼탁하고 변덕스러운 여정 속에서 거둔 값진 성과였다. 여러 악재에도 깨지지 않고, 더 단단해진 상태로 말이다. 이 시즌 캐벌리어스는 수비에서의 막강함은 예년만 못했지만, 시원시원한 공격이 눈에 띄는 팀이었다. 르브론과 어빙이 각각 26.4득점, 25.2득점을 올린 가운데, 팀 전체적으로 13.0개의 3점슛을 꽂으며 리그 2위에 올랐다. 어빙은 드리블만으로 관중들로부터 굵은 함성을 끌어낼 수 있는 선수였고, 르브론은 그저 르브론이었다. 어빙이 돌파로 치고 들어갈 때면 상대팀은 어빙만 바라볼 수 없었다. 언제 어느 쪽에서 르브론이 커트해 들어갈 지 모르기 때문이다. 그리고 그런 르브론을 위해 트리스탄 탐슨과 케빈 러브 등이 걸어주는 스크린 타이밍도 3년차를 맞은 만큼 더 완벽하고 정확했다. 르브론이 스크리너를 이용해 돌파해 들어갈 때도 마찬가지였다. 반대쪽을 신경 써야 했다. 러브, 스미스, 카일 코버 등이 대기했다. 213cm의 '스트레치4' 채닝 프라이(Channing Frye)도 대기 명단에 이름을 올리고 있었다. 피닉스 선즈(Phoenix Suns) 시절부터 평균 2개 이상의 3점슛을 넣어주던 프라이는 2016-2017 시즌 1.9개의 3점슛을 성공시켰다. 성공률도 40.9%로 우수했다. 혼셋(Horn Set)에 이은 픽앤팝, 해머플레이 등 다양한 패턴에서 다양한 옵션이 만들어졌다. 적어도 '건강'만 잘 유지된다면 두려울 것이 없어 보였다. 2016-2017시즌 크리스마스 매치가 대표적이었다. 선두권을 달리던 워리어스와의 시즌 첫 재대결이 이 자리에서 마련됐다. 이 시즌 크리스마스 매치는 디펜딩 챔피언인 캐벌리어스의 퀴큰 론스 아레나에서 열렸는데, 일찌감치 20,562명의 티켓이 동이 났다. 관중들은 다시 한 번 상대를 눌러주길 기대했다. 원정팀 멤버였던 안드레 이궈달라는 자신의 자서전에서 당시 분위기를 이렇게 돌아봤다. "우리는 이 대결에 과몰입하지 않으려고 했다. 그렇지만 우리를 둘러싼 미디어들의 분위기가 그렇지 않았다. 전국방송되는 경기였다. 이는 더 많은 TV 타임아웃이 따라올 것이며, 더 많은 기자들과 유명인들이 체육관을 찾는다는 의미이기도 했다. '파이널 재대결'이라는 스토리에 휘말리지 않으려고 노력했지만 쉽지 않았다."

이궈달라가 걱정했던 집중력 분산은 4쿼터에 영향을 주었다. 4쿼터 초반까지 리드를 잡았던 워리어스는 캐벌리어스의 막판 추격전에 흐름을 내주고 만다. 캐벌리어스는 2016년 7차전의 막판 분위기를 재현했다. 어빙의 결정타가 먹혀들면서 109-108로 승리한 것이다. 이날 캐벌리어스

에서는 르브론 31득점, 어빙 25득점, 러브 20득점으로 선전하면서 분위기를 이어갔다. 워리어스는 듀란트가 36득점을 기록하면서 불타오른 라이벌 대전에 기름을 끼얹었지만 마지막 플레이가 무위로 돌아가면서 아쉬움을 곱씹었다. 클리블랜드 팬들에게는 최고의 크리스마스였던 반면, 워리어스 선수들에게는 최악의 하루가 됐다.

트릴로지

2017년 파이널의 부제는 '트릴로지'였다. '3부작'을 의미한다. 3년 연속으로 캐벌리어스와 워리어스의 대진이 완성된 것이다. 캐벌리어스는 인디애나 페이서스, 토론토 랩터스, 보스턴 셀틱스를 내리 격파하고 파이널에 올랐다. 대다수 주력 선수들이 건강히 참가하자 경기력이 살아났다. 첫 두 시리즈를 스윕으로 끝냈고, 셀틱스에게도 단 1패만을 기록했다. 컨퍼런스 파이널 5차전을 135-102로 마치던 날, 35득점을 기록한 르브론은 마이클 조던을 제치고 플레이오프 통산 득점 1위에 올라서는 기쁨을 누리기도 했다.

워리어스는 더 막강했다. NBA 역사상 최초로 12전 전승을 거두며 파이널에 올랐다. 1라운드부터 컨퍼런스 파이널까지 한 번도 안 졌다는 의미다. 사실 샌안토니오 스퍼스 시리즈가 위기가 될 뻔 했으나, 논란이 됐던 자자

파출리아(Zaza Pachulia)의 비매너 플레이로 카와이 레너드가 시즌아웃 되면서 순식간에 분위기가 기울었다. 파이널까지 올라오면서 워리어스가 기록한 득실 마진은 무려 16.3점이었다. 결승에서 3년 연속 맞대결은 흔한 일이 아니었다. NBA 역사에는 처음 있는 일이었고, 다른 북미 프로스포츠에서도 사례가 많지 않았다. NFL에서는 클리블랜드 브라운스(Browns)가 디트로이트 라이온스(Lions)와 3년 연속 만났는데, 이건 1952~1954년의 일이었다. MLB는 더 까마득한 옛날로 돌아간다. 1921년부터 3년 연속으로 뉴욕 양키스(Yankees)와 뉴욕 자이언츠(Giants)가 월드시리즈에서 마주친 것이 유일했다. 아이스하키(NHL) 스탠리 컵에서도 마지막으로 나온 대진이 1954년이었다. 2015년에는 워리어스, 2016년에는 캐벌리어스가 우승한 만큼 과연 이번에는 어느 쪽으로 래리 오브라이언 우승 트로피가 갈 지 기대가 컸다. 캐벌리어스는 2015년에 '없는 살림'으로도 2경기나 땄었고, 2016년에는 1승 3패를 뒤집는 기적을 연출했다. 이번에도 언더독은 캐벌리어스였다. 아무리 크리스마스 맞대결을 이겼고, 포스트시즌에서의 기세가 대단하다고는 해도, 듀란트가 완전히 녹아든 워리어스를 멈추기에는 부족하지 않냐는 전망도 많았던 것이다.

뚜껑을 열어보니 역시 '후속편'은 성공하기 힘들다는 업계(?)의 속설이 맞아 떨어졌다. 1차전부터 워리어스는 113-91로 압도했다. 매 쿼터를 앞서면서 승리를 챙겼다. 캐벌리어스는 20개의 실책을 쏟아냈다. 워리어스는 르브론-어빙의 파생 효과를 철저히 차단했다. 두 선수의 동작을 불편하게 만들고, 패싱 레인을 차단하며 역습을 이어갔다. 캐벌리어스의 정돈되지 않은 트랜지션 수비와 어긋난 커뮤니케이션은 수비 자체를 혼란에 빠트렸다. 이는 정규시즌 중에도 종종 나타났던 문제였다.

이런 문제는 서로가 서로를 너무 잘 알기에 나타난 현상이었다. 이들은 지난 2년 동안 지겹게 맞붙어왔다. 이미 작은 습관, 잘 쓰는 전술들은 충분히 분석되었을 터. 결국 작은 것부터 균열을 내며 흐름을 먼저 잡는 쪽이 앞설 수밖에 없는 싸움인데 이 부분에서 워리어스가 앞섰다고 요약할 수 있다. 언젠가 르브론은 포스트시즌의 특징에 대해 이렇게 설명한 적이 있다.

"정규시즌과 플레이오프는 완전히 다르다. 비교가 안 된다. 정규시즌은 82경기를 치러야 한다. 매일 이 도시, 저 도시를 다녀야 한다. 매일 밤 다른 시스템의 팀들을 만나야 한다.

분석을 하긴 하지만 그들의 경향과 성격을 완벽히 파악하기가 힘들다. 포스트시즌은 다르다. 대다수 팀들이 정규시즌 동안 쌓아온 걸 토대로 한다. 그래서 코칭스태프도 우리에게 최적화된 전술을 만들어 전달하기가 편하다. 우리도 마찬가지로 그 플랜에 맞게 가능한 모든 힘을 쏟아 붓고자 노력한다. 또 플레이오프는 이동 걱정도 줄어든다. 한 도시에서 머물며 특정팀과 계속 맞붙는다는 점도 좋다." 결국, 이틀에 한번씩, 총 13번을 만나다 보면 싫어도 분석할 수밖에 없게 된다. 예를 들어 이궈달라는 르브론과의 수차례 매치업을 통해 노하우를 얻었다고 돌아봤다. 그는 2015년에 르브론을 불편하게 만들고 그 공로로 파이널 MVP에도 선정된 바 있다. 그는 자신이 막는다고 해서 르브론이 저득점을 올릴 리는 없다고 강조하면서도 "적어도 동료들을 편하게 해줄 수는 있다"고 말한 바 있다. 이궈달라의 자서전과 인터뷰에서 남긴 내용을 좀 요약해 보았다. "내가 조금만 영리하게 잘 수비한다면, 적어도 르브론에게 더블팀은 안 붙여도 될 것이다. 그러기 위해서는 르브론의 게임을 잘 이해하고 대응해야 한다.

THIS IS FOR YOU

묶지는 못하더라도, 최소한 '르브론 중심의 캐벌리어스'를 일시적으로 불편하게 만들어 흐름을 뺏어오는 것은 어느 정도 할 수 있다는 생각을 갖게 해주었다. 한때 동료였고, 한때는 매치업 상대로 르브론을 마주했던 셰인 베티에이도 《플레이어스 트리뷴(The Players' Tribune)》 기고문에서 이궈달라의 컨셉과 비슷한 글을 남긴 적이 있다. "르브론이 편하게 공을 잡게 하는 건 경기를 패하는 지름길이다. 찰나의 순간만 밀려도 르브론에게 하이라이트 거리를 제공하는 셈이다. 동료들에게 찬스를 만들어줄 수도 있다"라며 르브론이 페인트존 밖으로 벗어나게 만들어야 한다고 주장했다. 이런 계속된 분석이 결국 캐벌리어스 공격에 동맥경화를 불러온 것은 아니었을까 싶다.

물론, 이 분석이 1차전 승리의 절대적 요인이 된 건 아니다. 캐벌리어스는 이날 수비에서 소극적이었다. 단 한 개의 스틸도 기록하지 못했다. 정규시즌과 플레이오프 통틀어 그들이 '스틸 0개'로 마친 건 2009년 이후 처음이었다. 또, 터란 루 감독은 좀 공격적인 분위기를 위해 트리스탄 탐슨의 출전시간을 22분으로 제한한 채 스몰라인업을 이어갔다. 템포를 올리는 데는 성공했지만 리바운드 대결에서 진 것이 화근이 됐다. 마지막으로 듀란트의 존재가 결정타였다. 듀란트의 사이즈는 르브론에게 부담이 됐다. 이궈달라를 비롯한 선수들은 듀란트가 등록된 신장(6피트 10인치, 208cm)보다 더 클 것이라 입을 모은다. 워낙 키도 크고 팔도 긴데 스피드까지 뛰어나니 막기가 쉽지 않은 선수였다. 이궈달라는 그런 듀란트 효과를 이렇게 설명했다. "볼 핸들링 솜씨가 뛰어난 7피트 짜리 선수(케빈 듀란트)가 전속력으로 달려오고, 슈터들이 좌우로 퍼지면 상대 입장에서는 아마 멘붕이 올 것이다." 경기 후 기자회견에서 리처드 제퍼슨도 인정했다. "KD(듀란트)의 사이즈와 슈팅 능력이 위협적이다. 그를 제대로 막을 선수는 르브론 뿐일 것이다. 하지만 듀란트의 그 사이즈는 르브론에게도 껄끄러울 것이다. 상대를 두려워해서는 안 되겠지만, 집중하지 않을 때 어떤 일을 당할지 모르는 상대라는 점은 항상 인식하고 있어야 한다."

2차전을 앞두고 여러 전망이 나왔다. 먼저, 역대 NBA 파이널에서 르브론의 팀은 1차전 패배 후 2차전에서 4승 2패를 기록했다"라는 팩트(fact)로 클리블랜드 팬들을 안심시켰다. 그러나 선수 출신 평론가들 생각은 달랐다. 바이런 스캇(Byron Scott) 전 LA 레이커스 감독은 《ESPN》 방송에서 "골든스테이트가 3승 1패로 앞선 채 홈으로

가장 중요한 것은 민첩함이다. 대부분 그의 첫 동작은 컨택을 동반한다. 워낙 힘이 좋기 때문에 툭 치면서 이점을 누린다. 만약 그 부분에서 밀리지 않는다면 그의 다음 계획을 바꿀 수 있다고 생각했다. 두 번째로 움직임의 방향을 파악하는 것이다. 내 뒤에는 늘 드레이먼드 그린이 버텨줬기에 나는 르브론의 다음 방향을 예상하고 막고자 했다." 이궈달라는 르브론과의 매치업은 늘 많은 생각과 예상을 하게 만들기에 빠른 속도로 체스를 두는 기분이라 회고한 바 있다. 그러나 계속된 만남은 르브론을 저득점으로

돌아갈 것"이라 전망했다. 이 방송은 클리블랜드 지역에서 캐벌리어스 팬들과 함께 공개방송 형식으로 진행됐는데, 그래서인지 사회자는 "솔직하고 용감한 발언 고맙다"라고도 말했다. 트레이시 맥그레이디도 "시리즈가 2-0이 되면 5차전에서 끝날 수도 있다"고 전망했다. 결론부터 말하자면 2차전은 통계보다는 평론가들 전망이 적중했다. 워리어스는 1쿼터에만 40점을 퍼부으며 132-113으로 완승을 거두었다. 이번에도 듀란트가 경기를 지배하고 스플래시 브라더스가 확실히 서포트했다. 듀란트가 33점을 올린 가운데 커리는 32득점에 어시스트 11개를 곁들이는 등 트리플더블까지 작성했다. 캐벌리어스는 르브론뿐이었다. 29득점 11리바운드 14어시스트로 트리플더블을 기록, 매직 존슨과 함께 NBA 파이널 역사상 가장 많은 트리플더블을 올린 선수 자리에 올랐지만, 언제나 그랬듯 그는 패배를 더 쓰라려 했다.

홈에서 치르는 3차전도 크게 다르지 않았다. 홈경기인 만큼 끝까지 발버둥쳤지만 4쿼터에 뒷심이 떨어지며 113-118로 또다시 패했다.

당시 기준, NBA 파이널 역사상 3-0으로 앞선 팀은 워리어스를 포함 13팀이 있었다. 그 중 12팀이 우승을 차지했다. 아직은 뒤집힌 사례가 없었다. 플레이오프 전체로 범위를 확장해도 3-0을 놓친 사례는 존재하지 않았다. NBA 파이널에서 마지막으로 3-0 상황이 나온 건 2007년이었다. 공교롭게도 그때도 열세였던 팀은 클리블랜드 캐벌리어스였고, 끝내 4-0으로 우승을 스퍼스에게 내줘야 했다.

이처럼 3-0으로 앞선 팀이 스윕으로 시리즈를 끝낸 사례도 지난 12번 중 8번이나 됐다. 이쯤 되면 3승 1패보다도 더 강력한 사례다. 그렇지만 워리어스는 마지막까지 신중했다. 1년 전을 기억하고 있었기 때문이다. 〈TNT〉의 샤킬 오닐이 그린에게 "라커룸에서 우승 이야기 안 하냐?"라고 농담을 던져봤지만, 그린은 "한 경기씩만 생각하려고 한다"며 조심스러워 했다. 여전히 상대에 르브론과 어빙이 건재하다는 것도 그 이유였다. 실제로 3차전에서 어빙이 보인 퍼포먼스는 두고두고 회자될 정도로 훌륭했다. 3쿼터에만 혼자 16점을 기록하는 등 경이로운 돌파 실력을 보여줬다. 〈USA 투데이〉는 그런 어빙의 활약을 '몬스터 게임(monster game)'이라고 표현하기도 했다. 그러나 앞서 말했듯, 팀 전체적으로 마지막까지 집중력과 체력을 유지하지 못한 게 패인이었다. 스티브 커 감독은 경기 중 이런 말을 했다고 한다. "저 선수들은 곧 지치게 될 거야.

우승을 놓치게 되어 마음이 무겁다.
첫 우승을 차지했을 때,
나는 첫째 아들을 낳을 때와 같은 기쁨을 누렸다.
자랑스러웠던, 그리고 절대 잊을 수 없는
순간이기도 했다.
누구도 우리가 챔피언이었다는 사실을
부정할 수 없을 것이다.
나는 다시 훈련으로 돌아갈 것이다.
늘 그랬듯 노력은,
보상을 안겨줄 것이니 말이다.

그러니 앞에 바짝 달라붙어 있어. 가능한 멀리서 슛을 던지게 만들어." 커 감독은 캐벌리어스에 대해 "체력 저하가 영향을 줄 것이라 봤다"고 설명했다. "45분, 44분간 1대1을 한다는 것은 쉽지 않은 일이다. 우리는 최대한 버텼고, 막판에는 수비가 큰 힘을 발휘했다."

그렇다고 캐벌리어스가 맥없이 주저앉은 것은 아니었다. 여전히 꺾이지 않는 마음가짐을 유지했다. J.R 스미스는 "3연패에도 불구하고 라커룸 분위기는 똑같았다"며 놀라워했다. 그래서일까. 4차전에서는 137-116으로 승리하며 16승 무패를 기대하던 워리어스의 꿈을 무너뜨렸다. 벼랑 끝에 선 캐벌리어스는 1쿼터부터 49점을 터트리면서 흐름을 이끌었다. 르브론은 31점 10리바운드 11어시스트로 역대 파이널 트리플더블 1위에 올라섰다. 어빙도 40점을 기록했다. 그리고 찾아온 5차전. 3연패 후 1승을 챙겼던 캐벌리어스의 1차 목표는 1951년 뉴욕 닉스의 전철을 밟는 것이었다. 0승 3패 열세에서 7차전까지 시리즈를 끌고 간 팀은 1951년 닉스가 마지막이다. 당시 로체스터 로열스(현 새크라멘토 킹스)를 상대로 3연승을 달렸다. 다만, 우승에는 실패했다. 캐벌리어스는 최초의 팀이 되려 했다. 그러나 캐벌리어스의 꿈은 쉽게 이루어지지 않았다. 르브론과 어빙 외에 도와주는 선수가 없었다. 반대로 워리어스에서는 잠잠하던 이궈달라마저 20득점을

올려주면서 빼앗겼던 타이틀을 되찾아왔다. 르브론은 이 시리즈에서 33.6득점 12.6리바운드 10.0어시스트라는 경이로운 '평균 트리플더블'을 남겼다. NBA 최초였다. 그러나 정작 팀은 1승 4패로 물러났다. 르브론에게는 5번째 준우승(우승 3회)이었다. 그는 함께 하기로 뜻을 모은 베테랑들, 즉 카일 코버나 데론 윌리엄스 같은 베테랑들이 끝내 우승을 차지하지 못한 것에 대한 미안함을 전하는 한편 "우승을 놓치게 되어 마음이 무겁다. 첫 우승을 차지했을 때 나는 첫째 아들을 낳을 때와 같은 기쁨을 누렸다. 자랑스러웠던, 그리고 절대 잊을 수 없는 순간이기도 했다. 누구도 우리가 챔피언이었다는 사실을 부정할 수 없을 것이다. 나는 다시 훈련으로 돌아갈 것이다. 늘 그랬듯 노력은 보상을 안겨줄 것이니 말이다"라며 각오를 다졌다.

'격변'이란 코스의 롤러코스터

2017년 파이널을 1승 4패로 끝마친 뒤 캐벌리어스 선수들은 마지막 기자회견에서 저마다의 각오를 내놓으며 시즌을 마쳤다. 주력 선수들 대부분은 "열심히 준비해서 다시 도전하겠다"는 말을 남겼다. 르브론도 파이널을 정조준하고 있었다. 캐벌리어스 선수들은 그 약속을 지켰다. 2018년 6월 1일, 파이널 1차전을 준비하던 팀은 이번에도 캐벌리어스였고, 이번에도 그 상대는 워리어스였다. 무려 4년 연속 맞대결을 갖게 된 것이다.

그런데 캐벌리어스 일원 모두가 그 약속을 지켰던 것은 아니다. 2017년 파이널 5차전을 뛰었던 선수들 중 절반 이상이 바뀐 상태였다. 2017년 10월 18일, 즉 2017-2018시즌 개막전 로스터와 비교해도 변화가 컸다. 개막전 로스터에서도 5명이 보이지 않았다. '격변'의 연속이었던 2017-2018시즌이었다. 한 곳에 물이 새니 급히 다른 색 벽돌이라도 들고 와서 끼워 맞추려 했다. 뭔가 일어나면 수습하느라 바빴다.

'뭔가'의 시작은 어빙이었다. 어빙은 갑작스레 트레이드를 요청했다. "나는 세상 모두에게 정확히 내가 어떤 선수인지 보여주고 싶었다"는 것이 이유였다. 계약기간이 2년이나 남은 상황. 막 25살을 넘겼고 25.2득점으로 직전 시즌에 데뷔 후 최고 성적을 남긴 최고의 상품이 자진해서 시장에 나왔다. 각 구단들이 발칵 뒤집어졌다. 직전 시즌 파이널에서도 때로는 르브론 못지않게 폭발적인 득점력을 보였던 어빙이 매물로 나왔다는데, 관심을 안 가질 이유가 없었다. 반대로 미디어와 동료 선수들은 '왜'에 초점을 두었다. 왜 트레이드를 요청한 것일까. 르브론과는 왜 틀어진 것일까. 의아할 수밖에 없었다. 파이널 패배 직후에도 그는 "르브론은 괴물이다. 실력도 좋은데, 경기 연구도 굉장히 많이 하는 선수다. 이 선수와 뛰는 동안 가능한 많은 것을 배우려고 한다"라고 말했다. 이런 말도 했다. "파이널에서 지긴 했지만 그 어떤 것도 핑계대지 않겠다. 워리어스가 농구를 더 잘했다. 훌륭한 팀이었다. 다시 준비해서 도전하겠다."

사실, 어빙의 이적 결심 뒤에는 르브론과의 관계가 있었다. 르브론이 있는 한 캐벌리어스의 대장은 될 수 없었다. 메인 옵션이 될 수 없었고, 메인 볼 핸들러가 되는 것도 힘들어 보였다. 르브론은 스스로를 리더라고 칭하고 목소리를 내며 팀을 이끌었다. 덕분에 팀은 르브론을 중심으로 모든 것이 운영됐다. 어빙은 그 현실에서 벗어나 자신이 앞장설 수 있는 팀에서 뛰고 싶어했다. 캐벌리어스는 굳이 어빙을

르브론을 당황시켰던 그 움직임은 잃은 상태였다. 2022-2023시즌의 로즈는 자신의 위치를 받아들이고 후배들을 돕는데 주력하고 있지만, 이때만 해도 현실을 받아들이지 못한 채 방황하고 있었다. '그래도 로즈인데'라는 일말의 기대감으로 영입 결정을 내렸을 때, 캐벌리어스는 이미 어빙을 대상으로 여러 팀과 트레이드를 논의 중이었다. 그리고 8월 22일, 보스턴 셀틱스와의 딜에 합의했다. 어빙을 보내고 '작은 거인' 아이재아 토마스와 제이 크라우더, 안테 지지치, 2018년 1라운드 신인 지명권 등을 넘겨받았다.

이 트레이드는 여러 이야기와 '후회'를 남긴다. 먼저, 평균 25득점을 올린 선수들이 맞교환 된 것은 첫 사례였다.

잡고자 노력하지 않았다. 마침 데이비드 그리핀 단장이 한계를 드러내며 해임된 터라 제대로 된 수습도 어려웠다. 이 시기, 캐벌리어스는 FA 시장에서도 고전을 면치 못했다. 2017년 여름에는 2017년 올스타전에 출전했던 선수들이 대거 팀을 옮겼다. 지미 버틀러, 폴 조지, 폴 밀샙(Paul Millsap), 고든 헤이워드 등이 대표적이다. 캐벌리어스의 레이더에 있던 선수들이었지만, 올스타급은 고사하고 다른 준척급 선수들조차 놓쳤다. 제프 그린(Jeff Green), 호세 칼데론(José Calderón) 등을 영입했으나, 이들로 인해 팀이 강해졌다고 표현하긴 애매했다. 데릭 로즈를 최저연봉 수준으로 영입한 건 충격적인 사건이었다. 그렇지만 마찬가지로 MVP에 등극하고, 플레이오프에서 여러 차례

토마스는 전 시즌 28.9득점을 올리며 셀틱스를 이끌었다. 또 1순위(어빙)와 60순위(토마스)가 트레이드의 메인이 된 것도 처음이었다. 그만큼 토마스가 NBA에 와서 엄청난 걸 이뤘음을 의미한다. 다만 토마스는 플레이오프를 이끄는 과정에서 크나큰 상처를 입게 된다. 여동생이 교통사고로 세상을 떠나는 비극을 겪음에도 출전을 감행했지만, 시리즈를 거듭하면서 고관절 부상이 심해졌다. 부상을 참고 뛰다 상태가 더 악화된 것이다. 얄궂게도 셀틱스는 그런 헌신을 보인 토마스를 트레이드시켰다. 게다가 부상 상태가 좋지 않아 트레이드가 무산될 위기에 처하자 1라운드 지명권을 얹어주었다.

토마스가 마침내 캐벌리어스의 골드 & 와인 유니폼을

입은 건 시즌 개막 후 2개월이 훌쩍 지난 2018년 1월의 일이었다. 그러나 강한 공격 의지와 달리 타이런 루 감독, 르브론과는 조화를 이루지 못했고 결국 2월을 넘기지 못한 채 팀을 떠났다.

어빙은 어땠을까. 어빙과 셀틱스의 동행 역시 해피엔딩이 아니었다. 동료들과 지속적인 갈등이 있었다. 좋은 리더가 되지 못했다. 2022년 여름, 어빙은 〈CBS 스포츠〉와의 인터뷰에서 "내가 트레이드를 요청할 무렵, 나는 르브론과 대화를 거의 나누지 않았다. 지금 생각하면 르브론과 대화를 했어야 했다. 내가 지금처럼 성숙했다면 르브론과 더 대화를 잘 나누었을 것이다. 르브론은 나를 이해해줬을 것이고 우리는 더 많은 우승을 따냈을 것이다. 당시는 내 감정을

공유하는 법을 몰랐다. 스스로를 고립시켰다"라며 후회했다. 또 다른 에이스를 잃은 캐벌리어스는 로즈, 토마스에 이어 드웨인 웨이드까지 영입하며 애써 볼륨을 두껍게 만들기 위해 노력해갔다. 한때는 리그를 주름 잡았던 슈퍼스타들. 그러나 르브론과 손을 잡을 무렵에는 부상이 잦아 더 이상 그 시절 생산력을 기대하기 어려운 상황이었다. 특히 웨이드는 히트 시절의 그 에너지 넘치는 움직임을 기대하지 못했다.

차곡차곡 쌓이는 승률과 달리, 급하게 뜯어고친 캐벌리어스의 로스터는 명백한 한계가 보였다. 캐벌리어스는 시즌 중반을 맞아 대대적 개혁을 단행한다. 2018년 2월 8일, 먼저 캐벌리어스는 제이 크라우더와 로즈, 이만 셤퍼트,

디미트리오스 아그라바니스(Dimitrios Agravanis), 2024년 2라운드 지명권 등을 내주면서 유타 재즈, 새크라멘토 킹스와 3각 트레이드를 성사시켰다. 이 트레이드로 받은 주요 선수로는 가드 조지 힐(George Hill), 로드니 후드(Rodney Hood)가 있었다.

로즈, 웨이드만큼의 명성은 아니지만 적어도 당장 전력에는 도움이 될 자원들이었다. 힐의 경우, 르브론이 플레이오프에서 매치하면서 굉장히 마음에 들어했던 선수이기도 했다. 길쭉길쭉한 체형에 기동력이 좋아 수비에 압박을 가할 수 있다는 이유 때문이었다. 르브론은 "페이서스와의 대결에서 여러 번 경험해봤던 장점이다"라고 칭찬했다.

이어 채닝 프라이와 아이재아 토마스는 2018년 1라운드 지명권과 함께 LA 레이커스로 넘겨졌다. 캐벌리어스는 이 트레이드로 조던 클락슨(Jordan Clarkson)과 래리 낸스 주니어(Larry Nance)를 받았다. 웨이드도 떠났다. 친정팀 히트로 돌아갔다. 이를 통해 넘겨받은 건 고작 2024년 2라운드 지명권 한 장이었다. 트레이드의 목표는 단 하나. 르브론의 짐을 덜어주는 것이었다. 올스타 휴식기 이전까지 르브론은 56경기를 뛰면서 평균 37분을 소화했다. 그나마 트레이드 이후 26경기에서는 조금 출전시간이 줄었지만 대부분이 승부가 일찍 결정된 경기였다. 결국 르브론은 2017-2018시즌 평균 36.9분으로 누적 출전시간 부문에서 리그 1위를 차지했다. 전 시즌(37.8분)에 이어 또 한 번 1위. 결코 스스로 "힘들다", "체력적으로 부담 된다"는 말을 먼저 꺼내진 않았지만, 더 얇아진 로스터를 데리고 과연 듀란트-커리-탐슨 트리오의 워리어스를 넘을 수 있을 지는 비관적이었다. 그러나 올스타 미디어데이에서 만난 르브론은 강한 자신감을 비추며 그 비관적인 주장들을 일축했다. "내 목표는 오로지 챔피언십이다. 아직 해야 할 일들이 많다. 우리는 브레이크 이전 4명의 선수를 새로이 영입했다. 더 맞춰봐야 한다. 그러므로 앞으로 일어날 일을 속단하고 싶지 않다. 다만 목표는 오로지 우승뿐이라는 것은 변함이 없다. 다시 동부를 제패하고 파이널에 오르고 싶다. 그리고 우리 선수들과 함께 그곳으로 돌아갈 것을 기대하고 있다. 어떤 일이 일어날지 지켜보라."

캐벌리어스는 50승 32패, 동부 컨퍼런스 4위로 시즌을 마쳤다. 르브론이 고향에 돌아온 뒤 가장 낮은 순위였다. 그러나 트레이닝 캠프부터 올스타 휴식기에 이르기까지 변화가 많았다는 점을 감안하면 3월 중순~4월 초의

스퍼트는 충분히 칭찬할 만 했다. 알려진 바에 따르면 이들은 그 어느 때보다 선수단 미팅이 많았다. 때로는 훈련 강도도 높였다.

르브론의 영웅적인 활약도 계속됐다. 11월 3일 워싱턴 위저즈와의 원정경기에서는 57득점을 기록하며 4연패에서 탈출시켰다. 당시 위저즈를 이끌던 스캇 브룩스(Scott Brooks) 감독은 "혹시 모르셨을까봐 말씀드리지만, 르브론은 여전히 르브론이었다. 우리는 그걸 알고 있었지만 막지 못했다. 아마 캐벌리어스 라커룸에 있는 선수들은 전혀 놀라지 않았을 것 같다"라며 놀라워했다. 르브론과 매치업됐던 켈리 우브레 주니어(Kelly Oubre Jr.)도 "완전히 다른 레벨에 있는 선수 같았다. 좌, 우 가리지 않고 턴어라운드 페이더웨이를 터트렸다. 그것도 터프샷으로. 그런 게 다 들어가면 도무지 방법이 없다"라며 고개를 가로저었다. 12월 2일 멤피스 그리즐리스(Memphis Grizzlies) 전에서는 종료 2분 전 동점 상황에서 혼자 5점을 내리 넣으면서 116-111 승리를 주도했다. "불행히도 저쪽(캐벌리어스)에는 미치도록 잘 하는 선수가 있었다." 그리즐리스의 역전 시나리오를 쓰고 있던 J.B 비커스태프(J.B. Bickerstaff) 감독의 한탄이었다. 비커스태프는 2018년 2월 23일에도 똑같은 말을 했다. 르브론에게 18득점 14리바운드 11어시스트로 트리플더블을 허용하며 패배(89-112)를 기록한 직후였다. "모두에게 불굴의 용기와 강한 정신력, 체력이 필요했던 시점에서 캐벌리어스에는 극복할 수 없는 사람이 있었다." 그 한 사람이 바로 르브론이었다.

경이로운 7차전, 그리고 전설

르브론 제임스가 처음 올스타가 된 건 2년차였던 2005년이었다. 르브론은 샤킬 오닐, 코비, 야오밍, 팀 던컨 등 내노라하는 슈퍼스타들과 함께 섰는데, 선배들이 'Hey, boy!'라고 부를 정도로 귀여움을 독차지했다. 올스타전 이후 공개되었던 한 클립에서는 재미있는 장면을 볼 수 있었다. 라커룸에서 선배들을 찾아다니며 농구화에 사인을 받은 것이다. 샤크, 카터, 그랜트 힐, 앨런 아이버슨, 앤트완 제이미슨 등을 일일이 찾아다니며 농구화를 내밀었던 것. 'Sir'라고 말하며 조심스럽게 농구화와 펜을 내미는 모습 또한 풋풋하다.

2018년 파이널로 가는 여정 동안 많은 후배들이 르브론을 그때 그 시선으로 바라봤다. 동경해왔던, 그리고 넘고 싶은 스타를 바라보는 그런 시선 말이다.

파이널 여정에서 만난 동부의 세 팀(인디애나 페이서스, 토론토 랩터스, 보스턴 셀틱스) 모두 평균 연령이 26세가 채 안 됐다. 반면 캐벌리어스는 리그에서 가장 나이가 많은 팀(30.6세)이었다. 젊은 피들의 거센 도전에 캐벌리어스는 진땀을 흘렸지만, 결국에는 웃었다. 르브론이 그 중심에 있었던 것은 이제 두말하면 잔소리다. 시리즈가 끝날 때면 어김없이 후배들의 찬사가 이어졌다. 1라운드 상대인 페이서스도 그랬다. 빅터 올라디포(Victor Oladipo)와 대런 콜리슨(Darren Collison), 마일스 터너(Myles Turner) 등의 페이서스는 수년 전, 르브론이 마주했던 '폴 조지 버전'의 페이서스와는 또 다른 스타일의 팀이었다. 경기당 104.2실점으로 리그 9위였고, 끈끈한 외곽수비로 상대를 조였다. 그들은 1차전부터 98-90으로 완승을 거두며 캐벌리어스를 긴장시켰다. 이 패배는 르브론에게도 충격으로 다가왔다. NBA 데뷔 이래 1라운드 1차전에서 12전 전승을 거두어왔기 때문이다. 기자들이 이에 대한 질문을 놓칠 리 없었고, '당연하게도' 르브론도 그 사실에 낙담하지 않았다. "난 파이널에서도 1승 3패로 밀린 적이 있는 사람이다"라며 대수롭지 않게 받아쳤다. 조금 오래 걸리긴 했지만, 캐벌리어스는 5차전과 7차전을 잡으면서 2라운드 진출에 성공했다. 캐벌리어스가 이긴 2차전, 5차전, 7차전에서 르브론은 40득점 이상을 해냈다. 시리즈 7경기에서 모두 득점과 어시스트 1위를 차지했다. 그런 르브론을 보며 올라디포는 '어메이징(amazing)'이란 표현을 썼다. "세계 최고의 선수다. 나도 저 레벨에 올라가고 싶다. 열심히 해야겠다." 올라디포의 동료, 트레버 부커(Trevor Booker)도 "팀만 본다면 우리가 더 나았지만, 저쪽에는 세계 최고의 선수가 있었다"라며 패배를 인정했다.

동부 1위 랩터스(59승 23패)와의 컨퍼런스 준결승은 1차전에서 사실상 승부가 갈렸다. 2차 연장전까지 가는 대접전 끝에 113-112로 승리한 것이다. 랩터스의 르브론 공포증은 쉽게 사라지지 않았다. 힘 한번 제대로 쓰지 못한 채 4전 전패를 당했다. 다음 관문은 동부 2위 셀틱스(55승 27패). 브래드 스티븐스 감독의 셀틱스는 어빙이 왼쪽 무릎 부상으로 시즌아웃 됐지만 여전히 스쿼드가 탄탄한 팀이었다. 테리 로지어(Terry Rozier), 제이슨 테이텀(Jayson Tatum), 제일런 브라운(Jaylen Brown), 마커스 스마트(Marcus Smart) 등 젊고 개성있는 외곽 자원에

알 호포드(Al Horford), 아론 베인스(Aron Baynes), 마커스 모리스(Marcus Morris) 등 거를 타선 없는 터프 가이들이 안쪽을 지키고 있었다. 그 시즌 디펜시브 레이팅 1위는 셀틱스 차지였다. 평균 실점 100.4점(3위), 3점슛 허용률 33.9%(1위) 등도 독보적이었다. 과연 리그 최고의 수비팀으로 불리는 셀틱스가 최강의 공격 무기를 어떻게 막아낼지가 관심사였다. 스티븐스 감독은 "우리 선수들도 르브론과의 대결을 기대하고 있더라. 하지만 르브론 대 셀틱스가 아니다. 캐벌리어스와 셀틱스의 대결이다. 러브, 코버, 스미스, 힐 모두 이야기해야 할 대상들이다. 그러므로 캐벌리어스 대 셀틱스로 접근할 것이다"라고 계획을 전했다. 스티븐스 감독은 이미 코버, 그린 등에 대한 대비를 파악한 듯 했다. 그리고 108-83으로 대승을 거둔 1차전만 해도 그 작전들은 다 맞아떨어진 것처럼 보였다. 모리스는 경기 내내 르브론을 찰거머리처럼 붙어 다녔다. 모리스가 중심이 된 셀틱스 수비는 르브론에게 단 15점만 내줬다. 르브론은 7개의 실책을 범했고, 1쿼터부터 18-36으로 밀리면서 일방적 대패를 당했다. 타란 루 감독은 4쿼터 7분이나 남은 시점에 일찌감치 르브론을 불러 들였다. 그러나 이때도 르브론은 대수롭지 않다는 듯 넘겼다. "이 단계에서는 걱정할 것이 하나도 없다"고 말이다. "포스트시즌에서 1패를 안고 시작한 것이 처음은 아니다. 오늘 얼마나 부진했든 상관없다. 내가 몇 개의 실책을 범했든, 슛을 얼마나 비효율적으로 던졌든 말이다. 아직 기회가 있다."

2차전에서 르브론은 각성한 듯 초반부터 셀틱스를 몰아붙였다. 무려 42득점(12어시스트 10리바운드)을 퍼부었다. 그러나 포스트시즌 내내 한번도 TD가든(홈구장)에서 패하지 않은 셀틱스의 저력을 넘지 못했다. 지원 사격이 부족했고, 수비에서 조화롭지 못했다. 스코어는 94-107. 0승 1패와 0승 2패는 차이가 있어 보였다. 한 기자는 이 대목에서 예민한 질문을 던졌다. "르브론이 이렇게 잘 했는데도 팀이 진다면 분위기는 더 나빠지지 않겠는가"라는 질문이었다. 이미 현장에서는 2월부터 르브론이 여름이 되면 FA 자격을 얻어 떠날 지도 모른다는 루머가 나왔다. 종종 나왔던 해탈한 표정도 체념에서 나오는 것이 아닌가 라는 추측도 있었다. 〈AP〉는 캐벌리어스가 패하자 "이제 르브론의 미래를 이야기할 때가 다가오고 있다"라고 첫 줄을 뽑기도 했다. 그 질문은 이런 분위기를 반영한 것이었다. 루 감독은 "보통 그가 이렇게 활약하면 우린 이기곤 했다. 하지만 오늘은 슛이 안 좋았다. 그리고 무엇보다 상대가 우리보다 나았다"

라며 분위기를 수습하려 했다.
동서고금을 막론하고 이런 분위기를 타개할 최고의 특효약은 역시 승리였다. 홈으로 돌아온 캐벌리어스는 언제 그랬냐는 듯 3~4차전을 내리 승리하며 시리즈를 원점으로 돌려놨다. 비록 원정에서 치른 5차전은 또 한 번 90점대 아래(83-96)에 묶였지만, 6차전에선 다시 109-99로 승리했다. 6차전까지는 두 팀 모두 홈에서만 승리하는 공식이 반복된 것이었다. 6차전에서 르브론은 46분을 소화했다. 1쿼터 머리를 다친 케빈 러브 공백을 메우느라 잠시도 쉴 틈을 갖지 못했다. 그가 비로소 벤치에 들어간 건 35분이 지나서였다. 그리고는 오른쪽 다리를 좀 풀고 나더니 바로 다시 코트에 섰다(래리 낸스와 가벼운 충돌이 있었고 이 때문에 오른쪽 다리에 통증이 찾아왔다). 그렇게 해서 올린 기록이 46득점(3점슛 5개) 9어시스트 11리바운드. 그야말로 경이로운 활약이었다. 〈ESPN〉은 '왕은 죽지 않았다. 8년 연속 NBA 파이널에 갈 기회는 아직 남아있다'라는 문구로 이날 활약을 요약했다. 운명의 7차전. 양 팀 다 홈에서만 승리한 만큼 이번에도 홈팀인 셀틱스가 공식을 이어갈 지 기대가 모아졌다. 그러나 르브론은 "7차전은 다른 이야기다. 나는 할 수 있고, 우리가 이길 것이라 믿는다"라고 말했다. 조지 힐은 "리그에서 뛰어오며 그를 만날 때마다 지긋지긋하고 짜증도 났다. 하지만 옆에 있어보니 알겠다. 매일 밤 뭐라 설명하기 힘든 활약을 계속하며 우리를 더 높은 곳으로 이끌고 있다. 정말 특별한 선수다"라고 감탄을 금치 못했다.
그러나 만약 당신이 7차전을 시청, 혹은 관람했다면 '놀라기에 이르다'라고 말했을 것이다. 〈ESPN〉은 7차전을 앞두고 '만약 르브론이 이 경기를 진다면 6차전은 그가 캐벌리어스 유니폼을 입고 뛴 마지막 홈경기였을 지도 모른다'라며 호들갑을 떨었다. 마치 FA가 되어 정말로 떠나기를 바라는 사람들 같았다. 르브론이 "아직 생각하지 않았다"라고 답변해도 멈추지 않았다. 이미 2010년 '디시전 쇼'라는 전례가 있었고, 클리블랜드로 돌아올 때조차도 요란했기 때문이다. 결국 이 어수선한 상황을 이겨내려면 팀이 시즌을 이어가는 수밖에 없었다. 그리고 르브론은 그렇게 했다.
무려 48분을 소화하며 35득점 15리바운드 9어시스트를 기록, 마침내 '무적요새' TD가든을 함락했다. 87-79로 이기면서 8년 연속 파이널 진출에 성공한 것이다. 르브론의 7차전 역사상 가장 완벽했던 활약이었다. 특히 가장 힘든

> 리그에서 뛰어오며 그를 만날 때마다 지긋지긋하고 짜증도 났다. 하지만 옆에 있어보니 알겠다. 매일 밤 뭐라 설명하기 힘든 활약을 계속하며 우리를 더 높은 곳으로 이끌고 있다. 정말 특별한 선수다.

조지 힐 George Hill

시기였을 4쿼터에 12점을 몰아쳤다. 지친 르브론을 위해 해줄 수 있는 건 타임아웃을 요청해 쉬게 해주는 것뿐이었다. 교체 없이 48분을 모두 소화한 건 그의 의지였다. 스티븐스 감독은 이미 지칠 대로 지친 르브론을 상대하기 위해 최대한 피지컬 하게 붙어 에너지를 소진시키는 방법을 택했다. 르브론이 스크린을 사용할 때면 우선은 스위치하고, 근처 선수가 스턴트(stunt) 동작을 통해 돌파를 견제했다. 그래도 길을 내주면 안쪽 선수가 막아섰다. 심지어 모리스는 속공을 마무리 짓기 위해 '이륙'하는 르브론을 저지하려고 매달리기 했다. 그러나 르브론은 그런 모리스를 달고 떠서 앤드원까지 얻어냈다. 경기 중 가장 힘든 마지막 1분을 남기고 일어난 일이었다. 그렇게 했는데도 셀틱스는 그를 방해하지 못했다. 테이텀은 그해 플레이오프에서 르브론에게 존경심을 보인 마지막 영건이었다. "이번 시즌은 나의 첫 시즌이었다. 어릴 때 르브론을 바라보며 농구했고, 트위터에서는 그에게 나를 팔로우해 달라고 부탁하기도 했다. 그런 스타와 대적하고, 그의 팀을 탈락 직전까지 몰아붙였다는 것만으로도 특별했다. 오래오래 기억에 남을 것 같다."
7차전이 끝난 뒤 르브론은 지칠 대로 지친 듯했다. 2017-2018시즌 막판, 그는 "한 시즌 동안 다섯 시즌은 치른 것 같이 피곤하다"며 푸념한 바 있다. 그런 그가 이번에는 "다섯 시즌이 아니었다. 여섯 시즌 동안 쏟을 힘을 한 시즌 만에 쏟은 것 같다"라고 혀를 내둘렀으니 얼마나 힘들었을 지 상상이 갈 것이다. 르브론에게 존경심을 보낸 이는 선수만이 아니었다. 적장 스티븐스 감독은 르브론에 대해 이런 소감을

THIS IS FOR YOU

내놓았다. "우리들은 2017년 9월 25일에 시즌을 시작했다. 그런데 지금은 5월 말이다. 그동안 매일매일, 온전히 이것(농구)에만 집중했다. 정말 힘들다. 그런데 르브론은 지난 8년간 이걸 해왔다. 말이 되나? 굉장히 높은 레벨에서 꾸준히 해낸 것이다. 그 중압감을 이겨낸 채 작은 실수도 하지 않아야 하는 그 무대에서 말이다. 믿기지 않는다. 우리는 캐벌리어스를 80점대로 묶었다. 그런데 르브론만은 35득점을 해냈다. 말이 되나?"

르브론이 바로 그 일을 해냈다.

그는 "정말 롤러코스터 같은 시즌이다. 좋을 때도 있었고, 나쁠 때도 있었고 다시 도약하는 시간도 있었다. NBA에 데뷔해서 이처럼 난관이 많던 시즌이 또 하나 싶다"라며 궁극의 목표인 챔피언십에 한 번 더 도전하겠다는 굳은 결의를 보였다.

역주행으로 시작한 최후의 전투

터란 루 감독과 캐벌리어스 선수들은 플레이오프를 치르는 내내 부정적인 뉴스와도 싸워야 했다. 대표적인 뉴스가 바로 르브론의 이적설이다. 아직 일어나지 않은 일에 대한 무수한 전망들은 내부적인 분위기를 흔들어 놓았다. 〈ESPN〉은 이미 2월 중순부터 르브론의 새 행선지를 전망하는 기사를 내놓았다. 골든스테이트 워리어스, 휴스턴 로케츠, LA 클리퍼스, LA 레이커스, 마이애미 히트, 필라델피아 세븐티식서스, 샌안토니오 스퍼스 등을 유력한 행선지로 꼽았다. 특히 레이커스가 시즌 중 조던 클락슨과 래리 낸스를 트레이드하면서 샐러리캡에 1,500만 달러의 여유를 두게 되었고 늘 슈퍼스타를 갈망해왔다는 점에서 유력시 되던 터였다. 심지어 캐벌리어스가 컨퍼런스 파이널 6차전을 승리했을 때는 '제임스의 미래에 대한 어떤 이야기도 잠시 멈출 수밖에 없게 됐다'라는 헤드라인을 사용했다.

터란 루 감독은 "우리 팀에 대한 부정적인 뉴스가 잘 팔리는 것 같다"며 실망감을 피력했다. 정작 르브론은 아무말도 하지 않았지만, 미디어는 계속해서 그 관심을 이적 쪽으로 돌리려 애쓰는 것처럼 보였다. 그만큼 겪어봤으면 르브론이 그 어떤 답도 명쾌하게 내놓지 않을 것이란 사실을 알면서도 말이다. 정말이지 같은 직종이지만, 양 쪽 다 고집이 세다. 동료들은 그 난잡한 상황과 쌓이는 피로에도 불구, 경기에 대해 한결같은 자세로 접근하는 에이스에 대해 감탄을 아끼지 않았다. 셀틱스 시절 르브론과 대적했던 켄드릭 퍼킨스(Kendrick Perkins)는 마지막 시즌을 함께 한 뒤 이런 생각을 갖게 됐다고 한다. "이전에는 그가 단지 신이 주신 재능 덕분에 잘한다고 생각했다. 그런데 실제로는 훈련도 정말 열심히 한다." 카일 코버도 〈USA 투데이〉 인터뷰에서 동의했던 내용이다. "같은 팀에 있으면 그렇게 든든할 수가 없다. 매일 경기에 임하는 자세에 감탄하게 된다"는 것이다. 르브론은 주위 환기를 위해, 그리고 '팀'으로 뭉치게 하기 위해 플레이오프 시리즈 도중 동료들을 위한 정장을 선물하기도 했다. 덕분에 캐벌리어스 선수들이 모두 같은 스타일의 정장을 입고 출근해 화제가 되기도 했다. 유명 디자이너 톰 브라운(Thom Browne)이 직접 디자인한 시그니처 제품이었다. 한 벌에 무려 17,120달러(2,170만 원)짜리로 알려졌는데, 정장 한 벌이 베테랑 최저연봉 선수의 한 경기 수당보다도 많았다. 뉴욕 원정을 갔을 때 선수들의 치수를 재고 플레이오프 원정경기에 맞춰 옷을 선물한 것이다. 르브론은 평소에도 톰 브라운의 브랜드를 즐겨 입었고, 심지어 컬래버레이션 작업도 했다. 그러나 르브론이 동료들에게 정장을 선물한 이유는 그가 좋아하는 디자이너라서가 아니었다. 통일된 정장이 하나의 군단이자, 하나의 유니폼 역할을 해주길 바랐다. 코트 밖에서조차 15명의 선수가 하나의 팀으로 보이길 바랐던 것이다. 파이널에 가는 여정 동안 나온 선수들의 리액션을 보면 르브론의 이런 처신들은 나날이 성숙해지고 있음을 알 수

있게 해주었다.

캐벌리어스가 악전고투 끝에 파이널에 오르는 동안, 반대쪽에서는 워리어스가 천신만고 끝에 로케츠를 7차전에서 따돌렸다. 1979년 이후 처음으로 동, 서부 컨퍼런스 결승 시리즈가 7차전까지 간 건 처음이었다. 이렇게 성사된 시리즈에 대해 현지에서는 골든스테이트 워리어스 대 클리블랜드 캐벌리어스 '파트 4', 혹은 '시즌 4'라 불렀다. 워리어스 입장에서는 르브론의 원맨쇼를 어떻게 막을지가 관건이었다. 해가 지날수록 약점이 노출되어 쓸 무기가 줄어드는 일반적인 30대 선수들과 달리, 르브론은 해가 갈수록 공격 방법이 더 다양해졌다. 컨퍼런스 파이널 기간 동안 르브론의 3점슛 성공률은 40.9%까지 올라섰다. 스티브 커 감독은 "자신감이 가장 큰 비결인 것 같다"며 "이미 리그 최고라 불리는 선수가 커리어 말미에 그런 발전을 또 한 번 이뤄냈다는 것 자체가 엄청난 일이다"라고 평가했다. 커리는 그런 르브론을 '미스터 에브리띵'이라 불렀다. "모든 것은 르브론으로부터 시작되기에 우리는 가능한 그를 잘 견제하고 막아내야 한다. 코트에 있을 때 모든 선수들이 신경을 써야 한다"라고 경계했다.

이런 경계를 비웃기라도 하듯, 1차전에서 르브론은 무려 51득점을 기록했다. 33살의 나이에 플레이오프 커리어하이를 작성했다. 1993년 마이클 조던(55득점) 이후 처음으로 나온 파이널 50점 기록이다. 51점을 올리기까지 무려 47분 32초를 뛰었다. 게다가 〈NBA닷컴〉 통계를 보면 그가 넣은 야투 19개 중 16개가 어시스트가 아닌 개인에 의해 만들어진 것이었다. 즉, 드레이먼드 그린의 표현대로 '거의 모든 것이 르브론에 의해 시작되고 마무리 된' 51득점이었던 것이다. 그렇게 언제 방전되어도 이상하지 않을 것 같은 초인적인 활약이 이어졌지만 결과는 어처구니없는 실수 하나로 인해 달라졌다.

1차전 경기 후 가장 이슈가 됐던 실수, 바로 J.R 스미스의 '역주행' 사건이었다. 사건(?)은 종료 4.7초 전에 일어났다. 조지 힐이 클레이 탐슨으로부터 자유투 2구를 얻어냈는데, 하필 2번째 자유투를 미스했다. 다행스럽게도 리바운드는 스미스가 잡아냈다. 그런데 여기서 일이 터진다. 스미스가 리바운드를 잡고선 하프코트 쪽으로 역주행한 것이다. 르브론은 앞을 보라고 소리를 질렀지만 스미스가 자각했을 때는 이미 시간이 흐른 뒤였다. 결국 두 팀은 107-107

상황에서 연장으로 갔다. 물론 힐이 자유투 2구째를 넣었다면 역전승이 됐을 지도 모른다. 그걸 놓치면서 모든 일이 벌어졌다. 그게 첫 번째 자책 포인트가 됐어야 한다. 그런데 스미스가 저지른 실수가 워낙 임팩트가 컸다. 타란 루 감독은 "아마도 우리가 1점 앞서고 있어서 다 끝났다고 생각한 것 같다"고 견해를 전했다. 그러나 스미스는 "스코어를 알고 있었다"라며 실수가 아니었다고 항변했다. 앞에 듀란트가 있었고 공격할 수 없었기에 나왔다며 말이다. "만약 우리가 앞섰다고 생각했다면 공을 갖고 그대로 멈췄을 것이다. 그러면 그들이 내게 파울을 했겠지. 감독님이 생각하는 그런 상황은 아니었다."

사실, 두 팀 다 7차전을 치르고 왔기에 연장전이 달갑지 않은 건 마찬가지였다. 그러나 무기와 가용인원의 차이가 연장전의 희비를 갈랐다. 124-117. 워리어스는 캐벌리어스보다 10점을 더 넣었다. 르브론은 그렇게 파이널에서 50점을 넣고도 진 최초의 선수가 됐다. 비록 경기 후 라커룸에서 대노하면서 이 과정에서 손도 다친 것으로 알려졌지만, 기자회견에서는 동료를 비난하지 않았다. "경기는 끝났고 우리는 다음을 준비해야 한다. 어느

THIS IS FOR YOU

누구도 탓할 수 없다. 그런 건 이 상황에서 필요치 않다." 1차전 후 전(前) 〈ESPN〉 아나운서 레이철 니콜스(Rachel Nichols)는 '스포츠 센터' 프로그램을 통해 클리블랜드의 분위기를 리포팅했다. 니콜스는 캐벌리어스의 라커룸 분위기에 대해 "예민하고, 화가 나있으며, 침통하게 느껴졌다"고 말했다. '레전드' 아이재아 토마스는 "정신적으로 다시 가다듬을 수 있을까"를 걱정했다. 방송 패널이었던 첸시 빌럽스(Chauncey Billups, 현 포틀랜드 감독)도 마찬가지 입장이었는데, 그는 "이미 파이널까지 경험해본 선수치고는 프로답지 못한 선택이었다. 라커룸 분위기가 얼마나 침통할지 상상이 안 간다"고 말했다. 결국 이제는 2차전을 어떤 마음가짐으로 준비하느냐가 중요해졌다. 불행히도 캐벌리어스의 반전은 더 이상 없었다. 2차전(103-122)과 3차전(102-110)에 이어 4차전까지도 무기력하게 패배(85-108)했다. 워리어스는 커리가 부진해도 듀란트가 나섰고, 탐슨이 침묵했을 때도 듀란트가 나섰다. 르브론은 그런 듀란트에 대해 "듀란트는 암살자 같은 존재다"라고 말했다.

3차전에서 자신의 파이널 10번째이자 플레이오프 23번째 트리플더블(33점 11어시스트 10리바운드)을 기록했음에도 불구하고 팀이 패하자 르브론은 'tough lose'라며 아쉬움을 감추지 못했다. 전반에 급습한 발목 통증까지 참아내고 뛴 결과로는 너무 잔혹했다.

그렇게 2017-2018시즌이 끝났다. 미디어에게는 승리, 패배 여부가 중요한 것이 아니라 캐벌리어스의 시즌이 끝났다는 것이 중요했다. 이는 곧 그간 금기시 됐던 질문을 해도 될 시간이 왔다는 것을 의미했기 때문이다.

"이제는 질문을 받을 준비가 되었는가?"
"팀을 떠날 것인가?"
"어떤 결정을 내릴 것인가?"
"이번 4차전이 캐벌리어스 선수로서 치른 마지막 경기였나?"
"당신은 클리블랜드로 돌아올 때 '해결하지 못한 비즈니스가 있다'고 했다. 지난 4년간 우승을 1번 했는데, 그렇다면 이제 그 비즈니스는 해결했다고 생각하나?"

르브론이 자꾸 답변을 회피하자 기자들도 직진 대신, 우회전에 좌회전, 유턴을 거듭하며 질문을 냈지만, 헤드라인으로 삼을 만한 답은 나오지 않았다. NBA PR팀 으로부터 제공받은 이 기자 회견 스크립트를 읽으면서 비로소 오프시즌이 시작됐음을 실감할 수 있었다.

르브론&

2022년 7월, 스포츠 비즈니스 전문매체 〈스포르티코(Sportico)〉는 르브론 제임스가 NBA 역사상 최초로 현역 활동 기간 중에 1조 원(10억 달러)을 돌파한 선수가 됐다고 보도했다. 르브론이 선수 연봉으로 번 돈은 3억 3,300만 달러(한화 4,296억 원)이고, 스폰서십과 라이선스 계약 등으로 얻은 수입은 7억 달러다. 프로 데뷔 당시 처음으로 손잡았던 스포츠카드 회사 어퍼덱을 시작으로 펩시, AT&T, 월마트, 스테이트 팜 등 수많은 기업들이 르브론과 함께 해왔지만, 그 중에서도 르브론에 대중성을 안긴 가장 큰 스폰서는 역시 나이키(Nike)다. 르브론은 2015년, 나이키와 종신 계약을 체결했다. 현역 선수 기간에 10억 달러 수입을 돌파한 선수는 르브론이 처음은 아니다. 타이거 우즈(골프), 플로이드 메이웨더(복싱), 크리스티아누 호날두(축구), 리오넬 메시(축구), 로저 페더러(테니스) 등 각자 종목에서 정상에 오른 슈퍼스타들도 자신들의 탤런트를 이용해 막대한 부를 쌓았다. 농구에서는 르브론이 압도적이다. 현역 2위 케빈 듀란트(브루클린 네츠)가 르브론의 절반 수준 밖에 안 되는 것으로 알려졌다. 르브론의 대표적인 투자처는 리버풀 FC(축구)와 보스턴 레드삭스(야구)다. 리버풀 FC와는 2011년 4월에 연을 맺었다. 〈월 스트리트 저널(Wall Street Journal)〉은 르브론이 리버풀 FC의 지분 2%를 사들였다고 보도했는데, 10년 사이에 프리미어 리그와 챔피언스리그 우승을 거머쥐면서 구단 가치도 치솟았다. 르브론이 투자했던 650만 달러도 4,400만 달러까지 올랐다. 르브론은 리버풀 FC에 대한 공격적인 투자를 이어갔는데, 지난 2021년 4월에는 추가 투자를 통해 공동 구단주에 이름을 올렸다. 또, 같은 시기 보스턴 레드삭스의 부분 구단주로 등재되었으며, 2022년 9월에는 메이저리그 피클볼 구단 소유권을 확보했다. 흥미로운 건 르브론이 뉴욕 양키스의 팬이었다는 점이다. 심지어 2007년 클리블랜드 인디언스와 뉴욕의 플레이오프 기간 중에는 양키스 모자를 쓰고 현장을 찾기도 했다. 클리블랜드 캐벌리어스에서의 위상을 생각해보면 응당 서운할 수밖에 없는 상황이었는데, 그만큼 양키스에 대한 애정이 깊다고 볼 수 있다. 다른 한편으로는 비즈니스는 비즈니스로 바라보는 냉철함과 수완을 높이 사야하는 대목일 수도 있다. 이처럼 스포츠 구단에 대대적인 투자가 가능했던 건 팬웨이 스포츠 그룹(Fenway Sports Group, 이하 FSG)과의 관계 덕분이다. 계속된 투자로 쌓아온 신뢰가 결국 FSG 지분 인수까지 이어진 것이다. 현재 이러한 투자는 자신이 운영 중인 스포츠 마케팅 기업 LRMR을 통해 이뤄지고 있다. 고교시절에 함께 농구를 했고, 프로에서는 르브론의 재무와 마케팅을 담당해온 매버릭 카터가 사업 파트너로서의 수완을 잘 발휘했다. 덕분에 둘은 미 프로야구와 유럽 축구 등

비즈니스

에 파트너십으로 참여한 최초의 흑인이 됐다. 이쯤 되면 르브론이 이러한 투자를 통해 궁극적으로 노리는 것이 무엇일지 궁금해진다. 첫째로 르브론은 NBA 구단의 구단주가 되는 것을 목표로 삼고 있다. 〈GQ〉, 〈포브스〉등과 인터뷰할 때면 빼놓지 않고 했던 말이다. "구단주가 되기 위해 무엇이 필요한지 잘 알고 있다. 그리고 이 사업에 대해서도 잘 알고 있다. 언젠가는 꼭 이룰 것이다." 리그 규정상 현역 선수가 NBA나 WNBA 구단을 소유하는 것은 불가능하다. 그러나 오랜 꿈이었고 여전히 확고한 만큼, 언젠가는 그가 동경해왔던 마이클 조던처럼 구단주 자리에 오르는 장면도 볼 수 있을 것이다. 두 번째 이유는 바로 가장 성공한 흑인 스포츠 스타가 되기 위해서다. 2014년 〈GQ〉 인터뷰에서 그는 자신의 사업체를 활용해 언젠가 10억 달러에 도달하고 싶다고 밝힌 바 있다. 그렇다면, 목표를 달성한 지금, 그가 전하고 싶은 메시지는 무엇일까. 그는 "우리는 구단주가 된 최초의 흑인이다. 사람들에게 언젠가는 그 꿈을 이룰 수 있다는 희망과 영감을 주고 싶다"고 말했다. 르브론이 운영 중인 건 영리를 위한 사업체만은 아니다. 서두에 소개한 'I promise school'과 마찬가지로 불우아동들을 돕기 위한 행보도 이어가고 있다. "최선을 다해 교육을 받고, 포기하지 않고 노력한다면 더 나은 삶을 살게 될 것이다." 이는 오갈 곳 없이 이집 저집을 떠돌며 지내던 빈민가 아이에서, 세계 최고의 부자 운동선수 중 하나가 된 농구스타이자 비즈니스맨 르브론 제임스가 아이들에게 했던 말이다.

르브론 제임스의 NBA 연봉

팀	시즌	연봉
CLEVELAND CAVALIERS	03-04	$4,018,290
	04-05	$4,320,360
	05-06	$4,621,800
	06-07	$5,828,090
	07-08	$13,041,250
	08-09	$14,410,581
	09-10	$15,779,912
MIAMI HEAT	10-11	$14,500,000
	11-12	$12,896,159
	12-13	$17,545,000
	13-14	$19,067,500
CLEVELAND CAVALIERS	14-15	$20,644,400
	15-16	$22,970,500
	16-17	$30,963,450
	17-18	$33,285,709
LA LAKERS	18-19	$35,654,150
	19-20	$37,436,858
	20-21	$39,219,566
	21-22	$41,180,544
	22-23	$47,474,988

*2022년 8월 18일, 레이커스와 2년 맥시멈 계약을 체결했다. 내용에 따르면 2시즌간 9,713만 달러를 받을 예정이다.

Gold & Purple

르브론의 첫 이적은 우승을 위해, 다음은 약속을 지키기 위해
그리고 레이커스로의 이적은 르브론 자신을 위한 이적이었다.
하지만, 그 선택이 르브론의 커리어가
마지막을 향해 가고 있다는 의미는 아니었다.

전혀 예상하지 못한 시점에서
맞은 슛이기에 뼈아프다.
그 슛이 들어가면서 모든 게 바뀌었다.
역대 최고의 선수가
아주 굉장한 슛을 넣었다.

스테픈 커리 레이커스와의 경기에서 패배한 이후

01

My Satisfaction
2018-2019시즌

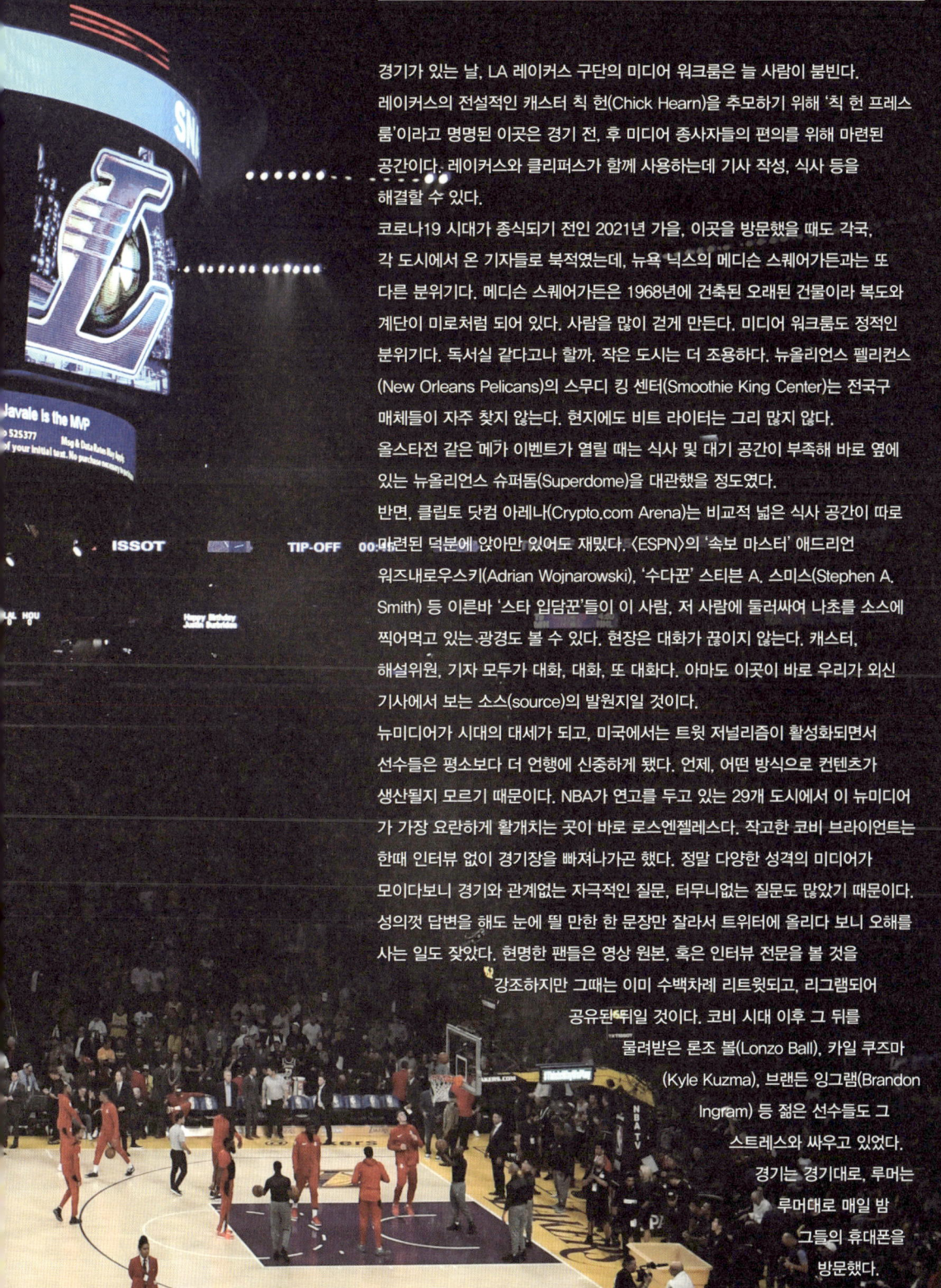

경기가 있는 날, LA 레이커스 구단의 미디어 워크룸은 늘 사람이 붐빈다. 레이커스의 전설적인 캐스터 칙 헌(Chick Hearn)을 추모하기 위해 '칙 헌 프레스 룸'이라고 명명된 이곳은 경기 전, 후 미디어 종사자들의 편의를 위해 마련된 공간이다. 레이커스와 클리퍼스가 함께 사용하는데 기사 작성, 식사 등을 해결할 수 있다.

코로나19 시대가 종식되기 전인 2021년 가을, 이곳을 방문했을 때도 각국, 각 도시에서 온 기자들로 북적였는데, 뉴욕 닉스의 메디슨 스퀘어가든과는 또 다른 분위기다. 메디슨 스퀘어가든은 1968년에 건축된 오래된 건물이라 복도와 계단이 미로처럼 되어 있다. 사람을 많이 걷게 만든다. 미디어 워크룸도 정적인 분위기다. 독서실 같다고나 할까. 작은 도시는 더 조용하다. 뉴올리언스 펠리컨스 (New Orleans Pelicans)의 스무디 킹 센터(Smoothie King Center)는 전국구 매체들이 자주 찾지 않는다. 현지에도 비트 라이터는 그리 많지 않다. 올스타전 같은 메가 이벤트가 열릴 때는 식사 및 대기 공간이 부족해 바로 옆에 있는 뉴올리언스 슈퍼돔(Superdome)을 대관했을 정도였다.

반면, 클립토 닷컴 아레나(Crypto.com Arena)는 비교적 넓은 식사 공간이 따로 마련된 덕분에 앉아만 있어도 재밌다. 〈ESPN〉의 '속보 마스터' 애드리언 워즈내로우스키(Adrian Wojnarowski), '수다꾼' 스티븐 A. 스미스(Stephen A. Smith) 등 이른바 '스타 입담꾼'들이 이 사람, 저 사람에 둘러싸여 나초를 소스에 찍어먹고 있는 광경도 볼 수 있다. 현장은 대화가 끊이지 않는다. 캐스터, 해설위원, 기자 모두가 대화, 대화, 또 대화다. 아마도 이곳이 바로 우리가 외신 기사에서 보는 소스(source)의 발원지일 것이다.

뉴미디어가 시대의 대세가 되고, 미국에서는 트윗 저널리즘이 활성화되면서 선수들은 평소보다 더 언행에 신중하게 됐다. 언제, 어떤 방식으로 컨텐츠가 생산될지 모르기 때문이다. NBA가 연고를 두고 있는 29개 도시에서 이 뉴미디어가 가장 요란하게 활개치는 곳이 바로 로스엔젤레스다. 작고한 코비 브라이언트는 한때 인터뷰 없이 경기장을 빠져나가곤 했다. 정말 다양한 성격의 미디어가 모이다보니 경기와 관계없는 자극적인 질문, 터무니없는 질문도 많았기 때문이다. 성의껏 답변을 해도 눈에 띌 만한 한 문장만 잘라서 트위터에 올리다 보니 오해를 사는 일도 잦았다. 현명한 팬들은 영상 원본, 혹은 인터뷰 전문을 볼 것을 강조하지만 그때는 이미 수백차례 리트윗되고, 리그램되어 공유된 뒤일 것이다. 코비 시대 이후 그 뒤를 물려받은 론조 볼(Lonzo Ball), 카일 쿠즈마 (Kyle Kuzma), 브랜든 잉그램(Brandon Ingram) 등 젊은 선수들도 그 스트레스와 싸우고 있었다. 경기는 경기대로, 루머는 루머대로 매일 밤 그들의 휴대폰을 방문했다.

2004년 아테네올림픽 당시 앨런 아이버슨은 르브론과 멜로, 웨이드 등에게 "절대로 뉴스나 신문을 보지마"라고 했지만 잔인하게도 휴대폰은 24시간 우리 곁에 있다. 가뜩이나 미디어의 관심이 폭발적이었던 르브론이 제 발로 찾아 들어간 도시는 바로 그런 곳이었다. 도시 규모도 크고 화려하며, 날씨도 무척 좋아서 슈퍼스타들이 원하는 삶을 살기에 아주 좋지만, 그만큼 극성도 심한 곳 말이다. 레이커스는 코비 시대 이후 도시를 빛내줄 슈퍼스타를 찾고 있었다. 볼, 쿠즈마, 잉그램 등 성실하고 촉망되는 유망주들도 많았지만, 원하는 수준에 도달하기까지는 시간이 더 필요해 보였다. 코비의 은퇴 시즌을 기점으로 레이커스의 평균 연령은 매 시즌 내려가고 있었다. 2017-2018시즌, 레이커스의 평균 연령은 23.7세로 NBA에서 2번째로 어린 상황이었다. 2012-2013시즌 이후 5시즌 연속 포스트시즌 무대도 못 밟았다. 27승, 21승, 17승, 26승…. 그러다 2017-2018시즌에 간신히 35승으로 반등했다. 젊은 유망주들 덕분이었다. 그러나 레이커스는 젊은 선수들이 그 기세를 몰아 원하는 수준에 도달할 때까지 기다릴 만한 그런 인내심과 차분함은 부족한 팀이었다.

증폭제가 되어줄 리더가 필요했다. 마침 시장에 르브론이 나왔다. 8년 연속 NBA 파이널에 진출했던 르브론은 2018년 6월 30일, 자신의 권리를 행사해 자유계약선수가 되기로 결정했다. 그리고 새 소속팀을 발표하기까지는 일주일도 걸리지 않았다. 7월 1일 그는 레이커스와 4년 1억 5,400만 달러 규모의 계약을 발표했다. 데뷔 후 서부 컨퍼런스 팀에서 뛰는 것은 이때가 처음이었다. 처음 클리블랜드를 떠날 때와 달리, 이번에는 그를 바라보는 시선이 많이 달라져 있었다. 2010년에는 그 결정에 대해 충분히 존중받지 못했다. '디시전 쇼'가 큰 지분을 차지했다. 그러나 이번에는 달랐다. 르브론의 이적을 서운해 하면서도 고맙다는 말을 하는 이들도 많았다. 구단주 댄 길버트도 그 중 하나였다. 다시 고향에 돌아와서 2016년 첫 우승을 포함, 4년 연속 NBA 파이널을 이끌어준 것에 대한 고마움이었을 것이다. 이는 르브론이 '귀가' 당시 팬들에게 했던 약속이기도 했다. 게다가 마지막 시즌은 NBA에서 가장 많은 경기, 많은 시간을 뛴 선수가 되어 있었다. 무려 104경기를 뛰었다. 뿐만 아니라 르브론은 학교를 설립하는 등 고향 커뮤니티를 위한 자선 활동도 적극적이었다.

레이커스를 선택한 이유

계약 발표가 공식화 된 건 7월 10일이었다. 계약을 주도했던 레이커스의 롭 펠린카(Rob Pelinka) 단장은 "평생 잊을 수 없는 순간이다. 내 주변의 모든 것들이 슬로우 모션으로 움직이는 듯한 느낌이었다"라며 기뻐했다. 간절히 원했던 빅 네임을 얻었기 때문이다. 그렇다면 르브론이 레이커스를 택한 이유, LA로 향한 이유는 무엇일까.

에이전트 리치 폴(Rich Paul)은 〈스포츠 일러스트레이티드〉와의 인터뷰에서 '마음이 가는 대로'였다고 설명했다. 폴의 인터뷰에 따르면, 2010년 마이애미 이적은 '우승'이 목표였고, 2014년 클리블랜드 귀환은 '약속'이 이유였다. 그리고 2018년에는 '개인'을 위해서라고 밝혔다. 그 '개인'에는 가족과 비즈니스도 포함된다. 르브론은 이미 자유계약선수가 되기 전에 로스엔젤레스에 저택을 구입해 화제가 된 바 있다. 이에 비추어 봤을 때, 르브론은 자신처럼 농구선수의 길을 걷는 자녀들을 위해, 그리고 LA 거주를 선호하는 아내를 위해 레이커스 이적을 택했을 가능성이 높다.

리치 폴의 인터뷰 후, 르브론 역시 입을 열었는데, 레이커스 선택에는 자신의 선호도도 반영됐다. 리그를 대표하는 명문

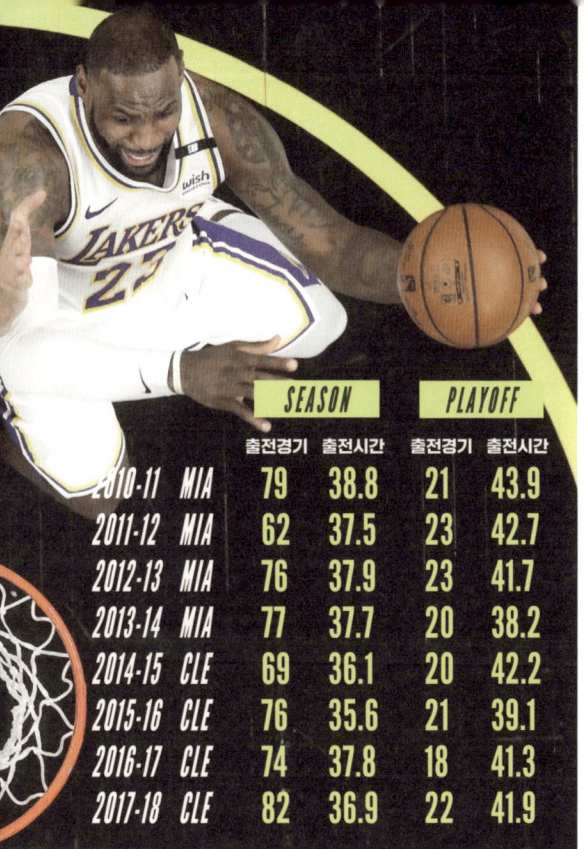

	SEASON		PLAYOFF	
	출전경기	출전시간	출전경기	출전시간
2010-11 MIA	79	38.8	21	43.9
2011-12 MIA	62	37.5	23	42.7
2012-13 MIA	76	37.9	23	41.7
2013-14 MIA	77	37.7	20	38.2
2014-15 CLE	69	36.1	20	42.2
2015-16 CLE	76	35.6	21	39.1
2016-17 CLE	74	37.8	18	41.3
2017-18 CLE	82	36.9	22	41.9

프랜차이즈에서 뛰는 것 말이다. 그는 이 부분을 여러 차례 언급했다. 이적 직후 〈USA 투데이〉 인터뷰에서는 "꿈이 실현된 느낌이다. 자라오면서 댈러스 카우보이스(NFL), 시카고 불스(NBA), 뉴욕 양키스(MLB)의 팬이었다. 모두 역사직인 프랜차이즈 팀들이디. 레이커스도 마찬가지. 여러분들은 레이커스의 과거와 현재를 알 것이다. 역사적인 프랜차이즈에서 뛰게 되어 기쁘다"라고 소감을 전했다. 2019년 2월 올스타 미디어 행사 중에는 이런 말도 했다. "플로어에서 올려다보면 수많은 영구결번 배너와 우승 깃발이 보인다. 제리 웨스트부터 조지 마이칸, 엘진 베일러, 매직 존슨, 카림 압둘자바, 제임스 워디, 코비 브라이언트, 샤킬 오닐 등 LA를 거친 수많은 전설들이 수놓았던 곳이다. 그들이 일군 역사의 일부분이 된다는 것은 나에게 정말 큰 영광이다."

르브론이 입단하고 얼마 지나지 않아 홈구장 사이드라인에서 후배의 경기를 보며 그를 격려하는 코비의 모습을 볼 수 있었다. 르브론은 "이 팀에서만 20년을 보낸 선수다. 같은 유니폼을 입고 있는 것만으로도 특별한 일이다"라며 자신을 보러와준 것을 감격스러워 했다.

달라진 위상

2016년, 캐벌리어스에서 우승을 차지할 무렵부터 가속화된 이슈가 몇 개 있다. 과연 르브론은 역사에서 어느 정도 위치에 놓아야 할 것인가. 이른바 'G.O.A.T(Greatest of All Time)' 논쟁이다. 르브론은 70년 넘는 NBA 역사에서 몇 번째 선수인가? 마이클 조던 그 이상? TOP5? 그것도 아니라면 역대 10번째 안에는 들 수 있는 것일까. 이 질문에 대해 누구나 의견을 낼 수는 있지만, 누구도 정답이라고 확신할 수 없다. 두 선수가 동시대에 뛰지 않았고, NBA의 환경도 어마어마하게 달라졌다. 누가 의견을 내놓은 랭킹은 주관적일 수밖에 없다. 우승 및 수상 횟수, 기록 등이 그 평가를 돕는 지표로 사용되고 있지만 역시나 무엇을 어떤 기준으로 붙이냐에 따라서도 달라질 것이다.

르브론은 2010년부터 8년 연속 NBA 파이널에 진출했다. 우승은 3번 밖에 두지 못했지만, 꾸준함만큼은 누구와 견주어도 부족함이 없다. 8번 파이널에 진출하는 동안, 가장 많은 출전시간을 기록했고 가장 많은 득점을 올렸으며, 그 시리즈에서 가장 많은 트리플더블을 작성했다. 그런 면에서 르브론은 '역대 최고 중 하나'로 불릴 자격은 충분하다. 처음 리그에 들어와 한동안 그에게 붙은 수식어는 'G.O.A.T'가 아닌 '넥스트 조던'이었다. 이 역시도 참 지겨운 표현이다. 조던이 첫 은퇴를 할 무렵부터 미디어는 '넥스트 조던' 찾기에 나섰다. 페니 하더웨이, 제리 스택하우스, 그랜트 힐, 코비 브라이언트, 빈스 카터 등 신장 198cm~201cm 사이의 탄력 좋은 만능 스타들의 이름이 오르내렸다. 르브론이 그 계보를 이었다. 2006년 국가대표선수 자격으로 한국을 찾았을 때도 그 질문이 나왔다. 그러나 코비가 결국에는 '맘바 멘탈리티(Mamba Mentality)'로 대표되는 자신의 브랜드를 찾아 자신만의 레거시를 썼듯, 르브론 역시 '넥스트 조던' 꼬리표를 떼고 자신만의 전설을 기록하고 있다. 페니, 스택하우스, 힐, 카터 등 다 저마다의 이유로 자격요건을 잃은 반면, 르브론은 (반문할 사람이 많겠지만) 꾸준히 조던과 동급이냐 아니냐를 두고 논쟁의 중심에 서고 있다. 그것 역시 훌륭한 부분이다.

이 이슈에 대한 NBA 전, 현직 선수들의 생각은 어떨까. 사실 이것만으로도 기사가 수만 건이 될 정도다. 그만큼 지난 10여 년간 미디어들이 꾸준히 받아 옮겼다. 팔리는, 즉 조회수가 폭발하는 이슈라는 의미다(2013년 미국 피츠버그, 2015년 펜실베니아 지역에서는 이 주제를 두고 논쟁을 벌이던 일반인 남성들이 결판(?)을 내지못해

결국에는 주먹 다짐으로 이어진 사건도 있었다). 전, 현직 선수들의 의견을 정리해보았다.

레전드들은 두 선수를 비교할 때마다 '두 선수는 완전 다른 유형'이라고 강조한다. 르브론도 여기에 동의했다. "조던과 내 플레이 스타일은 다르다. 조던은 스코어러에 가깝다. 내 몸과 조던의 몸도 다르다." 그러나 르브론은 몇 번이고 조던과 비교되는 것 자체가 자신에게는 여전히 영광이라고 강조했다. 자신이 23번을 사용한 이유도 조던 때문이라며 말이다. "내가 23번을 택한 이유는 조던 때문이었다. 조던 때문에 농구를 좋아하게 됐다. 마이클 조던을 보고 있노라면 마치 신이 농구를 하는 듯한 느낌이었다. 그렇기에 나는 그처럼 될 수는 없다고 생각한다. 난 내 스스로에 집중하고 있다. 조던이 도달한 위상에 설 것이라고는 생각해본 적이 없다. 난 그처럼 플레이할 수 없다. 대신 나는 나에게 맞는 게임을 만들어왔다. 득점만이 게임에 임팩트를 줄 수 있는 요소는 아니라고 생각한다. 내가 득점을 못한다고 해도 여전히 게임에 임팩트를 줄 수 있다. 내 첫 아젠다는 득점이 아니다. 앞으로도 그럴 것이다. 여러 방향으로 게임을 풀어갈 것이다" 2017년 5월, 셀틱스와의 시리즈 중 조던을 추월하고 NBA 플레이오프 통산 득점 1위 자리를 차지했을 때 했던 말이다. 2001년, 그러니까 르브론이 고등학생일 때 조던을 처음 만났을 때도 회고한 적이 있다. 그때 르브론은 '신을 만난 기분'이라고 설명했다.

"처음 봤을 때는 믿기지 않았다. 아마 내 기분을 이해하지 못하실 수도 있다. 나는 '진짜 마이클 조던이야?'라고 속으로 생각했다. TV, 비디오게임, 광고, 혹은 어릴 때 끼고 살았던 〈Come, Fly With Me〉 비디오테이프(조던의 다큐멘터리) 에서만 보던 인물이 내 앞에 있었으니까. 아홉 살 소년에게는 삶에 영감을 줄 누군가가 필요하다. 아버지일 수도 있고, 형제나 팀 동료, 혹은 목사님이 그 역할을 할 수도 있다. 때로는 슈퍼히어로가 될 수도 있다. 내가 어릴 때는 그 역할을 배트맨과 마이클 조던이 해주었다. 농구를 하면서도 조던이 했던 모든 걸 따라 했다. 페이더웨이 슛도 던져보고, 레그 슬리브도 착용해봤다. 조던처럼 흰 양말에 블랙-레드 농구화를 신어도 봤으며, 조던처럼 바지를 짧게 입기도 했다. 다만 조던처럼 삭발은 하지 못했는데, 곧 도달(?)할 것 같다. 은퇴한 뒤쯤에는 말이다. 그건 내가 유일하게 따라하지 못한 것이다. 난 마이클처럼 되고 싶었다. 그러니 마이클 조던이나 카림 압둘자바처럼 우리들에게 앞서 먼저 길을 걸었던 위대한 스타들과 관련된 토론에서 내가 언급된다는 것만으로도 여전히 영광이고 놀랍다."

르브론을 보고 자라온 후대 사람들은 르브론을 역대 최고 선수로 꼽을 수 있다. 그러면 '그들의 역대 최고 선수'가 되는 것이다. 나는 조던을 보고 자랐다. '나의 역대 최고 선수'는 조던일 수밖에 없다. 그리고 조던을 최고 선수로 꼽았다는 사실이 제임스가 이룬 업적을 폄하하지 않았으면 좋겠다.

J.R 스미스 2021년 방송 중

사자와 호랑이를 비교할 수 있나? 둘 다 고양이과 이지만 다르다. 사자는 정글의 왕이다. 모두가 사자 앞에서 엎드린다. 하지만 호랑이가 '나도 XX 대단한 놈이야'라고 말해도 반박하지 못한다. 르브론은 조던, 코비와는 다른 유형의 선수다.

J.R 스미스 2020년 팟캐스트

르브론은 2003년에 커리어를 시작해 NBA 최정상 선수가 되었다. 그리고 2020년까지 최고의 자리를 유지했다. NBA 경기가 어떻게 바뀌어도 같은 자리를 유지했다. 투 빅 시대에서 스트레치 빅맨 시대가 되어도, 빅맨이 아예 없는 시대가 되어도 그는 최고의 선수다.

드레이먼드 그린 2020년 팟캐스트

르브론은 위대한 농구 선수다. 올-어라운드 플레이어로서 역대 최고다. 하지만, 역대 최고의 선수를 꼽으라면 여전히 마이클 조던이다. 조던은 코트에서 암살자 같은 존재였다. 득점으로 코트 지배력을 극대화했다.

매직 존슨 2020년 인터뷰 중

기록을 살펴보면 르브론은 이미 조던의 위치에 있다. 르브론의 득점 말고도 어시스트, 리바운드 기록을 보면 어떨까. 어쩌면 르브론은 이미 조던을 제쳤을지도 모른다.

스카티 피펜 2017년 〈ESPN〉 토크쇼

조던은 굉장히 터프한 리그에서 뛰어왔다. 르브론도 위대한 선수이지만 조던이 훨씬 훌륭하기에 비교가 공정하지 않다.

하킴 올라주원 2015년 〈CNBC〉 인터뷰 중

르브론 제임스는 모든 걸 할 줄 아는 선수다. 조던보다 패스가 좋고, 내 생각에 드리블도 조금 더 나은 것 같다. 그러나 르브론의 슈팅은 좋다고 할 수 없다. 르브론이 리바운드를 잘하긴 하지만, 조던도 리바운드를 잘한다. 이 둘은 서로 다른 유형의 선수다. 르브론은 매직 존슨과 닮았다고 생각한다. 르브론은 매직처럼 모든 포지션을 소화할 수 있고, 패스를 통해 동료들을 살려주기도 한다.

게리 페이튼 2021년 인터뷰 중

르브론은 조던보다 훌륭한 패서passer다. 하지만 르브론은 역대 TOP5이고, 조던은 확실한 G.O.A.T다.

레이 앨런 2018년 인터뷰 중

르브론은 NBA 우승, MVP, 올림픽 금메달을 한 해에 차지했다. 마이클 조던 밖에 못해낸 일이다. 르브론은 조던만큼 가치있는 선수다. 최고의 선수이자 리더다.

마이크 슈셉스키 감독 2012년 올림픽 우승 후

조던과 르브론 모두 NBA에서 최고의 선수 자리를 오랜기간 지켜왔다는 점에서 비슷하다. 많은 선수들의 목표가 되기도 한다. 그리고 두 선수는 항상 최고의 자리를 지켰다.

터란 루 감독 2017년 기자회견

조던은 분명히 역대 최고다. 개인적으로는 코치로서 르브론 제임스와 5년을 함께 지냈기에 굉장히 친하다. 르브론도 역대 최고라 할 만한 선수다. 하지만 조던과 같은 킬러 본능을 가지고 있진 않다.

마이클 말론 2020년 〈USA 투데이〉 인터뷰 중

난 빌 러셀과 같은 선수들을 충분히 보지 못한 세대다. 따라서 내게는 마이클 조던과 르브론 제임스가 역대 최고다. 심지어 르브론은 만 32세임에도 불구하고 아직도 전성기를 누리고 있다. 믿을 수가 없다.

스티브 커 감독 2017년 우승 후 기자회견

터널을 지나니 또 터널이 찾아왔다

현역 선수 중 이런 비교, 혹은 올타임 랭킹을 두고 이슈가 될 수 있는 선수는 그리 많지 않다. 드레이먼드 그린의 평가처럼, 2003년에 데뷔해 경기 스타일, 연봉 구조, 산업 환경, 심지어 사람들의 라이프 스타일까지 드라마틱하게 바뀌어가는 과정에서도 르브론은 그 자리를 지켜왔기 때문이다.

그러나 그 위상이 성적을 보장해주는 것은 아니었다. 그가 왔다고 바로 우승 전력이 되는 것은 아니었다. 레이커스가 캐벌리어스처럼 파이널에 갈 수 있을지는 의문이었다. 파이널이 아니라 플레이오프조차 장담하기 힘든 전력이었으니 말이다. 르브론 역시 현실을 냉정하게 직시했다. 르브론은 "우리는 바닥에서 새로 시작하는 팀"이라며 지나친 기대를 견제했다. 사실 르브론 영입 외에 눈에 띄는 소득은 없었다. 폴 조지를 비롯해 뛰어난 자유계약선수들이 많았으나 레이커스와는 인연이 닿지 않았다. 저베일 맥기(JaVale McGhee), '에어 기타' 랜스 스티븐슨, 라존 론도, 타이슨 챈들러 등이 가세했으나 리그 판도를 바꿀 만한 움직임은 아니었다. 대신 르브론은 젊은 선수들에게 훈련에서 모범을 보이며 발전해가겠다는 의지를 보였다.

그렇다면 르브론이 맞이하게 될 농구는 어떤 스타일이었을까. 감독 루크 월튼(Luke Walton)은 누구보다 르브론을 반겼던 지도자였다. 현역시절 샤킬 오닐, 코비 브라이언트와 함께 뛰었고 워리어스에서 스테픈 커리, 클레이 탐슨과 우승의 기쁨을 맛봤던 인물이다. 시스템의 중요성만큼이나 스타플레이어의 비중과 중요성을 잘 알고 있었다. 월튼 감독은 현대 농구 트랜드에 맞게 달리는 농구를 원했고, 그 중심에서 르브론이 의사결정을 내려주길 기대했다. 레이커스는 이미 지난 시즌에도 페이스가 빠른 팀이었다. 108.1점(11위)을 올렸고, 페이스는 100.3으로 2위였다. 다만 어린 선수들이 많다보니 고비를 못 넘길 때가 많고, 수비가 부족했다. 르브론이 무게중심을 잡아주고 게임을 풀어가는 방법을 알려준다면, 더 좋아질 것이라 기대했다. 게다가 론조 볼은 공격 조립에 일가견이 있는 포인트가드였고, 잉그램과 쿠즈마도 좌, 우에서 르브론과 손발을 잘 맞춰줄 스코어러들이었다.

예상대로 르브론은 쿠즈마, 잉그램 등과 2대2 플레이를 전개하는가 하면, 특유의 포스트업으로 연계 찬스를 노리는 방식으로 동료들을 도왔다. 불과의 공존도 우려될 정도는 아니었다. 문제가 있다면, 수비와 리바운드가 전혀 안 됐다는 점이었다. 레이커스는 첫 3경기에서 131.6점을 실점했다.

G.O.A.T
르브론 제임스 & 마이클 조던 수상 실적

	JAMES	JORDAN
MVP	4	5
FINAL	4	6
FINAL MVP	4	6*
ALL NBA TEAM	18*	11
ALL DEF. TEAM	6	9
ALL STAR	18	14
ALL STAR MVP	3	3
GOLD MEDAL	2	2

* 역대 최다 기록

샌안토니오 스퍼스전은 연장까지 가서 142-143으로 패했다. 르브론이 마지막 스텝백 점퍼를 놓쳤다. 수비는 누구 하나의 잘못이 아니었다. 르브론에게도 지분이 있었다. 마일리지가 누적된 탓일까. 예전 같은 기민함이 꾸준하게 나오지 못했다. 팀 디펜스로 해결하기에 레이커스는 완성도가 떨어졌다. 결국 시즌 첫 7경기에서 2승 5패로 출발했다. 로스엔젤레스는 '굉장히 시끄러운' 미디어 도시다. 레이커스의 부진은 물고 뜯기 좋은 이슈였다. 게다가 그 중심에 르브론이 있으니 폭발력(?)이 대단했다. "(손발을 맞추는데) 오래 걸릴 수도 있다"는 르브론의 말처럼, 레이커스는 꽤 오랜 시간 롤러코스터를 탔다. 시즌 10번째 경기에서 107-121로 토론토 랩터스에게 패했을 때는 마치 1승도 거두지 못한 하위팀을 대하는 듯한 뉘앙스였다. 그럴 만도 했다. 1쿼터에 레이커스는 17점 밖에 올리지 못한 대신 42점이나 내줬다. 심지어 카와이 레너드가 결장했는데도 말이다. 〈ESPN〉은 24초 샷 클락 시스템이 도입된 1954-1955시즌 이후 레이커스가 1쿼터에 25점이나 뒤진 건 이번이 처음이라고 보도했다. 루크 월튼 감독의 스몰라인업이 전혀 통하지 않았던 경기였다. 이 때문에 오히려 상대팀의 서지 이바카(Serge Ibaka)가 펄펄 날았다. 이 경기를 기점으로 레이커스는 흉흉한 소문도 돌았다. 루크 월튼 감독의 경질설이다. 월튼이 당시 레이커스

사장직을 맡고 있던 매직 존슨에게 불려가 호되게 꾸중을 들었다는 사실이 알려졌다. 이보다 더 좋은 먹잇감이 또 있던가! '야단' 사건은 눈덩이처럼 불어나 급기야는 르브론이 배후에 있다는 루머까지 나왔다. 그러자 매직 존슨이 기자들을 찾아가 해명하는 사건도 있었다. "매직은 보기 보다 냉정한 사람이다. 사람 좋은 웃음을 하지만, 업무에 있어서는 양보가 없다. 정확한 걸 좋아하고 지는 걸 싫어한다." 당시 레이커스에 근무하던 한 직원이 필자에게 해준 말이다.

시간이 흐르면서 레이커스는 서서히 궤도에 오르기 시작한다. 107-106으로 승리한 11월 11일 애틀랜타 호크스전은 상징적인 경기였다. 104-106으로 리드를 당하던 상황, 르브론은 자유투를 얻어내며 역전 기회를 맞았다. 그는 1구를 성공해 동점을 만들었지만 2구째를 놓치는 아찔한 상황에 직면한다. 이때 쿠즈마가 공격 리바운드를 잡아내 곧장 슛을 시도했다. 이 슛은 들어가지 않았지만 르브론이 바로 덩크로 연결시키면서 107-106으로 게임을 뒤집을 수 있었다. 호크스에게는 아직 기회가 있었다. 호크스가 내세운 '해결사'는 신예 트레이 영(Trae Young). 그는 곧장 골밑으로 드라이브했지만 이번에는 챈들러가 나서서 블록슛으로 저지했다. 경기 후 30대의 노장들은 마치 플레이오프라도 승리한 것처럼 후배들과 포옹했다.

챈들러는 당시 상황에 대해 "사탕 가게에 온 기분이었다"고 회고했다. 쿠즈마의 공격 리바운드, 르브론의 위닝샷, 그리고 챈들러의 수비. 승부처에서 나온 모든 것들이 팬들을 일어서게 해주었다. 그리고 이 승리로 레이커스는 비로소 5할 승률을 넘어서게 된다. 일주일 뒤, 르브론은 친정팀 히트를 상대로 51득점을 기록하면서 동생들에게 '게임을 지배한다'는 것의 의미를 보였다. 쿠즈마는 "그냥 오늘은 그에게 공을 주고 비키면 되는 날이었다. 모든 걸 다해낸 날이었다"라며 감탄했다. 르브론은 각기 다른 세 팀에서 50+ 득점을 해낸 선수가 됐다. 윌트 채임벌린, 모지스 말론, 버나드 킹, 저말 크로포드에 이은 역대 5번째였다.

팀은 갈수록 끈끈해져갔다. 몇 가지 단서가 있다. 11월과 12월에 6번이나 10점차 이상 벌어진 경기를 뒤집고 승리했다. 12월 2일 피닉스 선즈전은 1쿼터부터 17점차로 밀렸으나 경기가 끝났을 때는 120-96으로 크게 앞서 있었다. 그리고 크리스마스 경기에서 디펜딩 챔피언 워리어스에 127-101로 이기며 20승째(14패)를 거두었을 때, 비로소 레이커스는 플레이오프 진출을 기대해도 이상하지 않을 수준으로 올라선 듯했다. 이 경기는 공격보다는 수비 전략의 승리였다. 커리가 공을 갖고 있든 그렇지 않든 끈질기게 쫓아다녔다. 스크린을 이용하고자 할 때도 빈틈을 주지 않았다. 듀란트가 공을 갖고 있을 때는 순간순간 더블팀을 시도하며 스페이싱을 방해했다. 이날 커리는 15점, 탐슨은 5점에 그쳤다. 그나마 듀란트가 21점을 기록했는데, 그 정도면 굉장히 선방한 수준이었다.

그런데, 이 경기를 치르면서 레이커스는 날벼락 같은 소식을 듣게 된다. 르브론이 사타구니 부상을 입게 된 것이다. 이 부상으로 르브론은 무려 17경기를 결장하게 된다. 커리어에서 그토록 오래 쉰 적이 없었다. 발목을 접질려도 고집을 피워 출전했을 정도다. 하지만 르브론도 세월을 이기진 못했다. 결장이 길어지면서 황금빛 미래를 꿈꾸던 레이커스에 강한 비바람을 동반한 먹구름이 드리우게 됐다.

시즌아웃, 긴 챕터의 끝

레이커스는 르브론이 결장한 17경기에서 6승 11패에 그쳤다. 그가 컴백할 무렵 레이커스는 5할 승률을 아슬아슬하게 이어가고 있었다. 그렇지만 아픈 선수는 르브론 만이 아니었다. 라존 론도(오른손 골절), 론조 볼 (왼쪽 발목 인대), 잉그램(오른팔 심부정맥혈전증) 등 주력 선수들이 하나둘 앓아 누웠다. 그 무렵, 레이커스는 어수선 그 자체였다. 트레이드 루머가 원인이었다. 2018-2019시즌 트레이드 마감 기간이 다가오던 시기, 앤써니 데이비스 (Anthony Davis)가 트레이드를 요청했다. 그는 구단에

COUNTDOWN
TO ALL-TIME NO.1

르브론은 75년이 넘는 역사를 자랑하는 NBA에서 30,000득점 10,000어시스트 10,000리바운드를 기록한 유일한 선수다. 르브론 하면 떠오르는 것은 바로 '최연소' 기록이다. 이 책을 읽으면서 우리는 수차례 '최연소'라는 단어를 접하게 될 것이다. 르브론 데뷔 후 최연소 MVP(데릭 로즈), 최연소 득점왕(케빈 듀란트), 최연소 트리플더블러(조시 기디) 등 수많은 후배들이 '최연소' 기록을 새로 썼지만 아마 이 기록만큼은 누구도 쉽게 엄두를 내지 못할 것이다. 바로 통산 득점이다. 르브론은 2023년 2월 8일, 카림 압둘자바를 추월해 NBA 역대 득점 1위가 됐다.

1
2003. 10. 29 vs 새크라멘토(92-106, L) / 점프슛

5,000
2006. 1. 21 vs 유타 재즈(108-90, W) / 3점슛

9,000
2007. 12. 17 vs 밀워키(104-99, W) / 자유투

10,000
2008. 2. 27 vs 보스턴(87-92, L) / 덩크슛

15,000
2010. 3. 19 vs 시카고(92-85, W) / 자유투

20,000
2013. 1. 16 vs 골든스테이트(92-75, W) / 점프슛

25,000
2015. 11. 2 vs 필라델피아(107-100, W) / 덩크슛

30,000
2018. 1. 23 vs 샌안토니오(102-114, L) / 점프슛

32,292
2019. 3. 6 vs 덴버(99-115, L) / 레이업

33,643*
2020. 1. 25 vs 필라델피아(91-108, L) / 레이업

35,000
2021. 2. 19 vs 브루클린(98-109, L) / 자유투

36,928**
2022. 3. 20 vs 워싱턴(119-127, L) / 레이업

38,390***
2022. 2. 8 vs 오클라호마시(130-133, L) / 점프슛

*코비 브라이언트 추월(33,643점)-역대 3위 등극 **칼 말론 추월(36,928점)-역대 2위 등극 ***카림 압둘자바 추월(38,390점)-역대 1위 등극

GOLD & PURPLE

연장계약을 체결하지 않을 것이며 이적하고 싶다는 뜻을 전했다. 사람들은 그 행선지가 레이커스가 될 것이라 전망했다. 데이비스의 에이전트가 르브론과 같았기 때문이다. 데이비스는 2018년 9월 24일, 리치 폴이 운영하는 클러치 스포츠와 계약했다. 결국 언제가 됐든 두 선수가 한솥밥을 먹게 될 것이라는 예상이 나왔다. 2012년 1라운드 1순위로 뉴올리언스 펠리컨스에 지명된 그는 이미 런던올림픽 금메달리스트였고, 2014년 월드컵 우승멤버였다. 올스타 MVP(2017)였으며, 올-NBA 퍼스트팀 단골 손님이기도 했다. 208cm의 큰 덩치에도 못하는 것 없는 출중한 실력자였다.

루이지애나 주 팬들은 그런 데이비스를 사랑했다. 거리를 걷다보면 데이비스 유니폼을 걸어둔 상점을 심심찮게 볼 수 있었다. 간판에 '앤써니 데이비스가 좋아하는 피자'라고 홍보하는 가게도 있었다. 그러나 계속된 패배와 시장의 한계가 결국 그를 움직이게 만들었다.

펠리컨스에서 보낸 7시즌동안 플레이오프는 단 두 번 밖에 밟지 못했다. 시장 규모도 작았고, 뉴올리언스까지 취재를 오는 미디어도 적었다. 하지만 트레이드는 결국 일어나지 않았다. 무수한 소문만 양산한 채 말이다. 필자 역시 트레이드 마감일에 촉각을 곤두세운 채 트위터와 〈ESPN〉등을 번갈아 접속하며 밤을 지새웠다. 트레이드가 무산된 직후, 펠리컨스는 9년간 단장을 맡아온 델 뎀프스(Dell Demps)를 해고했다.

트레이드 바람이 아무 일 없었다는 듯 지나간 뒤, 레이커스는 급속도로 무너졌다. 그럴 수밖에 없었다. 트레이드는 결코 혼자 일어나지 않는다. 데이비스급 선수가 온다면 그만큼 나가는 선수도 많다는 의미다. 계속된 루머에 구단은 지친 듯 했고, 결국 올스타 휴식기 직후부터 팀은 급속도로 무너졌다. 후반기 첫날인 2월 21일부터 치른 15경기 동안 3승 12패. 그 사이 5연패도 두 번 있었다. 이 기간 중 '두 번째' 5연패를 기록했던 3월 22일은 레이커스가 공식적으로 플레이오프라는 목표를 접은 날이었다. 레이커스는 브루클린 네츠에 106-111로 패하며 41패째를 기록, 잔여 경기와 관계없이 포스트시즌이 좌절됐다. 르브론 개인에게는 2004-2005시즌 이후 처음있는 일이었다. "정말 힘든 시즌이다. 징계, 부상 등 여러 일로 인해 48분 경기를 온전히 소화 못하는 상황이 됐다." 경기 직후 르브론의 코멘트다.

레이커스는 3월 29일 경기를 끝으로 르브론을 로스터에서 배제했다. 르브론은 이미 이틀 연속 경기를 하게 될 경우, 이틀째 경기에서 결장해왔다. 부상 관리 차원이었다. 루크 월튼 감독은 남은 시즌을 더 뛰게 하는 것이 무의미하다고 판단했고, 이는 르브론의 생각도 마찬가지였다.

결국 그의 시즌은 그렇게 끝이 났다. 르브론이 뛴 55경기에서 레이커스는 28승 27패를 기록했다. 그렇기에 '만약 레이커스에 부상이 없었다면?'이라는 질문하는 미디어도 있었지만, 말 그대로 의미없는 가정이었다. 레이커스는 2018-2019시즌이 끝나기도 전에 루크 월튼 감독을 경질했다. 매직 존슨 사장도 시즌 종료 직후 퇴직 처리됐다. 성적 부진에 대한 책임이었다. 이처럼 르브론의 첫 시즌은 그 어느 때보다 심한 굴곡 속에서 끝이 났다. 트리플더블 8회, 50+득점 1회, 더블더블 32회 등 여전히 명성에 걸맞는 플레이를 펼쳤지만 2018-2019시즌만큼은 아무 것도 얻지 못한 채 끝났다. 이는 곧, 8년 연속 이어져오던 파이널 진출 기록도 중단된다는 것을 의미했고, '르브론 대 워리어스'로 압축되어 오던 파이널 스토리 라인 역시 이제는 다른 이가 집필하게 되었음을 의미했다.

149

02

Good, Bad, Ugly
2019-2020시즌

2019년 여름에는 스타들의 이적이 활발했다. 케빈 듀란트와 카이리 어빙이 브루클린 네츠로 갔고, 카와이 레너드는 폴 조지와 함께 LA 클리퍼스 유니폼을 입었다. 지미 버틀러도 마이애미 히트로 트레이드 됐다. 뉴올리언스 펠리컨스는 드래프트에서 자이언 윌리엄슨이라는 거물을 전체 1순위로 뽑았다. 부상으로 와르르 무너졌던 레이커스도 작업에 나섰다. 전 시즌 트레이드 루머가 나돌던 앤써니 데이비스를 기어이 영입하는데 성공했다. 데이비스 한 명을 데려오는데 출혈이 엄청났다. 론조 볼, 브랜든 잉그램, 조시 하트, 드래프트 지명권 3장을 내주었다.

르브론과 데이비스는 오래 전부터 링크가 있었다. NBA 데뷔 전부터 르브론은 데이비스의 재능을 높이 사고 있었다. 런던올림픽을 함께 준비하면서 둘의 사이는 더 가까워졌다. 르브론은 〈샌디에이고 유니온트리뷴(San Diego Union-Tribune)〉 과의 인터뷰에서 "데이비스는 내 막내 동생 같은 아이다"라고 애정을 보이기도 했다. 2019년 올스타전에서도 데이비스를 향한 애정 공세가 이어졌다. 2019년부터 올스타전은 포맷이 바뀌어 팬투표 1, 2위 선수가 직접 원하는 선수를 뽑을 수 있는 '드래프트 시스템'이 도입되었다. 팬투표 1위였던 르브론은 자기 팀에 데이비스를 포함시켰다. 이를 두고 '탬퍼링'이 아니냐는 농담 섞인 지적도 있었다. 르브론은 데이비스 합류 후 함께 한 저녁 식사 자리에서 데이비스의 이름이 적힌 23번 유니폼을 선물하기도 했다. 데이비스가 원한다면 기꺼이 자신의 등번호도

양보하겠다는 것이었다(그러나 이는 사무국의 변경 신청 기간이 지난 탓에 무산됐다. 르브론은 6번을, 데이비스는 3번을 달고 뛰었다). 데이비스는 "르브론과 나는 서로를 보완해줄 수 있는 존재"라며 "재밌는 시즌이 될 것 같다"고 소감을 전했다. 르브론과 데이비스라는 최고의 콤비를 구축한 레이커스는 순식간에 우승 후보로 올라섰다. 라스베이거스 도박업체가 예측한 우승후보 1순위에 레이커스가 올랐다.

레이커스는 화력 보강에 나섰다. 트레이드를 통해 너무 많은 지원을 내줬던 만큼. 두 선수를 뒷받침해줄 자원이 필요했다. 그 중 하나가 대니 그린이었다. 그린은 샌안토니오 스퍼스, 토론토 랩터스에서 우승을 거머쥔 3점슛 스페셜리스트였다. 르브론 역시 대니 그린의 화력을 맛본 바 있다. 라존 론도(재계약), 드마커스 커즌스도 파격적인 조건으로 계약했다. 두 선수 모두 데이비스와 함께 뉴올리언스에서 손발을 맞췄던 터라 시너지도 기대됐다. 한 가지 아쉬운 점이 있다면 커즌스가 합류 후 훈련 중에 왼쪽 무릎 전방십자인대 파열 부상을 입었다는 점이다. 이미 아킬레스건 부상으로 예전 기량을 잃었던 커즌스는 2019-2020시즌이 시작되기도 전에 시즌아웃이 결정됐다. 이 때문에 급히 빅맨을 수혈해야 했다. 데이비스는 그 자체로 훌륭한 빅맨이었지만 부상이 잦은 선수였다. 원 빅(one big)으로 세우기에 부담이 있었다. 로우포스트에서 싸워줄 보디가드가 필요했다. 적격이라 여겼던 커즌스가 다친 이후 레이커스는 '올해의 수비수' 3회 수상에 빛나는 드와이트 하워드를 택했다. 고질적인 허리 부상 탓에 전성기가 지났다는 우려도 있었지만 레이커스 합류를 위해 10kg 이상을 감량하는 등 의지를 보였다. 하워드는 자신의 프라임 타임이 지났다는 사실을 알고 있었다. 보겔 감독이 스몰라인업 기용을 위해 벤치에 앉혀두더라도 더 이상 불평하지 않았다. 오히려 할 수 있는 일을 하겠다며 목소리를 높였다. 그 외에도 레이커스는 에브리 브래들리(Avery Bradley), 자레드 더들리(Jared Dudley) 등을 영입했다. 드래프트에서 46순위로 건진 테일린 홀튼터커(Talen Horton-Tucker)도 있었다. 전 시즌 골드&퍼플 유니폼을 입었던 주요 선수는 르브론, 쿠즈마, 론도, 맥기, 켄타비우스 칼드웰포프(Kentavious Caldwell-Pope), 알렉스 카루소(Alex Caruso) 정도였다. 이쯤 되면 전면 재개편 수준이었다. 심지어 감독도 루크 월튼 대신 프랭크 보겔(Frank Vogel)이 새로이 임명됐다. 페이서스에서

감독을 시작한 그는 2010년부터 한 시즌을 제외하면 쉼 없이 경력을 이어온 지도자였다. 히트의 '빅3'를 그토록 고생시켰던 그 페이서스의 감독이기도 했다. 페이서스에서는 3시즌 연속 승률 60% 이상을 기록했다. 남은 것은 확고한 핵심 둘(르브론, 데이비스)을 중심으로 조직력을 강화하는 일이었다. 르브론은 일찍부터 자체 훈련에 돌입하며 기대감을 보였다.

논란

이 책은 르브론 제임스에 관한 이야기이다. 그런데 2019-2020시즌은 르브론만 조명해서는 이야기를 풀어갈 수가 없다. 여러 사람의 이야기가 함께 얽힌 하나의 시즌 기록물처럼 느껴질 수도 있다는 점에 대해 미리 양해를 구한다. 단언컨대, 2019-2020시즌은 NBA 역사상 가장 시끄럽고 혼란스러웠던 시즌이었다. 그 안에는 전인류가 가장 고통 받은 2020년 코로나19 시국도 포함되어 있다. 너무나 많은 배경 사건이 있었기에 르브론의 활약만 언급하고 넘기기가 어렵다. 사방에서 터지는 일로 인해 커미셔너 아담 실버(Adam Silver) 총재가 불쌍해 보일 정도였다. 실버 총재는 작고한 데이비드 스턴의 뒤를 이어

2014년부터 총재직을 수행했다. 뉴미디어 시대를 맞은 NBA의 수익 증대를 주도했다. 비즈니스 영역도 훌륭히 확장했다. 필자는 크고 작은 행사에서 실버 총재의 연설과 기자회견을 취재해왔다. 흡사 정치인의 연설처럼 문장 하나하나가 고급스러웠고, 힘과 배려가 담겨 있었다. 그 어떤 사안에 대해서도 침착하고 차분하게 소신을 전달했다. 민감한 사안도 제법 잘 해결했다. 도널드 스털링(Donald Sterling) 전 LA 클리퍼스 구단주 퇴출이 대표적이다. 매직 존슨에 대해 인종차별 발언을 한 것이 화근이 되어 그는 구단을 내놓아야 했는데, 이 과정에서 실버 총재의 빠른 일처리가 높은 평가를 받았다. 그러나 그런 실버에게도 감당하기 힘든 난제가 찾아온다. 일명 '트윗 사태'였다.

기대감 속에 문을 연 2019-2020시즌. NBA는 그해 10월, 인도와 일본, 중국, 캐나다에서 시범경기를 개최했다. 10월 4일과 5일에 인디애나 페이서스와 새크라멘토 킹스가 먼저 경기를 가졌고, 8일과 10일, 일본 사이타마에서 휴스턴 로케츠와 토론토 랩터스가 만났다. 10월 10일과 12일에는 레이커스와 브루클린 네츠가 중국 상하이와 선전에서 경기할 예정이었다. 이는 시범경기 일정의 하이라이트와도 같았다. 르브론과 데이비스가 만나 레이커스, 듀란트와 어빙이 손을 잡은 네츠는 어느 나라에 가든 환영 받을

빅 카드였다. 그런데 이때 전혀 예기치 못한 일이 발생한다. 10월 4일, 로케츠 단장이던 대릴 모리(Daryl Morey)가 홍콩 시위를 지지하는 트윗을 남긴 것이다. 아시아에서는 홍콩에서의 반중 시위가 가장 큰 이슈였다. 이에 대해 모리는 "자유를 위한 싸움, 홍콩을 지지한다(Fight for Freedom. Stand with Hong Kong)"라는 글을 썼고, 이것이 중국내에서 문제가 됐다. 사태는 생각보다 커졌다. 중국내 NBA와 관련된 행사가 하나, 둘 취소됐다. NBA는 중국에서 시범경기를 개최할 때면 스타들과 중국 셀러브리티들이 함께 하는 대형 파티를 개최하는가 하면, 팬 감사제와 미디어 행사도 함께 진행했다. 미국을 제외하면 가장 큰 시장인 만큼 공을 들여왔던 것이다.

하지만 트윗이 게재된 이후 이벤트가 중단됐고, 보이콧 운동이 일어났으며, 로케츠에 대한 후원 계약도 중단됐다. NBA를 생중계해왔던 〈CCTV〉와 〈텐센트〉도 로케츠 경기 중계를 하지 않기로 했는데, 아담 실버 총재가 모리 단장을 지원한다는 말을 한 뒤에는 NBA 중계 중단 위협까지 이어졌다. 중국 외교부 대변인은 "NBA와 중국의 교류 협력은 이미 오래됐다. NBA가 앞으로 어떻게 말하고 행동해야 할지는 NBA가 가장 잘 알 것"이라고 선을 그었다 (얼마 지나지 않아 NBA와 실버 총재도 사태 진화를 위해

사과의 뜻을 전해 빈축을 샀다).
가장 위태로운 건 중국 현지에서 경기를 준비하고 있던 레이커스와 네츠 선수단이었다. 환영 받던 존재에서 하루아침에 혐오의 대상이 됐다. 그 반응은 생각보다 무섭고 놀라웠다. 2015년, 샬럿 호네츠와 LA 클리퍼스의 경기를 취재하기 위해 상하이를 방문했을 때였다. 필자는 경기 전날 밤, 불스 왕조의 일원이었던 론 하퍼(Ron Harper)와 상하이 거리를 걷고 있었는데, 그를 알아본 사람들이 몰려들어 깜짝 놀란 기억이 있다. 은퇴한 지 15년이나 되었고, 올스타도 아니었던 그를 기억한다는 사람이 많다는 것이 놀라웠다. 다음 날 현장이 인산인해를 이루었음은 말할 것도 없다. 그렇게 오랫동안 NBA 선수들을 사랑하고 반갑게 맞아주던 이들이 하루아침에 등을 돌렸다. 정치적 입장을 떠나 리그나 선수단에게는 당황스러운 상황이었을 것이다. 그들은 별도의 행사 없이 경기만 치른 채 황급히 귀국했다. 선수단은 자체 회의를 통해 사태에 대해 아무런 언급도 하지 않기로 했다. 르브론과 레이커스가 감당해야 할 일은 그 뒤에 일어났다. 그 시기 미디어는 NBA 선수들의 입장을 궁금해했다. 르브론도 그 질문을 피하지 못했다. 그는 "표현의 자유는 존재하지만, 때로는 안 좋은 결과들도 맞을 수 있다. 모리 단장은 홍콩 시위와 관련해 잘 알지 못하는 상태였을 것이다. NBA 선수들은 홍콩 시위에 관련해 말할 입장이 아니다"라고 말했다.

역풍이 불었다. 사회 정의를 부르짖는 이가 왜 정작 중국에 대해서는 침묵하느냐는 이유였다. 르브론은 그동안 사회 정의에 관해 적극적인 행보를 보여왔다. 도널드 트럼프 (Donald Trump) 전 대통령의 반대편에 서서 인종차별을 부추기는 그의 행보를 비판하고, 평등을 주장해왔다. 심지어 그는 트럼프를 '건달'이라 부르며 뉴욕 원정에서 트럼프 호텔 투숙을 공개적으로 거부했다. 인종차별 철폐에 앞장섰던 전설적 복서 무하마드 알리(Muhammad Ali)를 추모하기 위해 250만 달러를 기부하기도 했다. 2017년 12월 17일에는 왼발에 흰색 농구화, 오른발에 검은색 농구화를 신고 경기를 뛰었다. 농구화에는 '평등(Equality)'이란 글자가 적혀 있었다. 이날 그 농구화를 신은 이유는 경기 장소가 백악관이 있는 워싱턴 D.C였기 때문이다. "평등이란 우리 권리다. 매우 힘이 센 남성이든 여성이든, 백인이든, 흑인이든, 히스패닉이든 동등하게 주어지는 권리다. 인종이 무엇이든 이 나라는 아름다운 나라일 것이다. 우리는 이 아름다운 나라에서 한 사람이 다른 한 사람에게 지시를 하는 것을 그대로 두지 않을 것이다."
르브론이 이처럼 사회적으로 목소리를 내자 〈FOX〉뉴스의 로라 인그레엄(Laura Ingraham)은 "닥치고 드리블이나 하라 (Shut up and dribble)"이라는 멘트를 날리기도 했다. 그러자 르브론은 또한 인스타그램을 통해 "한때 운동선수들은 이런 문제에 대해 목소리를 높이지 않았거나, 용기를 내지 못했다. 나는 이런 문제에 대해 열정적이고, 개인보다 더 큰 문제라고 생각한다"며 앞으로도 침묵하지 않겠다는 의지를 보였다. 스스로를 '운동선수, 그 이상의 존재(more than an athlete)'라 표현하며 말이다. "나에겐 책임감이 있다. 나는 그저 한 사람일 뿐이지만, 내가 할 수 있는 최선의 것을 할 것이다. 코트 안팎에서 목소리를 낼 것이다."
한 기자는 그런 르브론을 '메시아'라고 표현하기도 했다. 그랬던 르브론이었기에 현안에 대한 침묵은 많은 이들을

실망시켰다. 르브론은 미국, 중국에서만 돈을 버는 선수도 아니었고, 미국, 중국에만 팬이 있는 선수가 아니었다. 여러 논란 가운데서도 '어른'으로 성장해가며 사회적 약자를 돕고, 부정의함에 맞서는 자세 덕분에 인지도도 높아졌다. 후배들 역시 '선수 이상의 것'을 이룬 르브론을 존경했다. 2019-2020시즌 NBA에 데뷔할 예정이었던 신인 중 38%가 가장 좋아하는 선수로 르브론을 뽑았다. 2017년 이후 3년 연속 1위였다. 르브론의 발언 이후 홍콩에서는 르브론의 유니폼을 불에 태우고 밟는 등 역풍이 일어났다. 그의 이미지는 이 사건으로 인해 크게 실추됐다. 물론 그의 통장 잔고에는 아무 영향을 주지 않았고, 아이러니하게도 올스타 팬투표에서는 변함없이 1위를 차지했지만, '르브론의 정의는 흑인들에게만 해당되는 것인가'라는 빈축을 사기에는 충분했던, 그래서 실망스러운 사건이었다.

그렇다면 NBA는 이 사태를 어떻게 수습했을까? 사실, 사태는 제대로 수습하지 못했다. 시즌을 채 마치기도 전에 코로나19가 터지고 세계적으로 국경이 봉쇄되었기 때문이다. 중국내 TV 중계는 2021-2022시즌 중후반이 되어서야 완전히 재개됐다. 〈로이터(Reuters)〉는 2022년 12월, "중국내 시청률이 2019년 관계 중단 직전 수준으로 서서히 돌아가고 있다"고 보도했다. 실버 총재는 다른 시장 개척과 신규 대회(플레이-인 토너먼트) 개설 등으로 급속도로 누적되는 적자 해소에 나섰다. 여전히 국경 넘기가 수월치 않은 상황이었지만 비미국 국적 선수들이 활약해준 덕분에 리그패스 확장에 성공했다. 〈로이터〉 통계에 따르면 카메룬(272%), 터키(203%), 이탈리아(78%) 등 대륙을 가리지 않고 리그패스 판매가 급증한 것으로 알려졌다.

한 조직을 책임져야 하는 수장으로서 실버가 보인 대처는 나쁘지 않았지만, 르브론과 마찬가지로 NBA도 그 모호한 태도로 한동안 비판을 피하지 못했다.

1월 25일과 1월 26일

이처럼 굉장한 피로감과 함께 시작한 시즌이었지만, 차가운 바깥 공기와 달리 레이커스는 순항을 거듭했다. 시즌 2번째 경기부터 7연승, 10연승, 7연승을 이어갔다. 11월 성적은 14승 1패. 샤킬 오닐의 레이커스 합류 첫 시즌이었던 1999-2000시즌(15승 1패) 이후 최고 성적이었다. 든든한 파트너가 생긴 르브론은 11월에 7경기 연속 10+어시스트 기록을 세웠다. 매직 존슨 이후 레이커스에선 처음 나온 기록이기도 했다. 이런 상승세는 여러 요인이 있겠지만 르브론-데이비스 원투 펀치의 힘이 가장 컸다. 특히 데이비스는 모처럼 건강한 폼을 유지하며 인사이드를 두들겼다. 성장한 쿠즈마의 활약, 론도의 노련한 조율, 수비에서 보이는 하워드-맥기의 공헌 등도 빼놓을 수 없다. '발드 맘바'라는 애칭을 얻은 카루소의 패기 넘치는 플레이도 팬들의 사랑을 받았다. 리저브 멤버였던 퀸 쿡(Quinn Cook)은 초반 레이커스에 대해 이렇게 설명했다. "우리는 정말 훌륭한 팀이다. 첫 번째 선수부터 열다섯 번째 선수까지 모두 제 몫을 해준다. 누구도 자기 욕심만 내지 않으며 항상 준비된 자세로 경기에 임한다. 모두가 같은 목표를 갖고 있다."

르브론도 이 시기 레이커스의 가장 큰 강점으로 '팀워크'를 꼽았다. '동지애(camaraderie)'와 '형제애(brotherhood)'는 NBA 선수들이 팀워크를 말할 때 가장 자주 쓰는 표현이다. 두 단어가 자주 등장하는 팀일수록 성적이 좋다. 르브론이 지향하는 단어이기도 하다. 2019-2020시즌 초반, 르브론의 입에서 이 단어들이 자주 등장했다. "우리 팀에는 동지애와 형제애를 갖고 있다." 르브론의 말이다. 레이커스는 12월 말 4연패로 주춤했지만 다시 9연승을 달리면서 33승 7패를 기록했다.

2020년 1월 25일과 1월 26일은 레이커스 프랜차이즈의 표정이 바뀐 이틀이었다. 25일 필라델피아 원정에서 르브론은 코비 브라이언트(33,643점)를 넘어 역대 NBA 득점 순위 3위에 오른다. 3쿼터 종료 7분 23초 전, 레이업을 성공시키면서 33,644점째를 올린 것이다. 기록 달성의 순간, 필라델피아는 원정팀 에이스에게 기립박수를 보냈고,

전광판에도 르브론을 축하하는 영상이 상영됐다. 기록의 주인인 코비도 트위터에 '33644'라는 해시태그와 함께 "계속 앞으로 나아가게나. 킹 제임스. 내 동생. 경의를 표한다"라고 남겼다. 공교롭게도 필라델피아는 코비의 고향이기도 했다. 르브론 역시 기록의 주인이 태어난 도시에서, 기록의 주인이 입고 있던 유니폼을 입고 역사적인 기록을 세운 것에 대해 감격스러워 했다. 비록 팀은 91-108로 졌지만 NBA는 역사의 주인공에 큰 박수를 보냈다.

기쁨과 환희 속에 오른 귀환길. 레이커스는 3일 뒤 LA 클리퍼스와의 홈경기가 예정되어 있었다. 그러나 비행기에서 내릴 때 그들의 표정은 모두 슬픔에 잠겨 있었다. 2020년 1월 26일. 코비는 자신의 전용 헬리콥터를 타고 가던 중 헬기가 추락하면서 목숨을 잃었다. 헬기에는 딸 지아나도 타고 있었다. LA 카운티에 따르면 헬기에 탔던 9명은 전원 사망했다. 르브론은 비보를 접한 뒤 눈물을 쏟아냈다. NBA 사무국은 구단과의 협의에 따라 레이커스-클리퍼스 경기를 취소했다. 르브론은 소셜 미디어에 "일요일 오전에 필라델피아를 떠나 로스앤젤레스로 돌아오기 전에 들었던 당신의 목소리가 마지막 대화가 될 줄은 정말 상상도 하지 못했다"며 "하늘에서 나를 지켜봐 주고 힘을 달라. 더 하고 싶은 말이 많지만, 지금은 하기 어렵다"라고 덧붙였다. 코비와 르브론의 인연은 각별하다. 르브론이 가장 따르고 인정하던 선수였다. 둘의 친분은 국가대표팀에서부터 시작됐다. 르브론이 아직 고교생일 때도 대화를 나눴지만, 코비를 진심으로 따르고 존경한 것은 2007년 국제농구연맹(FIBA) 올림픽 아메리카 예선 무대부터였다. 새벽부터 훈련에 매진하던 자세 때문이었다. 그때부터 르브론과 웨이드는 코비를 따라 새벽 훈련에 나섰다. 제이슨 키드는 "그 훈련으로 실력이 늘지는 않았겠지만 결속력이 생긴 건 사실이다. 그리고 그 마인드를 간직한 채 각자 소속팀에서 더 발전해갔다"라고 돌아봤다. 르브론도 가장 기억에 남는 일 중 하나로 코비와의 대표팀 생활을 꼽는다. "2008년 베이징올림픽에 출전했을 때, 우리는 코트 안팎에서 정말 많은 추억을 쌓았다. 함께 농구경기도 보고 다른 종목도 응원을 가곤 했다. 마이클 펠프스가 수영하는 것도 보고, 여자농구대표팀 경기도 같이 응원했다. 농구 외에 정말 많은 시간을 함께 하면서 즐거운 시간을 보냈다. 무엇보다 함께 금메달을 땄다. 그때가 가장 많은 추억을 쌓은 시기였다." 코비는 르브론의 가장 든든한 조력자이기도 했다. 르브론은 코비를 찾아가 포스트 풋워크에 대해 자문을 구했다.

> 2008년 베이징올림픽에 출전했을 때,
> 우리는 코트 안팎에서 정말 많은 추억을 쌓았다.
> 함께 농구경기도 보고,
> 다른 종목도 응원을 가곤 했다.
> 마이클 펠프스가 수영하는 것도 보고,
> 여자농구대표팀 경기도 같이 응원했다.
> 농구 외에 정말 많은 시간을 함께 하면서
> 즐거운 시간을 보냈다.
> 무엇보다 함께 금메달을 땄다.
> 그때가 가장 많은 추억을 쌓은 시기였다.

코비는 자신의 저서에서 "그때는 내가 커리어 마무리 단계에 있었고, 더이상 팀이 챔피언십을 바라보는 단계가 아니었기에 즐거운 마음으로 공유해주었다"라고 돌아봤다. 한동안 르브론은 코비에 대해 길게 언급하는 것을 회피했다. 시간이 지나도 그를 울컥하게 만드는 주제였기 때문이다. 코비가 세상을 떠난 뒤 치른 첫 올스타전인 2020년 미디어데이에서도 "너무 많은 말을 하고 싶지 않다. 정말, 정말 감정적인 주제이기 때문이다. 하지만 나는 그가 늘 우리와 함께 한다고 생각한다"라며 긴 말을 피했다. 코비를 추모하기 위해 NBA는 2020년 올스타전부터 4쿼터 타깃 스코어 시스템을 도입했다. 3쿼터까지 앞선 팀의 스코어에 24점을 추가한 스코어가 나올 때까지 시간제한 없이 경기하는 것이다. '24'는 코비의 등번호였다. 이 경기에서 르브론이 주장이 된 '팀 르브론'은 앤써니 데이비스의 결승 자유투로 157-155로 이겼다. 데이비스는 "내가 뭔가 궁금해 하면 늘 문자 메시지나 전화로 답을 주었다. 어릴 때 코비는 내 아이돌이었다. 나만의 아이돌이 아니라 동시대 같은 연령대 아이들이라면 모두 코비를 좋아했을 것이다. 우리 세대의 마이클 조던과 같았으니까. 그는 자신의 탤런트를 우리와 나누고자 했던 사람이었고, 그렇기에 앞으로도 더 그리울 것 같다"라고 코비를 기억했다. 데이비스가 처음으로 올스타전에 나선 건 2014년이었다. 당시 그는 부상선수 발생에 의한 대체선수로 올스타전에 나서게 됐는데, 그때 그 부상선수가 바로 코비였다. "코비는 내게 '나 대신 올스타에 나가게 된 것이니 나가서 최선을 다해야

한다'고 말해줬다. 또 뉴올리언스에 뛰는 동안에 그는 내게 '너는 앞으로 더 잘 할 거야'와 같은 말을 자주 해주곤 했다." 데이비스의 말이다. '코비 브라이언트 어워드'로 명명된 올스타 MVP 트로피는 카와이 레너드에게 돌아갔다. 이 경기는 기존 올스타전과는 비교도 안 될 정도로 치열했기에 재미를 더했다. 막판 수비 강도는 플레이오프 수준이었다.

한편 코비 사망 후 레이커스가 치른 첫 경기는 1월 31일 포틀랜드 블레이저스전이었다. 레이커스는 이날 119-127로 패했지만 승패를 떠나 양 팀 선수들이 떠나간 전설을 위한 여러 추모 의식을 가졌다. 르브론은 눈물 섞인 추모사를 건넸으며, 먼저 공격권을 가져간 레이커스는 공격제한 시간 24초를 그대로 흘려보냈다. 이어 블레이저스는 상대 코트로 넘어가지 않은 채 8초를 보내 일부러 하프코트 바이얼레이션을 저질렀다. 8번과 24번을 사용한 코비를 기억하는 의미였다. 〈ESPN〉이 중계한 이 경기는 2003년 휴스턴 로케츠와 LA 레이커스 전 이후 미국에서 가장 많이 시청한 경기로 기록됐다. 2003년 경기는 야오밍과 샤킬 오닐의 첫 맞대결이었다.

처음 겪는 일

코비의 충격이 채 가시기 전에 NBA에는 더 큰 악재가 닥친다. 정치적 갈등도, 비극적 죽음도 아니었다. 그 누구도 예상하지 못했고, 그 누구도 해결하지 못할 정체불명의 악재, 바로 코로나19 바이러스였다. 세계가 코로나19에 대한 공포에 휩싸였다. 봄농구의 설렘은 사치였다. 생존 앞에 스포츠는 중요하지 않았다. NBA도 확진자가 발생하면서 급기야 시즌 중단에 이르렀다. 사상 초유의 사태였다. 레이커스는 3월 10일 이후 시계가 멈췄다. 중단 당시 성적은 49승 14패로 승률 1위였다. 아담 실버 총재는 이대로 멈추지 않았다. 막대한 손실을 감당하기 위해서는 시즌은 어떻게든 진행해야 했다. 결국 플로리다주 올랜도에 있는 월트 디즈니 월드에 플레이오프 진출 가능성이 높은 22팀을 초청, 무관중 형태로 잔여 시즌을 치르기로 결정했다. 사람들은 그곳을 '버블(bubble)'이라 불렀다. 한번 버블에 들어가면 재입장이 쉽지 않았다. 가족 동반도 불가했다. 최소인원만이 입장 가능했고, 개별 행동도 불가능했다. 매일 코로나 테스트를 해야 했다. 중계진과 기자들도 마찬가지였다. NBA는 오래 전부터 실험해온 무인 카메라를 활용한 경기 중계를 진행했다. 적지 않은 선수들이 이런 통제된 생활에 스트레스를 받았다. 르브론 역시 "아담 실버 총재가 정말 대단한 일을 해냈다"라고 높이 평가했지만, 생활 자체는 '최악의 경험'이라 말했다. NBA의 '버블 시즌'은 전 세계 프로스포츠의 좋은 교재로 활용됐다. 많은 스포츠 리그, 특히 실내 스포츠 리그는 유사한 방식으로 코로나19 시대를 견디고 버텼다.

'버블 시즌'에 앞서 인종차별 이슈도 불거졌다. 그 시기 코로나19와 별개로 미국은 '흑인의 생명도 소중하다(Black Lives Matter)' 운동이 한창이었다. 2020년 5월,

미네소타에서 일어난 흑인 남성 조지 플라이드의 사망 사건이 촉진제가 됐다. 백인 경찰이 용의자였던 플라이드를 체포하는 과정에서 강압적인 행동을 했고, 결국 사망에 이르게 된 사건이다. 현장에 있던 행인이 올린 동영상은 대규모 시위를 불러왔다. 이 시위에는 NBA 선수들까지 가세했다. 선수들은 그들이 가진 영향력을 이용해 사회에 메시지를 던지고 싶어했다. NBA는 선수들이 유니폼 뒤에 이름 대신 전하고 싶은 메시지를 선택하게끔 배려했다. 그런데, 사태는 여기서 끝나지 않았다. 플레이오프가 시작된 뒤에도 밀워키에서 일어난 피격 사건에 분노한 선수들이 경기를 거부하는 사태가 있었다. 한 흑인 남성이 자녀들이 보는 앞에서 백인 경찰이 쏜 총에 맞은 사건이었다.

모든 것이 다 처음인 어수선한 상황이 수습되면서 플레이오프도 계속됐다. 레이커스는 1라운드에서 블레이저스를 4승 1패로 제압했고, 2라운드에서는 휴스턴 로케츠에 4승 1패로 승리했다. 두 시리즈 모두 1차전은 졌지만 다음 4경기를 모두 잡았다. 블레이저스와의 3차전이 있던 8월 24일은 '코비 브라이언트 데이'로, 코비가 살던 오렌지카운티가 고인을 기념하기 위해 지정한 날이었다. 코비가 사용한 등번호 '8'과 '24'에서 착안된 날이다. 코비가 생전에 함께 디자인했다던 '블랙 맘바' 저지를 입고 나선 르브론은 30득점 10어시스트 6리바운드로 팀 승리(135-115)를 이끌었다.

컨퍼런스 파이널도 수월했다. 니콜라 요키치(Nikola Jokic)와 저말 머레이(Jamal Murray)가 버틴 덴버 너게츠는 유타, LA 클리퍼스와 7차전까지 가는 대격전을 치르고 나서야 간신히 컨퍼런스 파이널에 올랐다. 그러나 경험과 깊이의 차이는 끝내 극복하지 못했다. 레이커스는 이 시리즈도 4승 1패로 끝내며 '코비 시대' 이후 첫 파이널 진출에 성공했다. 2차전이 하이라이트였다. 데이비스의 버저비터로 극적인 승리(105-103)를 거둔 경기였다. 데이비스는 슛을 꽂은 뒤 코비를 외쳤다. 전반에 20점을 넣은 르브론도 감정에 북받친 듯 "특별한 선수를 위한 특별한 순간이었다"라며 기뻐했다. 5차전에서 르브론은 38득점 16리바운드 10어시스트로 트리플더블을 작성. 자신의 통산 10번째 파이널 진출을 결정지었다. 레이커스 합류 2시즌 만에 새 프랜차이즈에 선물을 안긴 것이다. "이 프랜차이즈가 다시 그곳(파이널)으로 돌아갈 수 있게 되어 기쁘다. 서부 컨퍼런스 챔피언 자격으로 챔피언십을 위해 뛰게 되었다. 내가 여기 온 이유이기도 하다. 그러나 아직 목표를 이룬 것은 아니다."

르브론보다 NBA 파이널을 많이 경험한 선수는 이제 단 2명뿐이었다. 빌 러셀(Bill Russell, 12회)과 샘 존스(Sam Jones, 11회)였다. 프랭크 보겔 감독은 4쿼터 르브론의 활약에 입을 다물지 못했다. 그는 4쿼터에만 16점을 뽑아내며 젊은이들의 추격을 견제했다. 보겔 감독은 이에 대해 "4쿼터에 경기를 지배하는 것을 목격했다. 이런 걸 본 적이 없다"라고 말했다. 반면 적장인 마이클 말론 감독은 젊은 시절 자신이 지도했던 청년이 NBA를 대표하는 베테랑이 되어 꿈의 실현을 방해하는 것을 바라봐야 했다. "저 친구(르브론)는 저게 일상이었지. 그러니 그걸로 위안을 삼아도 될 것 같다."

GOLD & PURPLE

보겔 감독은 직접 함께 해본 르브론에 대해 칭찬을 아끼지 않았다. "그는 내가 겪어본 선수 중 최고의 리더 같다. 우리는 이번 시즌을 치르면서 감정적으로 굉장히 힘든 일을 많이 겪었다. 그때마다 르브론이 중심을 잡아주며 팀을 이끌었다. 행동으로 보여주었다. 그러나 커뮤니케이션도 정말 잘 했다. 선수들에게 어떤 마음가짐을 갖고 임해야 할 지 전달을 잘 해주었다. 선수들이 갈피를 잡지 못할 때면 먼저 나서서 상황을 해결해주었다. 르브론의 리더십은 올 시즌 레이커스가 파이널에 오를 수 있는 가장 핵심적인 부분이었다."

반대로 스포엘스트라 감독은 그런 르브론을 마주하는 것이 묘하다고 했다. 르브론이 떠난 뒤 팀을 성공적으로 개편해 파이널에 다시 오른 만큼, 그 역시 입증해야 할 것이 있었다. 그리고 그 목표 달성의 걸림돌이 르브론이었다. "르브론은 모든 걸 보는 선수다. 사실 그 나이에 그 활약은 흔하지 않은 일이다. 그 기량을 유지하기 위해 엄청나게 노력했을 것이다."

히트는 쉬운 팀이 아니었다. 에이스 지미 버틀러는 그들의 르브론이요, 그들의 코비였다. 솔선수범하는 자세로 후배들을 사로잡았다. 빅맨 뱀 아데바요(Bam Adebayo)는 매 시즌 기량이 향상되고 있었고, 외곽에는 던컨 로빈슨(Duncan Robinson), 타일러 히로(Tyler Herro) 등이 포진해 있었다. 경험 많은 고란 드라기치(Goran Dragic)와 제이 크라우더, 안드레 이궈달라도 있었다. 선수들이 골고루 잘 해줬다. 매 라운드마다 득점 1위 선수가 달랐다. 1라운드는 고란 드라기치, 2라운드는 지미 버틀러, 컨퍼런스 결승은 뱀 아데바요였다. 이런 팀은 NBA 역사상 겨우 4팀(1985년 레이커스, 1988년 레이커스, 1990년 디트로이트 피스톤스, 1999년 샌안토니오 스퍼스)뿐이었는데, 모두 우승했다는 공통점이 있었다. 또, 이들이 펼치는 끈끈한 수비는 야니스 아테토쿤보의 밀워키 벅스를 좌절시켰고, 우승을 노리던 보스턴 셀틱스를 6경기 만에 물러나게 했다. 그러나 그 수비가 파이널 1차전에서는 나타나지 않았다. 1차전은 레이커스가 일방적으로 리드한 끝에 116-98로 승리했다. 한때 32점차까지 벌어졌다. 르브론(25득점)은 방심하지 않았다. 1차전 승패가 시리즈에 큰 영향을 주지 않는다고 판단한 것이다. 그는 "새벽 4시 30분에 일어나 경기를 개인적으로 분석했다. 잘된 점, 안 된 점 파악하고 우리가 더 잘 컨트롤할 수 있는 부분을 찾았다. 우리는 정말 잘 훈련된 팀을 상대하는 중이다"라며 방심이 없다는 것을

코비를 위한 V4

그해 필자는 파이널 프리뷰 방송을 가을에 했다. 낯선 경험이었다. 한국에선 프로농구시즌이 막 시작되려 하는데, 미국에서는 시리즈가 클라이막스를 향하고 있었던 것이다. 이 시리즈는 비디오 분석가 출신 감독들이 양 팀 수장을 맡은 보기 드문 시리즈였다. 히트의 에릭 스포엘스트라(1970년생)와 레이커스의 프랭크 보겔(1973년) 감독이 그 주인공인데 둘 다 바닥부터 차근차근 밟고 올라온 인물들이었다. 레이커스 합류 이전, 마지막으로 우승을 진지하게 노렸던 건 페이서스 시절이었다. 그때 그의 앞을 가로 막았던 자가 바로 르브론이고, 스포엘스트라 감독이었다. 흥미롭게도 이번에는 르브론이 보겔 감독의 옆에 서게 됐다.

재차 강조했다. 실제로 히트는 드라기치(족저근막 파열), 아데바요(어깨) 등의 컨디션이 무너진 상태였다.

정신무장이 단단히 된 레이커스는 2차전도 124-114로 잡았다. 이 경기까지 레이커스는 3쿼터를 앞서며 마친 경기에서 54승 0패로 NBA 역대 최고 승률을 기록 중이었고, 그 기록은 2차전까지도 이어졌다. 히트 선수들은 아데바요, 드라기치의 공백이 생긴 가운데서도 'Play harder!'를 외쳤지만 르브론-데이비스 콤비를 당해내지 못했다. 히트 선수 전원이 페인트존에서 올린 점수가 46점이었던 반면, 르브론과 데이비스가 나란히 올린 페인트존 득점이 44점이었다. 마이애미의 세컨 찬스 득점이 14점이었지만, 두 선수가 함께 한 세컨 찬스 득점이 15점이었다. 또한, 데이비스의 2점슛 성공률은 무려 95%였다.

히트는 3차전에서 버틀러가 40득점을 올리는 신들린 듯한 활약으로 반격했다. 레이커스는 데이비스가 초반 파울트러블에 걸리면서 위축됐고, 104-115로 뼈아픈 패배를 당해야 했다. 레이커스는 3차전에서 42개의 3점슛을 던져 14개를 넣는데 그쳤다. 성공률은 33.3%. 그러나 3쿼터는 8개 중 2개(25.0%), 4쿼터는 13개 중 4개(30.8%)에 머물렀다. 보겔 감독은 "우리가 몇몇 상황에서 소홀했다. 히트는 우리의 포스트 활동을 어렵게 했다. 굉장히 액티브하게 수비했고, 그런 점에서 대단했다. 우리는 잘

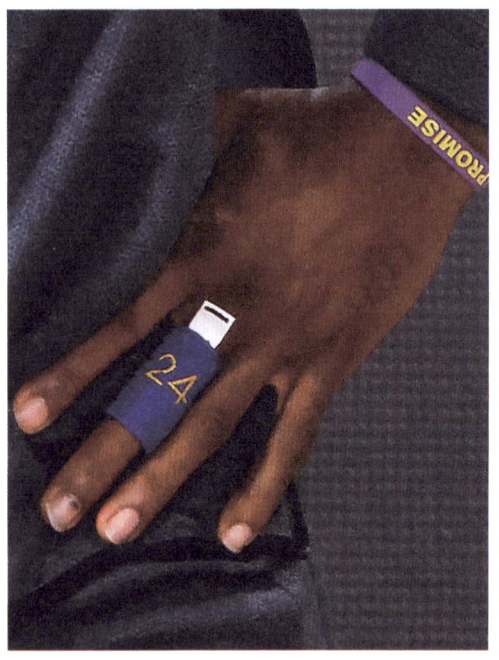

처신하지 못했다"고 돌아봤다.

이후 4차전은 레이커스가, 5차전은 히트가 가져갔다. 5차전에서 르브론은 40득점 13리바운드 7어시스트를 기록하며 시리즈를 종결 짓겠다는 강한 의지를 보였지만, 막판까지 포기하지 않은 히트의 기세에 밀려 고개를 떨어뜨렸다. 108-111. 르브론과 데이비스가 팀 득점의 81%를 합작했음에도 불구하고 패했다. 두 선수가 60점 이상을 기록하고도 패하는 것은 보기 드문 일이었다. 반면, 버틀러는 발목 부상으로 매 경기 치료를 받아야 하는 신세였지만 꾸준히 40분 이상을 소화하며 상대를 괴롭혔다. 클러치타임에 나온 15점 중 11점을 혼자 책임졌고, 마지막 50초 동안 나온 자유투 4개를 모두 넣었다. 르브론은 마지막 상황에서 대니 그린에게 슛을 맡겼으나 꿈을 이루지 못했다.

길고 긴 시즌은 10월 11일에 막을 내렸다. 운명의 6차전. 레이커스는 르브론의 트리플더블(28득점 10어시스트 14리바운드) 활약에 힘입어 2010년 이후 첫 우승을 거머쥐었다. 르브론은 코비와의 약속도 지켰다. 레이커스에 통산 17번째 우승 트로피를 안겼다. 덕분에 셀틱스와 리그

최다 우승 공동 1위에 올랐다. "우승은 많은 의미가 있다. 레이커스에 처음 왔을 때 지니 버스(Jeanie Buss, 구단주)가 우승을 시켜달라고 했다. 레이커스는 아주 역사가 깊은 구단이다. 말로 표현하기 어려운 기분이다. 레이커스의 일원이 되어 정말 자랑스럽다." 르브론의 우승 소감이다.

이적 첫 시즌이었던 2018-2019시즌을 부상으로 인해 허망하게 마친 뒤, 그는 '늙었다', '노쇠했다', '르브론의 시대가 끝났다'는 항간의 평을 뒤집고자 노력했다. 우승은 그에 대한 증명이었으며, 르브론은 '연료'와도 같았다고 고백했다. 무엇보다 '버블 시즌'을 극복한 것 역시 큰 의미를 두었다. "가족과 이렇게 오래 떨어져 지내본 적이 없었다. 딸아이를 유치원에 데려다주지도 못했고, 아들의 16번째 생일도 같이 못했다. 둘째가 자라는 모습도 못 봤다. 그런 의미에서 스티브 잡스(Steve Jobs)에게 감사함을 전하고 싶다. 잡스와 그의 비전이 없었다면 페이스 타임도 없었을 테니 말이다. 버블 시즌을 치르면서 업다운이 많았다. 그 와중에 가장 중요한 것을 위해 중심을 잡으려고 노력했다. 이곳이 버블이든, 마이애미든, 골든스테이트든 상관없다.

여기가 어디든 중요한 건 우리가 타이틀을 따냈다는 것이다. 가장 수준 높은 무대에서 챔피언이 됐다는 것은 선수로서 더 할 나위 없이 감격스러운 부분이라 생각한다."

이 우승은 그의 통산 4번째(2012, 2013, 2016, 2020)였고, 덕분에 4번째 파이널 MVP에도 선정됐다. 그의 시대가 저물고 있다는 평에도 어시스트로 커리어하이 기록(10.2개, 리그 1위)을 세우는 기염을 토했고, 마지막 우승 경기까지 트리플더블을 작성하며 코트를 휘저었다. 또 NBA 파이널에서는 출전시간 3위(2,337분), 득점 2위(1,562점), 리바운드 4위(561개), 어시스트 2위(430개) 등에 이름을 올려두었다. 이처럼 도전하고, 증명하는 것은 그를 달리게 해준 원동력이었다.

아, 이 시즌에는 그의 원동력이 된 것이 하나 더 있었다. 코비 브라이언트였다. 코비의 정신을 이어가겠다던 그는 20년간 레이커스의 얼굴이었고, 자신의 형과 같았던 코비를 위해 뜻 깊은 타이틀을 안겼다. 비극과 슬픔이 반복되던 2019-2020시즌이었지만, 시즌의 문을 닫을 때만큼은 웃을 수 있었던 이유였다.

03

FOREVER
2020-2021시즌 이후

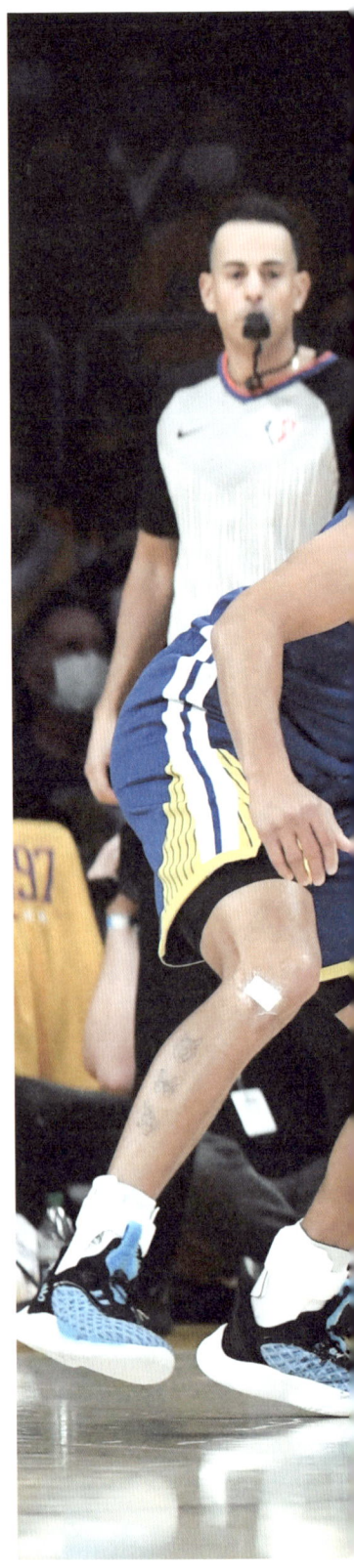

참으로 묘한 만남이었다. 4년간 두 선수는 여름의 출입구에서만 만나왔다. 시즌의 가장 마지막 날에 웃는 자가 되는 것. 그것이 그때 두 선수의 목표였다. 하지만 이번에는 달랐다. 물론 최선을 다해 얻는 승리는 어느 레벨, 어느 무대에서든 고귀하고 소중한 것이지만, 그 무게감이 지난 4년간 6월마다 치른 총 22번의 전투와는 조금 달랐다. 이들은 파이널 우승이 아닌, 플레이오프 진출을 위한 외나무다리에서 마주하고 있었다. 2021년 5월 20일, 플레이-인 토너먼트에서 만난 르브론 제임스와 스테픈 커리 이야기다. 레이커스(42승 30패, 7위)와 워리어스(39승 33패, 8위)가 7위 자리를 두고 단판 승부를 치르게 됐다. NBA는 '버블 시즌'에 플레이-인 토너먼트 제도를 처음 도입했다. 기존에는 각 컨퍼런스 8위까지 플레이오프에 진출했다. 플레이-인 토너먼트는 여기에 관문을 하나 더 세웠다. 9~10위까지 경쟁에 참여시키기로 한 것이다. 먼저, 7위는 8위팀과 7번 시드 자리를 놓고 다퉈야 했다. 9위와 10위 중 승자는 앞선 대결의 패자와 8번 시드 자리를 놓고 한판 더 겨뤘다. 즉, 9~10위 팀은 2연승을 할 경우 플레이오프 진출 기회를 얻게 되는 셈이고, 7~8위는 마냥 안심할 수 없는 상황이 된 것이다. 이는 1~2번 시드팀들에게는 하나의 리워드가 되었다. 종종 7~8번 시드팀이 이변을 연출할 기회가 있었지만, 플레이-인 토너먼트로 인해 힘을 빼고 올라오기에 에너지를 더 발휘하기가 힘들어졌다. '이변'의 기회는 사라지지만, 대신 정규시즌 마지막까지 순위 확보를 위한 경쟁이 계속되어 싱거운 승부 연출을

방지한다는 장점은 있었다. 덕분에 팬들은 포스트시즌 첫 스테이지부터 르브론과 커리의 맞대결을 보는 '눈호강'을 누릴 수 있었다. 서부 이적 후 처음 포스트시즌에 마주한 것이기에 관심도 뜨거웠다.

사실 두 팀 입장에서는 달갑지 않은 위치였다. 디펜딩 챔피언(레이커스)이 플레이오프 진출을 걸고 싸우는 신세라니! 반대로 시대를 호령했던 워리어스도 부상자가 속출하면서 완전체를 운영할 기회가 적었다. 그 사이 조던 풀(Jordan Poole)과 같은 신예가 올라서기도 했지만, 그 경기력은 화려했던 시절에 비할 바 못됐다.

경기는 치열했다. 워리어스가 흐름을 잡는 듯했지만 레이커스가 후반에 따라잡으면서 막판까지 접전이 이어졌다. 발목 통증을 참고 뛴 르브론은 4쿼터에 드레이먼드 그린에게 눈까지 찔렸지만 경기를 내려놓지 않았다. 오히려 58.2초 전, 아주 먼거리에서 중요한 3점슛을 꽂으며 승부를 끌고 갔다. 레이커스는 결국 103-100으로 승리하며 7위 자리를 지켰다. 르브론의 성적은 22득점 11리바운드 10어시스트. 리그 18년차의 체력과 집중력이라기에 믿기지 않는 활약이었다. 프랭크 보겔 감독은 "왜 그가 세계 최고의 선수인지 스스로 입증해낸 경기였다"라며 "빅 플레이 모음집에 하나 더 추가될 만한 활약이었다"라고 기뻐했다. 커리도 슈퍼스타답게 37득점을 기록하며 팀을 주도했으나 승부처에 나온 아쉬운 실수로 한 번 더 경기를 치러야 하는 신세가 된다(워리어스는 9~10위 전을 이기고 올라온 멤피스 그리즐리스에게 패해 결국 2시즌 연속으로 플레이오프에서 탈락했다). 커리는 당시 르브론의 슛에 대해 "전혀 예상하지 못한 시점에서 맞은 슛이기에 뼈아프다. 그 슛이 들어가면서 모든 게 바뀌었다. 역대 최고의 선수가 아주 굉장한 슛을 넣었다"라고 돌아봤다. 우여곡절 끝에 플레이오프에 올랐지만, 1라운드를 통과하는 것은 쉽지 않았다.

르브론 제임스의 커리어에서 홈코트 어드밴티지 없이 1라운드를 치른 것은 이때가 처음이었다. 베테랑 크리스 폴이 가세한 피닉스 선즈는 내외곽이 탄탄하고 안정감있는 팀이 되어 있었다. 레이커스는 1차전 패배 후 2~3차전을 승리했지만 다음 3경기를 내리 패했다. 부상이 변수로 작용했다. 4차전 도중 앤서니 데이비스가 사타구니 부상을 입은 것. 이 때문에 데이비스는 후반부터 코트에 나서지 못했다. 졸지에 득점 리더를 잃은 레이커스는 빠른 속도로 침몰했다. 3쿼터에 단 15점으로 묶이며 흐름을 내준 것이다.

사실, 데이비스는 3차전에서도 부상 이슈가 있었지만 플레이오프라는 특수성 때문에 통증을 참고 나섰다. 그러나 4차전에서는 더 이상의 투입이 어려웠다. 선즈에서는 크리스 폴이 어깨 부상 때문에 출전여부가 불투명했지만 강한 의지를 보이면서 승리를 주도했다. 여기서 분위기가 갈렸다. 레이커스의 5차전은 더 처참했다. 안드레 드러먼드(Andre Drummond), 마크 가솔(Marc Gasol) 등이 있었지만 그 경쟁력은 데이비스에 비할 바 못 됐다. 2쿼터에 단 10점에 묶이는 등 고전을 면치 못하다 85-115로 대패했다. 르브론의 팀이 1라운드에서 2연패를 당한 것은 이때가 처음이었다. 르브론마저 "뭐든 해보겠다"던 의지가 꺾이면서 무너지고 말았다. 레이커스의 수비는 말그대로 붕괴수준이었는데, 선즈는 전반에 단 1개만의 실책을 범하며 66-36으로 전반을 마치며 일찌감치 분위기를 잡았다. 100-113으로 패한 이틀 뒤 6차전도 다르지 않았다. 이 경기는 레이커스의 홈에서 치러졌기에 어느 정도 반격이 기대됐다. 중요한 건 꺾이지 않은 마음이라고 했던가. 하지만 메인 스코어러 데빈 부커(Devin Booker)가 47득점으로 폭발한 선즈는 초반에 그 '중꺾마'를 밟아놨다. 1쿼터에 36-14로 달아나면서 승기를 잡은 것이다. 부커는 1쿼터 36점 중 22점을 홀로 올렸다. 그의 우상 코비 브라이언트가 그랬던 것처럼 맹렬하게 상대를 몰아붙였다. 데이비스는 마지막 투혼을 발휘하며 경기에 돌아왔지만 회복되지 않은 컨디션으로는 아무 것도 하지 못했다. 결국 2021년 플레이오프 이전까지 1라운드 전적 14전 전승을 달리던 르브론의 무패 행진도 끝나고 말았다. 아주 오랜만에 르브론이 30점을 한번도 올리지 못한 채 플레이오프를 마쳤다(그럼에도 불구, 그는 당분간 NBA 플레이오프 역사상 30득점을 가장 많이 기록한 선수로 남게 될 것이다). 그러나 르브론은 연승이나 자신의 기록을 신경쓰지 않았다. 그는 "팀이 빨리 건강을 회복했으면 좋겠다"고 말했다. 건강은 2020-2021시즌 내내 레이커스를 괴롭힌 이슈였기 때문이다. 2020년 파이널 우승 후 겨우 두 달 여밖에 쉬지 못하고 재소집된 레이커스는 그 시즌 내내 부상에 시달렸다. 그 결과 후반기에 이를 수록 선수들의 부상이 많이 발생했다. 데이비스는 장딴지 부상으로 30경기를 쉬었고, 데니스 슈로더는 코로나19로 두 차례나 결장했다. 르브론도 2021년 3월, 애틀랜타 호크스전에서 발목 부상을 당해 20경기를 연속으로 쉬었다. 그의 커리어에서 처음있는 일이었다. 이 부상은 그 뒤로도 그를

GOLD & PURPLE

30+

NBA PLAYOFFS
최다 30+득점 경기 기록

르브론 제임스	118
마이클 조던	109
코비 브라이언트	88
카림 압둘자바	75
제리 웨스트	74
케빈 듀란트	71
엘진 베일러	60
샤킬 오닐	55
칼 말론	54
하킴 올라주원	53

꽤나 고생시켰다. 힐은 가로채기를 하는 과정에서 르브론과 충돌했는데, 이 과정에서 르브론의 오른쪽 발목이 꺾이고 말았다. 그의 커리어에서 그처럼 고통스러워하며 뒹구는 모습은 처음이었기에 동료들조차 많이 놀랐다는 후문이다. 많은 이들은 르브론이 늘 그랬던 것처럼 금세 돌아올 것이라 봤지만 상태는 생각보다 심각했다. 결국, 데이비스가 뛴 경기에서 23승 13패, 르브론이 출전한 경기에서 30승 15패였다는 점을 감안하면 부상이 야속하기만 했다.

르브론의 꿈

2020년의 마지막 날, 스퍼스 원정경기에서 르브론은 26득점 8어시스트 5리바운드로 활약하며 승리(121-107)를 거머쥔다. 12월 30일생인 그에게는 아주 어울리는 생일 선물이었다. 이날 그는 1,000경기 연속 10+득점을 올린 NBA 최초의 선수가 됐다. 18번째 시즌을 치르는 36세 선수라고는 믿기지 않는 꾸준함이다. 비록 앞서 말했듯 중요한 시기에 큰 부상을 입었지만, 자신의 실수가 아닌 불운에 의한 것이었기에 '자기 관리 부족'에 대입하기는 어렵다. 오히려 르브론은 높은 강도의 재활 훈련 끝에 빠르게 복귀, 팀의 포스트시즌을 함께 했다. 이 활약은 2021-2022시즌에도 이어졌다. 37살의 나이에 평균 30.3 득점을 기록했다. 2007-2008시즌 캐벌리어스 시절 이후 가장 높은 평균 득점이었고, 조엘 엠비드(Joel Embiid)에 이은 전체 득점 2위였다. 물론 과거처럼 수비에도 에너지를 쏟으면서 공격에서도 48분 내내 집중력을 발휘하진 못하고 있지만, 나이를 감안하면 그 탄력과 힘, 스피드는 가히 초인적이라 할 수 있다. 혹자는 1년에 10억 이상을 그렇게 몸에만 투자하면 못할 것도 없다고 말할지 모른다. 그러나 두 가지 측면을 생각해보자. 브래드 스티븐스 감독을 비롯한 적장들이 말한 것처럼, NBA라는 초인들의 리그에서 그 많은 압박을 받으면서도 기량을 유지하는 것은 결코 쉽지 않다. 그 부담감을 이겨낼 강한 정신력도 필요하다. 다른 한편으로는 모든 걸 이룬 미국에서 가장 유명한 농구선수에게 찾아오는 숱한 유혹도 뿌리쳐야 한다. 미국국가대표팀을 취재하기 위해 라스베이거스 출장을 갔을 때, 한 에이전트가 필자에게 했던 말이 기억난다. "지금 이 도시에 르브론이 와있어. 하지만 그 친구는 절대 사적인 장소에 쉽게 나타나지 않을거야. 그와 이야기하고 싶어하는 농구선수, 사업가, 연예인, 미인들이 줄을 설 테니까. 절대 자기 몸에 해가 되는 행동을 안 하는 선수야. 이 도시에서 그 유혹을 뿌리친다는 것이 얼마나 힘든 일인지 모르지?" 캐벌리어스 시절 함께 했던 러브는 르브론이 백만장자라서 트레이닝에 거액의 투자가 가능한 것도 맞지만 늘 그가 돈을 풍족하게 쓰는 것은 아니라고 귀띔했다. 한번은 와이파이가 안 되는 지역이라 비용이 나간다며 스마트폰을 내려놓는 모습에 놀랐다는 말도 했다. 갖고 있는 전용기도 농구나 비즈니스 관련 행사가 아니면 아이들조차 잘 태우지 않았다. 물론 20대 초반에는 그 역시 절제되지 않은 전형적인 청년의 생활을 즐길 때도 있었지만, 조던과 코비 등 슈퍼스타들과의 계속된 교류 속에서 지금의 절제된 프로의 삶을 살게 된 것으로 보인다. 18번째, 19번째 시즌이 되어서도 여전히 후배들과의 컨택트를 이겨내며 골을 넣고, 앤드 원(and one) 까지 얻는 비결이 아닐까. 르브론의 궁극적인 목표는 최대한 건강을 유지해 새로운 세대들과의 경쟁을 이어가는 것이다. 그리고 그 '새로운 세대'에는 아주 특별한 인물도 포함되어 있다. 르브론 제임스의 유전자를 가진 또 다른 르브론, 바로 자신의 아들인 브로니 제임스(Bronny James)다. 르브론의 장남, 브로니 제임스는 2004년 10월 6일

STILL GREAT
NBA 연차별 최고 득점

르브론은 커리어를 쌓아가면서 계속해서 연차별 최고 득점 기록도 바꿔가고 있다. 마지막 시즌을 잘 소화한 것만으로 박수를 받아야 하지만, 르브론은 20번째 시즌에도 팀 공격을 주도하고 있다. 르브론은 지난 2022년 12월 28일 마이애미 히트전 이후 "아직 은퇴 시점을 생각해본 적이 없다. 아직 챔피언십을 위해 경쟁할 수 있다고 생각한다"라고 말했다. 아래 기록을 보면 단순한 자신감이 아님을 알 수 있다.

18TH SEASON
- **르브론 제임스** *2020-2021* — **25.0**
- 칼 말론 *2002-2003* — 20.6
- 덕 노비츠키 *2015-2016* — 18.3
- 카림 압둘자바 *1986-1987* — 17.5
- 케빈 가넷 *2012-2013* — 14.8
- 레지 밀러 *2004-2005* — 14.8

19TH SEASON
- **르브론 제임스** *2021-2022* — **30.3**
- 코비 브라이언트 *2014-2015* — 22.3
- 카림 압둘자바 *1987-1988* — 14.6
- 덕 노비츠키 *2016-2017* — 14.2
- 카멜로 앤써니 *2021-2022* — 13.3

20TH SEASON
- **르브론 제임스** *2022-2023* — **29.1**
- 코비 브라이언트 *2015-2016* — 17.6
- 덕 노비츠키 *2017-2018* — 12.0
- 카림 압둘자바 *1988-1989* — 10.1
- 케빈 가넷 *2014-2015* — 6.9

생이다. 르브론이 2번째 시즌을 맞을 무렵에 약혼녀였던 사바나(Savannah) 사이에서 낳았다. 사바나는 르브론과 같은 애크런 출신으로, 16살부터 사귀어온 사이였다. 둘은 차근차근 단계를 밟아갔고, 2013년에 정식으로 결혼식을 올렸고, 첫째 브로니에 이어 둘째 브라이스 막시무스(Bryce Maximus), 막내딸 주리 노바(Zhuri Nova)를 낳았다. 사실 다른 스타들의 와이프와 달리, 사바나는 대중에 노출되는 빈도가 극히 적었다. 개인사업과 자선활동을 한다는 보도는 많았지만 TV쇼에 정기적으로 출연한다거나 인터뷰를 하는

매력적인 학교로 여겨지고 있다. 학습 환경도 우수하다. 르브론이 LA를 고려한 중요한 이유 중 하나다.
농구에서도 정평이 나있다. 스카티 피펜의 아들 스카티 피펜 주니어(Scotty Pippen Jr), 마빈 베글리 III(Marvin Bagley III), 브랜든 보스턴 주니어(Brandon Boston Jr.), 케넌 마틴 주니어(Kenyon Martin Jr.) 등 많은 NBA 선수들이 이 학교를 졸업했다. 브로니는 2019년에 고교무대 데뷔전을 가졌고, 이제는 진학할 대학을 결정하고 있다. 아직까지 그가 가진 재능은 아버지의 고교시절에 비교할 수준은 아닌 것으로 알려졌다. 그러나 디비전 I 대학에 입학하는 것은 어렵지 않다. 현 NBA는 르브론 시절과 달리 고등학교만 졸업하고 프로에 갈 수 없다. 대학을 거쳐야하기에 만일 NBA에 도전하더라도 최소 1년은 더 기다려야 할 것이다. 〈USA 투데이〉는 대학 코치들의 의견을 빌려 당장은 불가능할 것이며 시간이 더 필요할 것이라는 전망을 전했는데, 르브론은 그 시간조차 기꺼이 기다리겠다는 입장이다. 2021년 NBA 올스타 미디어 행사 중 르브론은 이런 질문을 받았다.

"우승 4번, 파이널 MVP, 그리고 수많은 트로피들을 거머쥐었다. 이제 르브론 제임스의 다음 단계는 무엇인가? 다음 목표는 무엇인가? 브로니와 함께 뛰는 것인가?"
르브론은 부인하지 않았다. "브로니와 함께 뛰는 건 내 목표 중 하나다. 시간이 걸리겠지만 말이다. 내 아들은 지금 학교를 다니고 있고 10대 시절을 즐기고 있다. 언젠가 내 아들과 이 리그에서 함께 뛸 수 있다면 더 할 나위없이 행복할 것 같고, 영광스러울 것 같다." 앞서 말한 것처럼 브로니가 만일 대학 1학년만 마치고도 프로에 올 수 있는 실력이 된다면, 부자 상봉은 2024년에 이뤄질 것이다. NBA 역사상 아버지와 아들이 감독과 코치로 만나거나, 감독과 선수로 만난 적은 있어도 코트에서 함께 뛴 적은 없다. 닥 리버스와 오스틴 리버스(Austin Rivers)는 LA 클리퍼스에서 함께 한 바 있고, 토론토 랩터스 코치 애드리언 그리핀(Adrian Griffin)은 2022-2023시즌, 신인선수이자 아들인 AJ 그리핀(애틀랜타 호크스)을 상대로 맞기도 했다. 이 경기에서 아들 그리핀이 버저비터로 아버지 팀을 무너뜨렸다.
아버지와 아들은 세계적으로도 희귀한 케이스다. 동료로든, 매치업 상대로든 말이다. 야구에서는 1989년 켄 그리피(Ken Griffey) 부자가 같은 팀에서 나란히 홈런을 친 일이 있다.
르브론의 플레이를 보고 있노라면, 더이상 그의 '커리어'를 걱정하지 않아도 될 것 같다. 르브론도 "난 여전히 열정이

일도 적었다. 대신 남편을 내조하고 자녀들을 키우는데 집중했다. 르브론은 〈보그(Vogue)〉와의 인터뷰에서 "우리 가정의 대장은 바로 내 아내다. 우리 집의 규칙은 다 사바나가 만든다"라고 말하기도 했다.
브로니 제임스가 농구선수의 꿈을 키우고 성장하는데도 르브론만큼이나 어머니의 도움이 컸다. 현재 브로니는 캘리포니아의 시에라 캐년(Sierra Canyon) 고교에 다니고 있다. 시에라 캐년 고교는 LA 다운타운에서 30분 거리에 위치한 학교로 스포츠뿐 아니라 명문대 진학률도 높은

넘친다. 그리고 아들과의 만남은 여전히 나에게 큰 동기부여가 되고 있다. 물론 챔피언십 역시 나를 열심히 하게 해주는 원동력이다. 아들만큼이나 중요한 부분이다"라고 말했다.

지난 2022년 12월 13일은 〈ESPN〉과 르브론, 그리고 그의 오랜 친구 카멜로 앤써니에게 대단히 의미있는 날이었다. 우리는 다시 첫 번째 챕터 이야기를 꺼낼 필요가 있다. 〈ESPN〉이 최초로 고등학생들의 저녁 경기를 생중계한 날이 2002년 12월 12일이었고 당시 주인공이 르브론이었기 때문이다. 그리고 20년이 지난 2022년 12월 13일에는 르브론의 두 아들 브로니와 브라이스, 카멜로 앤써니의 아들 카이엔 앤써니가 전국방송에서 맞대결을 가졌다. "우리는 21~22년 전에 마주했다. 이제는 시간이 흘러 아이들이 마주했다. 우리의 유산이다." 앤써니의 말이다. 20년 전에는 앤써니가 다니던 '농구명문' 오크힐이 르브론을 제압했지만, 이번에는 달랐다. 브로니와 브라이스가 시에라 캐년이 62-51로 승리했다. 과연 이들은 아버지들처럼 한 세대를 주도하는 대스타가 될 수 있을까? 앞으로의 NBA가 기대되는 이유 중 하나다.

전설을 향한 여정

2022-2023시즌 LA 레이커스의 가장 큰 화두는 바로 르브론의 대기록 달성이다. 카림 압둘자바가 세운 38,387득점 고지가 눈앞까지 왔다. 2022-2023시즌 개막전을 앞두고 남은 점수는 1,326점이었다. 매 시즌 최소 1,600점 이상은 올려왔으니 '불멸의 기록'으로 소개됐던 그 자리의 주인은 곧 바뀌게 될 것이다. 2022-2023시즌이 절반을 향해 가는 2023년 1월 현재 르브론은 경기당 35.9분씩을 소화하며 29.1득점을 올리고 있다. 2023년 1월 첫 3경기 평균 득점이 무려 35.0득점이다. 새해 첫 경기에서는 샬럿 호네츠를 상대로 43득점을 퍼부었다. 바로 직전 경기에서는 호크스를 상대로 47득점을 기록했던 르브론이었다. 팀 동료 러셀 웨스트브룩은 그의 득점 행진을 보며 이렇게 말했다. "우리 모두 알다시피 르브론은 아주 오랫동안 엘리트 레벨에서 최고의 활약을 보여왔다. 그 오랜 활약의 목격자가 되어 좋다."

그러나 이런 르브론의 폭격과 달리 레이커스의 성적은

2012
4 : 1

마이애미	GAME	오클라호마
94	❶ 6.12	105
100	❷ 6.14	96
91	❸ 6.17	85
104	❹ 6.19	98
121	❺ 6.21	106

FINAL MVP
르브론 제임스(마이애미)
LEBRON JAMES
44.1분 28.6득점
10.2리바운드 7.4어시스트

2013
4 : 3

마이애미	GAME	샌안토니오
88	❶ 6.6	92
103*	❷ 6.9	84
77	❸ 6.11	113
109	❹ 6.13	93
104	❺ 6.16	114*
103	❻ 6.18	100
95	❼ 6.20	88

FINAL MVP
르브론 제임스(마이애미)
LEBRON JAMES
43.0분 25.3득점
10.9리바운드 7.0어시스트
*연장전

2016
4 : 3

클리블랜드	GAME	골든스테이트
89	❶ 6.2	104
77	❷ 6.5	110
120	❸ 6.8	90
97	❹ 6.10	108
112	❺ 6.13	97
115	❻ 6.16	101
93	❼ 6.19	89

FINAL MVP
르브론 제임스(클리블랜드)
LEBRON JAMES
41.7분 29.7득점
11.3리바운드 8.9어시스트

2017
1 : 4

클리블랜드	GAME	골든스테이트
91	❶ 6.1	113
113	❷ 6.4	132
113	❸ 6.7	118
137	❹ 6.9	116
120	❺ 6.12	129

FINAL MVP
케빈 듀란트(골든스테이트)
LEBRON JAMES
42.4분 33.6득점
12.0리바운드 10.0어시스트

2007
0 : 4

클리블랜드	GAME	샌안토니오
76	❶ 6.7	85
92	❷ 6.10	103
72	❸ 6.12	75
82	❹ 6.14	83

FINAL MVP
토니 파커 (샌안토니오)
LEBRON JAMES
42.6분 22득점
7리바운드 6.8어시스트

2011
2 : 4

마이애미	GAME	댈러스
92	❶ 5.31	84
93	❷ 6.2	95
88	❸ 6.5	86
83	❹ 6.7	86
103	❺ 6.9	112
95	❻ 6.12	105

FINAL MVP
덕 노비츠키 (댈러스)
LEBRON JAMES
43.6분 17.8득점
7.2리바운드 6.8어시스트

2014
1 : 4

마이애미	GAME	샌안토니오
95	❶ 6.5	110
98	❷ 6.8	96
92	❸ 6.10	111
86	❹ 6.12	107
87	❺ 6.15	104

FINAL MVP
카와이 레너드 (샌안토니오)
LEBRON JAMES
37.8분 28.2득점
7.8리바운드 4.0어시스트

2015
2 : 4

클리블랜드	GAME	골든스테이트
100	❶ 6.4	108*
95	❷ 6.7	93*
96	❸ 6.9	91
82	❹ 6.11	103
91	❺ 6.14	104
97	❻ 6.16	105

FINAL MVP
안드레 이궈달라 (골든스테이트)
LEBRON JAMES
45.7분 35.8득점
13.3리바운드 8.8어시스트
*연장전

2018
0 : 4

클리블랜드	GAME	골든스테이트
114	❶ 5.31	124*
103	❷ 6.3	122
102	❸ 6.6	110
85	❹ 6.8	108

FINAL MVP
케빈 듀란트 (골든스테이트)
LEBRON JAMES
44.7분 34.0득점
8.5리바운드 10.0어시스트
*연장전

2020
4 : 2

LA	GAME	마이애미
116	❶ 9.30	98
124	❷ 10.2	114
104	❸ 10.4	115
102	❹ 10.6	96
108	❺ 10.9	111
106	❻ 10.11	93

FINAL MVP
르브론 제임스 (LA 레이커스)
LEBRON JAMES
39.4분 29.8득점
11.8리바운드 8.50어시스트

GOLD & PURPLE

정상과는 멀어진 상태다. 2021년 플레이오프 이후 레이커스의 행보는 그리 좋지 않았다. 매직 존슨과의 파워 게임 끝에 전권을 얻은 롭 펠린카는 2021-2022시즌을 앞두고 러셀 웨스트브룩을 영입했지만 그리 효과가 좋지 않았다. 르브론의 부담을 덜어줄 것으로 보였지만, 예년 같지 않은 폼으로 오히려 조롱의 대상이 되고 말았다. 급기야 르브론에 대한 의존도가 전 시즌보다 더 올라가는 등 큰 도움을 얻지 못했다. 연봉 규모가 큰 웨스트브룩을 영입하기 위해 쿠즈마와 카루소 등 젊은 에너지를 포기한 것이 패착이었고, 드와이트 하워드, 디안드레 조던, 라존 론도, 트레버 아리자, 카멜로 앤써니 등 베테랑들로 벤치를 꾸린 것도 실패였다. 경험 많은 베테랑들은 '우승'이란 공동의 목표를 향해 나아갔지만 잦은 부상과 적극적이지 못한 태도로 인해 빈축을 샀다. 젊은 에너지가 필요했는데 그 역할을 해줄 선수가 적었다. 드래프트되지 못한 신인, 오스틴 리브스(Austin Reeves)가 그나마 위안거리였다. 무엇보다 르브론, 데이비스가 번갈아 부상을 입은 것이 타격이었다. 애초 구상했던 르브론-데이비스-웨스트브룩 트리오가 함께 뛴 경기는 21경기(11승 10패)에 불과했다. 데이비스는 왼쪽 무릎(19경기), 오른쪽 팔목(1경기), 오른쪽 다리(21경기) 등을 이유로 40경기만 출전했다. 르브론도 오른쪽 발목(2경기), 왼쪽 발목(7경기), 복부 부상(8경기), 코로나19 프로토콜(1경기), 왼쪽 무릎 통증(7경기) 등 데뷔 이후 가장 굴곡 심한 몸상태로 시즌을 소화해야 했다. 과부하가 계속 과부하를 불러온 결과였다. 이 시즌 레이커스는 플레이오프는커녕 플레이-인 토너먼트 자격조차 얻지 못한 채 끝났다. 필자는 2021-2022시즌 개막 당시 LA에서 이들의 개막 주간을 취재했다. 현장에 가면 제일 먼저 하는 일은 그 지역 종이신문을 구매하는 일이다. 신문의 시대가 지났다고 해도, 여전히 신문은 모든 미디어 정보의 원천이며 구단과 가장 가까이할 수 있는 권한을 지닌 매체다. 또한 지역 신문의 경우, 그 지역을 대표하는 이슈가 가장 먼저 배치되기 때문에 돌아가는 상황 파악도 용이하다. 2021-2022시즌 개막 당일까지만 해도 〈LA 타임스〉는 웨스트브룩에게 막대한 지면을 할애하며 큰 기대감을 드러냈다. 웨스트브룩의 화보를 담고 그의 각오를 실었다.

〈LA 타임스〉를 비롯한 많은 매체들이 그들을 우승 후보라 불렀다. 하지만 며칠 지나지 않아 레이커스 뉴스 지면은 크게 줄었다. 홈 3연전에서 1승 2패에 그쳤고, 예년과 달리 시간이 흘러도 반등의 여지가 안 보였다. 같은 개막 기간에 야구팀 LA 다저스가 월드시리즈에 진출한 탓에 더 비교됐다. 마치 2년 전 우승이 거짓말처럼 느껴질 정도로 답이 안 보였고, 그 난이도 높은 로스터에 대한 답을 내놓지 못했던 프랭크 보겔 감독도 성적 부진(33승 49패)으로 사임했다.

2022-2023시즌도 아슬아슬한 외줄타기를 이어가고 있다. 2021-2022시즌에 비해 한결 젊어진 라인업, 밀워키 벅스 우승멤버 출신의 다빈 햄(Darvin Ham) 감독을 임명해 변화를 노렸지만, 드라마틱한 반전은 안 보인다. 레이커스는 6년 연속 개막전을 패했고, 르브론 역시 역사상 가장 많은 개막전 패배(13패)를 당한 선수가 됐다. 이처럼 르브론은 또 한 번 무거운 짐을 어깨에 짊어진 채 시즌을 치르고 있다. 하지만 남은 시즌 성적을 떠나 이미 그는 많은 것을 증명했으며, 그 업적들을 토대로 새로운 역사를 향해 나아가고 있다. 르브론은 2022-2023시즌 개막전에 출전함으로써 NBA에서 20시즌을 보낸 역대 9번째 선수가 됐다. 만일 브로니 제임스가 올 때까지 기다릴 수 있다면 그는 빈스 카터가 세운 22시즌 기록도 넘을 수 있을 것이다. 또한 르브론은 2022년 12월 13일 보스턴 셀틱스전에서 1,545경기 연속 야투(최소 1개) 성공 기록을 세웠다. 팀 던컨의 기존 기록(1,544경기)을 넘어선 역대 1위다. 칼 말론이 세운 NBA 역대 최다 20득점 경기(1,134회) 기록도 시즌 개막 10일 만에 세웠다. 2021-2022시즌까지 1,131회였으나 이제는 20득점을 할 때마다 역대 1위 기록이 새로 작성될 것이다. NBA 역사상 1,000회 이상 기록한 선수는 말론과 르브론, 압둘자바뿐이다. 그가 버릇처럼 말해오던 브로니와의 만남, 챔피언십을 제외하면 이제 마지막 남은 목표는 압둘자바 추월, 즉 NBA 통산 득점 1위 등극이다.

〈ESPN〉은 신년을 맞아 르브론과 인터뷰를 가졌다. 역시나 득점 1위 기록에 대한 르브론의 소감이 화두였다. 르브론은 "아직 이루지 못했기 때문에 어떨지 모르겠다. 처음 NBA에 데뷔할 때 이걸 목표로 해본 적이 없기 때문이다. 올스타가 되고, 신인상을 타고, 퍼스트 팀과 디펜시브 팀에 선정되는 것, 그리고 챔피언십을 따내고 리그 MVP가 되는 것을 목표로 삼아왔다. 하지만 득점 기록은 전혀 생각해본 적이 없었다. 난 언제나 패스를 먼저 생각해온 선수였기 때문이다. 난 언제나 동료들과 함께 성공하는 걸 즐겨왔다"라며 말을 아꼈다. 그렇다면 르브론이 이 기록을 통해 다음 세대에 말해줄 수 있는 것은 무엇일까. 제작을 위해 그의 어린 시절부터 20번째 시즌까지의 여정을 돌아본 입장에서 말한다면 그것은 '노력을 통한 진화'였다.

분명 르브론은 천재적인 재능과 타고난 하드웨어로 주목을 받았던 선수였다. 덕분에 1순위가 됐고, 에이스 롤을 부여받았다. 하지만 20년을 버티게 해준 힘은 그것만이 전부는 아니었다. 커피, 술 등 해로운 것을 참아가며 몸을 지켰고, 롱런을 위해 기술을 진화시켜왔다. 포스트업, 페이더웨이, 중거리슛, 3점슛, 수비 등 말이다. 기술 발전을 위해 하킴 올라주원, 코비 브라이언트 등 선배들을 찾는 것을 마다하지 않았다. "18살 때도 난 농구를

할 줄 알았다. 그렇지만 내가 어떤 선수가 될지는 알지 못했다. 다만 계속해서 열심히 한다면 언젠가는 가장 위대한 농구선수 중 한 명이 될 것이라 믿었다. 늘 준비된 마음가짐으로 매일 훈련에 매진했다. 그러나 그 과정에는 정말 많은 우여곡절도 있었다. 좌절한 적도 있고, 즐거웠던 적도 있다. 나쁜 날들도 있었다. 그래서 시즌 내내 가능한 안정적이고 샤프한 상태를 유지하려고 애를 썼다." 2022년 12월 30일, 호크스전에서 43점을 올린 뒤 한 말이다.

영상 분석이 대중화된 최근에는 새벽부터 공을 들여 경기를 해부했다. 상대가 어떤 전술을 쓰는지, 어떤 기술을 좋아하는지 꿰면서 경기내내 동료들에게 정보를 건넸다. 이런 자세는 후배는 물론, 상대로부터도 감탄을 자아낸 바 있다. 매직 존슨이 르브론 영입 당시 "이미 그는 레이커스를 꿰고 있었다"라고 말한 것이 괜한 립서비스가 아니었다.

NBA 역대 최고 득점자이자, 가장 많은 연봉을 번 르브론 제임스이기에 그가 보이는 책임감과 노력은 새로이 발견되고 진화 중인 젊은 NBA 선수들에게 영감을 줄 것이다. "내가 NBA에 오기 전에는 다른 선배들이 그 자리에서 그걸 해냈다. 그러니 나도 책임감을 갖고 리그 발전에 이바지할 것이다. 그래서 누군가 NBA에 데뷔하면서 '가장 좋아하는 선수는 르브론 제임스다'라고 말해준다면 더 할 나위 없이 좋을 것 같다. 그리고 내가 쌓은 것을 지역 사회에 돌려주고, 열정적으로 임할 것이다. 난 스스로를 NBA의 홍보대사라 생각하고 살아왔다. 물론, 누구도 내게 그런 걸 하라고 시키지 않았다. 그러나 '내가 아니라면 누가 할 것인가?'란 신조로 살아왔다. 난 앞으로도 플레이를 그만두는 날까지 그 일을 이어갈 것이다."

EPILOGUE

KING JAMES
20 years of LOVE & HATE

필자는 마이클 조던을 보며 꿈을 키우고, 르브론 제임스를 보며 일을 해온 세대다. (감히) 동경했던 인물의 뒤를 잇는 자를 바라보는 잣대는 엄격할 수밖에 없었다. 작은 성과 하나도 전임자(?)와 비교하게 된다. 때로는 그 이상을 강요하기도 한다. '아직 멀었어'라는 생각으로, 꿈을 키울 무렵 '황제'에게서 받았던 그 감동이 재현되길 기대한다.

사실, 고등학교만 졸업하고 프로에 등장한 '후계자'는 미숙한 점이 많았다. 그러나 후계자는 점프도 전임자 못지않게 높이 뛰고, 힘도 세고 배우는 속도도 어마어마하게 빨랐다. 4시즌 만에 '에이스' 역할을 해내며 첫 결승 무대도 밟았는데 그때도 미디어의 후계자 선정 기준은 엄격했다.

조던 시대와는 많은 게 달랐다. 마치 드라마를 보듯, 후계자의 성장 과정은 일거수일투족이 보도됐고 뉴미디어 시대를 맞으면서 후계자를 바라보는 렌즈는 '돋보기'가 아니라 '현미경' 수준이 됐다. 팬들이 농구를 보는 시각도 보다 전문적이 됐다. 따지고 보면 굉장히 불공평한 무대에서 전설과 경쟁을 한 것이다.

놀랍게도 그 경쟁은 지금도 계속되고 있다. 핑클에서 뉴진스로 이어지기까지, 미국에서만 다섯 차례의 대통령 선거가 치러진 사이에도 르브론은 농구선수로 활동하고 있다. 10년, 15년, 20년이 지났는데 NBA 팀의 주전으로 뛰고 있는 것이다. 그것도 아주 잘.

2023년 6월이면 2003년생 신인들이 등장한다. 그가 처음 NBA 드래프트에 지명되던 그때 비로소 생명체가 된 이들이 경쟁자로 나서는 것이다. 르브론과 케빈 듀란트, 스테픈 커리 등 오늘날 NBA를 지배하는 슈퍼스타들이 조던을 보며 꿈을 키우고 훈련해왔듯, 새로운 세대들은 르브론을 보며 꿈을 키워왔다. 한마디, 한마디가 영향력과 영감을 주는 백만장자 운동선수의 그 위상을 꿈꾸며 말이다. 실제로 최근까지도 르브론은 NBA 루키들이 가장 좋아하는 NBA 선수 자리를 놓치지 않았다.

이 책은 가난했던 10대 청년이 그 위상을 갖기까지의 긴 여정을 정리했다. 르브론 제임스는 필자가 쓴 전작 《스테픈 커리》와는 다른 의미의 굴곡을 겪은 선수다. 키가 작다고 외면 받은 것도 아니고, 부상이 잦아 이를 극복하기 위한 기술을 단련한 것도 아니다. 스포츠 영화에서 보던 '극복기'는 아니라는 의미.

그러나 '황제'를 꿈꾸던 '후계자'가 최고의 무대에서 강적을 만나 무참히 짓밟히고, 다시 일어서서 도전해 기어이 꿈을 이루는 과정이 있고, 신중하지 못한 언행으로 엄청난 비난을 받은 시행착오의 과정도 있다. 마치 실패하기를 기다렸다는 듯, 하이애나처럼 달려든 언론의 짓궂은 질문 공세를 견뎌내며 자신을 입증한 과정도 볼 수 있다. 르브론 제임스라는 슈퍼스타가 단순히 하늘로부터 내려 받은 타고난 신체적 재능만 갖고 있는 선수라는 것이 아님을 보이는 과정도 담았다. 재능만 믿는 선수였다면 아마 그는 그저 그런 선수로 남았을 것이다.

이 책의 재쇄 작업 요청을 전달 받은 2023년 2월 8일, 르브론은 마침내 NBA 역사상 득점을 가장 많이 한 선수가 됐다(그러나 전체적인 책 흐름은 수정없이 달성 직전 시점, 그대로 가기로 했다). 그럼에도 누군가는 마음 속 '농구 황제' 자리에 그를 내어주지 않을 지도 모른다. 또, 누군가는 그를 여전히 싫어하고 있을 지도 모른다. 반면 6년 연속 팬들로부터 가장 많은 표를 받은 선수답게 그를 추앙하는 팬들도 많을 것이다.

르브론의 커리어는 이처럼 수없이 교차되는 'LOVE'와 'HATE' 속에서 이어져왔다. 그렇기에 이쯤에서 정리가 한번 필요했다. 르브론이 어떤 선수이고, 무엇을 이루었고, 어떤 실패가 있었는지 말이다. 솔직히 너무나 긴 여정이었고, 8시즌 연속 파이널에 진출하는 등 누구보다도 긴 시즌을 치른 선수였기에 한 권에 다 담기가 불가능했다. 꼭 필요한 걸 추리는데도 오랜 시간이 걸렸지만 정작 읽으면서도 '왜 이 일은 없지?'라 생각되는 부분도 있을 것이다. 그렇지만 르브론을 지금의 르브론이 되는데 일어난 일들을 최대한 담고자 노력했다.

이 책이 그에 대한 이미지를 바꿔놓지는 못할 것이다. 그러나 호불호를 떠나 우리가 얼마나 대단한 선수의 성장기를 지켜봐왔는지 정도는 파악할 수 있길 기대한다.

Lebron
James

1ST PUBLISHED DATE 2023. 2. 3
2ND PUBLISHED DATE 2023. 2. 24

AUTHOR Sunsoo Editors, Son Daebum
PUBLISHER Hong Jungwoo
PUBLISHING Brainstore

EDITOR Kim Daniel, Cha Jongmoon, Park Hyerim
DESIGNER Champloo, Lee Yeseul
MARKETER Bang Kyunghee
E-MAIL brainstore@chol.com
BLOG https://blog.naver.com/brain_store
FACEBOOK http://www.facebook.com/brainstorebooks
INSTAGRAM https://instagram.com/brainstore_publishing
PHOTO Getty Images

ISBN 979-11-6978-002-5 (03690)

Copyright ⓒ Brainstore, Son Daebum, 2023
All rights reserved.
Reproduction without permission is prohibited.

LEBRON JAMES